本成果受到中国人民大学 2021 年度
"中央高校建设世界一流大学(学科)和特色发展引导专项基金"支持

Between

娜鹤雅 著

Tradition
and
Modernity

旧谱新曲

近代中国审判制度中的
司法资源研究

图书在版编目(CIP)数据

旧谱新曲：近代中国审判制度中的司法资源研究 / 娜鹤雅著. —北京：北京大学出版社，2022.1

ISBN 978-7-301-32687-9

Ⅰ.①旧… Ⅱ.①娜… Ⅲ.①审判—法制史—中国—近代 Ⅳ.①D925.02

中国版本图书馆 CIP 数据核字(2021)第 216296 号

书　　　名	旧谱新曲：近代中国审判制度中的司法资源研究 JIUPU XINQU：JINDAI ZHONGGUO SHENPAN ZHIDU ZHONG DE SIFA ZIYUAN YANJIU
著作责任者	娜鹤雅　著
责 任 编 辑	刘文科　沈秋彤
标 准 书 号	ISBN 978-7-301-32687-9
出 版 发 行	北京大学出版社
地　　　址	北京市海淀区成府路 205 号　100871
网　　　址	http://www.pup.cn　http://www.yandayuanzhao.com
电 子 信 箱	yandayuanzhao@163.com
新 浪 微 博	@北京大学出版社　@北大出版社燕大元照法律图书
电　　　话	邮购部 010-62752015　发行部 010-62750672 编辑部 010-62117788
印 　刷 　者	大厂回族自治县彩虹印刷有限公司
经 　销 　者	新华书店
	880 毫米×1230 毫米　32 开本　9.375 印张　244 千字 2022 年 1 月第 1 版　2022 年 1 月第 1 次印刷
定　　　价	68.00 元

未经许可，不得以任何方式复制或抄袭本书之部分或全部内容。
版权所有，侵权必究
举报电话：010-62752024　电子信箱：fd@pup.pku.edu.cn
图书如有印装质量问题，请与出版部联系，电话：010-62756370

目 录

序 / 高见泽 磨 001

引言 / 001

第一章　清朝末年的司法费 / 011
第一节　司法费的诞生 / 011
第二节　司法费之司法收入 / 014
　　一　讼费 / 015
　　二　状纸费 / 021
　　三　罚金 / 023
　　四　其他收入 / 025
第三节　司法费之司法支出 / 027
　　一　按察司与提法司 / 027
　　二　发审局 / 032
　　三　监狱 / 035
　　四　审判厅筹备处及审判研究所 / 039
第四节　司法支出之审检厅费 / 041
　　一　审检厅准备费 / 042
　　二　审检厅运营费 / 045

三　审检厅费的来源 / 048

　第五节　各省审检厅费的筹措之方 / 058

　　一　审检厅费的足与不足 / 058

　　二　地方变通之策 / 064

第二章　北洋政府时期的司法费 / 073

　第一节　北洋政府的国库收支 / 073

　第二节　司法费收支 / 078

　第三节　司法费整备 / 081

　　一　审检厅废止与司法费削减 / 081

　　二　司法收入的整理 / 086

　　三　经费流用 / 108

第三章　清朝末年的司法人员 / 114

　第一节　司法人员之必要人数 / 114

　　一　京师各司法机关 / 114

　　二　地方各省审检厅 / 116

　　三　省城及商埠审检厅 / 118

　第二节　司法人员选拔与任用 / 120

　　一　司法官考试实施前人员选任 / 120

　　二　司法人员的培育 / 122

　第三节　司法官考试与录取 / 132

第四章　北洋政府时期的司法人员 / 145

　第一节　中华民国成立与司法人员改组 / 145

　　一　中华民国成立与清末留任司法旧员 / 145

　　二　京师司法人员改组 / 147

　　三　地方司法人员改组 / 150

　第二节　司法官考试严格化 / 153

　　一　甄拔司法人员考试 / 153

　　二　司法官考试 / 161

第三节 审检厅裁撤与司法人员供需 / 164

第五章 清朝末年的审判制度 / 174
第一节 清代审判制度 / 174
  一 清代常规审判制度——逐级审转复核制 / 174
  二 清末新式审判制度——四级三审制 / 176
第二节 清末刑事审判程序 / 182
  一 京师刑事审判程序 / 183
  二 顺天府刑事审判程序 / 185
  三 地方刑事审判程序 / 187

第六章 北洋政府时期的审判制度 / 205
第一节 民国初年审判厅状况及整备 / 205
  一 民国初年审判厅状况 / 205
  二 司法机关整备与审判厅裁撤 / 208
第二节 北洋政府时期刑事审判程序 / 232
  一 京师刑事审判程序 / 232
  二 地方刑事审判程序 / 233

第七章 覆判制度的适用 / 239
第一节 覆判的制度设计 / 239
第二节 清末覆判制度适用 / 241
  一 覆判制度的实施 / 241
  二 覆判制度与审判程序 / 243
第三节 北洋政府时期覆判制度的发展 / 247
  一 民初一般刑事审判程序 / 247
  二 北洋政府建立之初的覆判制度（1914年以前）/ 248
  三 1914年之后的覆判制度 / 251

结语 / 270

参考文献 / 273

序

高见泽 磨[1]

本书以司法资源为视角,描绘了中国近代法史,尤其是清末至中华民国前期司法制度形成的历史。

司法资源,是指国家司法活动过程中投入的必要的资源,本书以财源和人才作为主要研究对象。在绪论开头之处,本书即对资源和司法资源进行了说明,但未给出精细且确定的定义。这是一种明智的学术态度,也将本书引向了成功。

无论是在读后形成的印象中,还是在读前就已持有的先入为主的观念中,清末民国前期都被读者认为是因财力与人才不足而未能全面构建起近代司法制度。从大体上来看,这一认识并没有错。本书的贡献之一,即是通过史料对该认识进行了证实,但本书的贡献不止于此。

---

[1] 高见泽 磨,法学博士,东京大学东洋文化研究所教授。

资源，就广义而言，包括一切可资利用的人、物、事。若以此观点来看，仅仅指出财力与人才的不足是不够的，在当时人们所花费的精力以及所付出的努力也是资源的一种。而对此做出了实证性的论述，是本书的第二点贡献，这与第一点贡献同等重要。例如，本书对于传统能否作为资源的问题，做出了可能性的回答。本书论及县知事兼理司法与覆判，初见给人以回归传统的印象，甚至可以描述成与近代司法独立难以相容的制度，但这同时也可以看作是在有限财力和人力境况下的一种苦心的设计，而传统为此提供了选择。"税"是国家财政必要来源的基础，在清代至近代中国史中颇有意思的是，"税"不足时用"费"，"费"不足时用"捐"（或其他与之相当的物）。本书在描述确保财政来源的努力中，亦可看到这一传统。此外，在本书中我们还可以看到，为了应对艰难状况所采用的权宜措施的制度化的过程。

在本书中，"审判制度"与"司法"主要是由司法官及其手下工作的书记官等来负责，"律师"并非作为研究的直接对象。关于中国近代律师制度的研究，学界已积累了相当的学术成果，若能与之结合起来阅读，将有助于更好地理解本书。

本书作者于 2005 年 4 月作为东京大学东洋文化研究所访问研究员进行了为期一年的研究，在此期间将其硕士论文《清末就地正法研究》（中国人民大学清史研究所）翻译成日文，并作为东京大学研究生院法学政治学研究科博士课程入学考试的审查论文进行了提交（该博士课程审查论文原则上要求是日语或英语论文）。经过论文评价以及笔试和口试，作者最终被东京大学研究生院录取并进入法学政治学研究科学习。而本序言的执笔者是作者在东京大学东洋文化研究所担任访问研究员时的接收教员，也是其在博士课程阶段的指导教员。自 2006 年 4 月起，作者即开始开展其博士课程毕业论文的研究，至 2011 年 3 月最终以博士论文《清末民国前期近代审判制度形成过程研究——以"司法资源"为视角的考察》获得了法学博士学位。对日本有所了解的读者，大概能从 2011 年 3 月这个时间想到东日本大地震，虽然东京在这次大地震中未受到严重损害，但东京大学却未能如期举行该年度学位授予仪式。这一遗憾的心情,对于 2011 年 3 月毕业并取得学位的人们而言是共通的。此后,作者入职中国人民大学法学院执教。而本书是作者在其博士论文基础上,进一步充实后的成果。

正如本书引言中学术综述部分所言,中国近代法史研究是自 20 世纪 80 年代开始才日渐活跃起来的。清末以前的中国法制史(在中国大概一般称作中国法律史)是法史学的重要分野,正如继受了律令制度与礼制的日本一样,清末以前的中国法制史对于法学和历史学而言都是不可或缺的研究领域。此外,中国法是以经济关系和家庭关系为中心,加上来自实务的需要,对于外国人而言中国法的研究亦是重要的研究对象。而与之相比,清末至中华民国时期或者说中国近代法史就成为了研究相对薄弱的领域。在本世纪初,年轻研究者才开始积极对此进行研究,或者说是从这个时期开始才有了成果的产出,而作者正是这些研究者中的一个。

本书在第三章对日本司法人才制度略有涉及。从中可以看到,即便是近代日本,司法资源与近代法制度构建之间也存在着紧张关系。对于中国和日本而言,西方近代型法的构建目的之一在于不平等条约的改正,其中涉及作为主权国家独立的实质化,因此时间要素也成为一项重要的资源。1894 年,在中日甲午战争前夕,日本与英国缔结了《日英通商航海条约》,为了撤废治外法权,日本须在 5 年内完成西方近代型法律尤其是民法典的制定。对于日本而言,这一方面促进了民法典的编纂,但另一方面也迫使日本在未等到欧洲法律新进展尤其是德国民法典制定的情况下就进行了立法。虽然时间因素在本书中未加明示,但从本书描绘的当时肩负构建司法制度的人们的各种努力与苦恼中,亦可见到时间的重要性。此外,本书还描述了中国近代法史中检察制度的薄弱。出于维护治安的需要,警察制度须投入必要的资源,但当时的审判制度采用的是职权主义与纠问主义,审判程序是由法官主导推进,这种境况之下的检察制度就变得相对次要了。在日本近代法史初期,也存在着上述类似的情况。就国家财政整体而言,军事费造成了巨大负担,而在建设现代国家所需的各项事业中,除司法外,还包括警察、教育、卫生、产业等多个方面,对此本书在谈及军费问题时也有所涉及。

本书以实证的方式展示了中国近代法史,尤其是其前半史,从与近代保持独立的亚洲诸国以及殖民体制下形成近代法体系的国家地域进行比较研究的角度来看,本书是一部重要的学术成果。

2021 年 3 月 21 日

序

髙見澤 磨[1]

　本書は、「司法資源」の観点から中国近代法史、とくに清末から中華民国前期の司法制度形成の歴史を描くものである。
　司法資源とは、国家の司法活動に投ぜられる、または、必要とされる資源であり、本書の主たる対象は、財源と人材とである。資源や司法資源についての説明は本書緒論冒頭において行われている。しかし、細部にいたるまでは確定的な定義を与えていない。このことは、賢明な学術的態度であり、本書を成功に導いている。
　読者が読後に受ける印象にしても、あるいは本書を読む前に持つ先入観にしても、清末・民国前期において

---

[1] TAKAMIZAWA, Osamu。博士(法学)、東京大学・東洋文化研究所・教授。

は、財力の不足と人材の不足とから、十分な近代的司法制度を形成することができなかった、というものであろう。大筋ではそれは誤りではない。本書の功績の第一は、そうした情況を、史料を用いて実証的に示した点にある。しかし本書の功績はこれに尽きるものではない。

資源とは、広義には、利用可能な人・物・事象の全てである。そうした観点に立ったとき、財力の不足と人材の不足を指摘するだけでは足りない。その場にいた人々の工夫や努力もまた資源となる。この点をも実証的に描いたことは、本書の功績の第二であり、それは第一の功績とほぼ同等のものである。例えば、伝統は資源となりうるか、という問いにも回答の可能性を示している。本書において論じられる県知事兼理司法や覆判は、一見すると伝統復活の印象を与え、近代的な司法の独立とは相容れない制度として描くこともできるが、他方では、限られた人材や財力の中でのやむを得ざる工夫であって、伝統が選択肢を提供しているとみることもできる。また、必要とされる財源の基本は「税」であるが、清代から近代に至る中国史の興味深い点は、税で不足するときには「費」を用い、それでも足りない場合には「捐」（またはそれに相当するもの）を用いることである。本書が描く財源確保の努力の中にも伝統を見いだすことができるであろう。さらに、苦しい情況に対処するための便宜の措置が制度化していく過程を見いだすであろう。

本書の「審判制度」や「司法」は、主として司法官およびその下で働く書記官等によって担われるものであり、「律師」は直接の対象ではない。しかし、中国近代律師制度については、学界に相当の学術成果の蓄積があるので、これと合わせ読むことで、本書をより理解できることと思う。

著者は、2005年4月から1年間、東京大学・東洋文化研究所の訪問研究員として研究を行い、その間に自身の修士論文（中国人民大学・清史研究所）「清末就地正法研究」を日本語訳し、東京大学・大学院・法学政治学研究科・博士課程入学試験受験のための論文として提出した（同博士課程において、審査のために提出する論文は原則として日本語または英語と定められている）。この論文に対する評価と筆記試験・口述試験の成績とにより入学が認められた。序執筆者は、著者が訪問研究員であったときの受入教員であり、博士課程における指導教員である。2006年4月からは同博士課程において博士学位請求論文作成のために研究を進め、「清末・民国前期における近代裁判制度形成過程の研究—「司法資源」の視覚からの考察」を以て2011年3月に博士（法学）の学位を取得している。日本のことを知る読者は、2011年3月という言葉から、東日本大震災を想起するであろう。東京の被害は大きくはなかったが、学位記授与の典礼は行われなかった。残念な気持ちは、2011年3月に卒業や学位取得を果たした人々にとって共通のものであろう。その後中国人民大学・法学院に職を得て教壇に立っている。本書は、博士論文を基礎にさらに内容を充実させたものである。

　　中国近代法史研究は、本書緒言の「学術綜述」にあるように、1980年代頃から少しずつではあるが、活発に行われるようになった。清末以前の中国法制史（中国では中国法律史という言い方が一般的かもしれない）は、法史学の重要な一分野であり、日本のように律令制度や礼制を継受した場合には、法学・歴史学いずれにとっても不可欠の研究分野である。また、中華人民共和国法研究については、経済関係や家族関係を中心に、実務の要請もあり、外国人にとっても重要な研究対象である。これらと比べると清末から中華民国の時期のいわゆる中国近代法史は研究蓄積の薄い分野であった。著者が日本に留学した今世紀初頭は、若い研究者が中国近代法史を積極的に研究を始め、あるいは成果を挙げ始めた時期であり、著者もそのひとりである。

本書は、第三章で日本の司法人材の制度について若干触れている。このことから日本近代においても、司法資源と近代法制度形成との緊張関係をうかがうことができる。中国や日本にとって西洋近代型の法整備の目的のひとつは不平等条約改正であり、主権国家としての独立の実質化とも関わって、時間という要素もまた重要な資源であった。1894年、日清戦争直前に日本はイギリスとの間で日英通商航海条約を締結、治外法権撤廃のために5年間内に西洋型の近代法制とくに民法典を制定することが必要となった。このことは法典編纂を促進したという側面とヨーロッパにおける新たな法の進展、とくにドイツ民法典制定を待つことなく立法することを迫られたという側面とを有する。こうした時間の要素は、本書においては、明示はされていないものの、本書によって描かれる司法制度形成の責めを負った人々の各種の努力や苦悩から時間の重さ知ることができる。また、中国近代法史における検察制度の弱さも描かれている。治安を維持するために警察制度に資源が必要であり、また、裁判制度が職権主義的で糾問主義的であって裁判官の主導で手続が進む場合には、検察の重要性は相対的に低くなる。このことは日本近代法史においても、その初期には類似の情況があった。国家財政全体で言えば、軍事費は大きな負担となり、また、近代国家として整備しなければならない項目は司法以外にも、警察・教育・衛生・産業など多岐にわたった。この点についても本書は軍費との関係で言及されている。

　　本書が実証的に示した中国近代法史、とくにその前半史は、独立を保った他のアジア諸国や植民地体制下で近代法形成が行われた他の地域との比較を考える上でも重要な学術成果である。

2021年3月21日

引 言

司法资源

何为资源?《国语辞典》将"资源"解释为:"资材之源,如言物的资源、人的资源。"[1]《辞海》将"资源"解释为:"资财之源,一般指天然的财源";亦指"一国或一定地区内拥有的物力、财力、人力等各种物质要素的总称"[2]。恩格斯在《自然辩证法》中称:"政治经济学家说:劳动是一切财富的源泉。其实,劳动和自然界在一起,它才是一切财富的源泉,自然界为劳动提供材料,劳动把材料转变为财富。"[3]可见,资源不仅是指客观存在的自然资源(如土地),作为社会资源的人的劳动投入亦被看作资财之源。而人的

---

[1] 中国大辞典编纂处编:《国语辞典》,商务印书馆1948年版,第3349页。
[2] 辞海编辑委员会编:《辞海》(1999年版缩印本),上海辞书出版社2002年版,第2844页。
[3] 《马克思恩格斯选集》(第4卷),人民出版社1995年版,第373页。

劳动投入,既包括看得见的物质形态的资源如人力资源、财力资源等,也包括看不见的资源如管理资源、智力资源等。[1]

资源,亦被认为是一个经济学概念,经济学中的"资源"被定义为"生产过程中所使用的投入"[2]。20世纪60年代,以罗纳德·科斯和理查德·A.波斯纳为代表的西方法律经济学者,开始以经济学效率观点分析法律形成、架构与运作方式,经济学中的"资源"概念被运用到法学领域,司法资源成为人们关注与讨论的对象。[3] 关于司法资源的定义,目前并无统一的解释。有学者将司法资源定义为在制度和规则履行过程中在带给当事人或行为者利益或成本的同时所消耗的人力成本、物质成本以及机会成本[4];有学者认为司法资源包括法院所拥有的法律资源、体制资源、物资资源、人力资源以及公信力资源等[5];也有学者认为司法资源是以司法程序解决社会矛盾的物力、财力、人力等物质要素的总称。[6]

---

〔1〕 参见《中国大百科全书》(第2版),中国大百科全书出版社2009年版,第432页。

〔2〕 〔英〕彼得·蒙德尔等著:《经济学解说》(第3版),胡代光等译,经济科学出版社2000年版,第4页。

〔3〕 参见陈卫东:《认罪认罚从宽制度研究》,载《中国法学》2016年第2期;陈卫东:《论公正、高效、权威的司法制度的建立》,载《中国人民大学学报》2009年第6期;杨立新:《基层司法资源不足的困境及完善路径》,载《人民论坛》2020年第5期;龙宗智:《影响司法公正及司法公信力的现实因素及其对策》,载《当代法学》2015年第3期;范愉:《司法资源供求失衡的悖论与对策:以小额诉讼为切入点》,载《法律适用》2011年第3期;刘敏:《论民事诉讼前置程序》,载《中国法学》2011年第6期;周世中:《论司法资源配置与司法公正》,载《法治研究》2007年第1期;姚莉:《司法效率:理论分析与制度构建》,载《法商研究》2006年第3期;钱弘道:《论司法效率》,载《中国法学》2002年第4期。

〔4〕 参见陈卫东、王政君:《刑事诉讼中的司法资源配置》,载《中国法学》2000年第2期,第134页。

〔5〕 参见黄先雄:《司法谦抑论——以美国司法审查为视角》,法律出版社2008年版,第70—71页。

〔6〕 参见周世中:《论司法资源配置与司法公正》,载《法治研究》2007年第1期,第46页。

不仅在当代,司法资源问题,在近代中国也是被关注的焦点。

近代关于司法资源的讨论,是源自清末中国近代化司法改革的开始。步入近代以前的中国,其统治机关被划分为若干层级,中央机关根据统治行为划分出的事务内容的不同被细致地进行了区分,不同的中央机关拥有不同的职权范围,但越接近地方,尤其是基层,机关的职权越具有统括性。因此,在地方,从州县到省,各级行政长官不仅要掌管所管辖地区的行政事务,同时对作为统治重要一环的司法审判也具有兼管的职责。传统中国的这一制度模式,被称为"行政兼理司法"。以州县为例,作为州县最高行政长官的州县官不仅掌管着地方土地、税收、水利、吏治、教化、治安等一切事务,更是全州县唯一的正式"法官",并且集司法侦查、起诉、审判于一身。在"行政兼理司法"的模式下,传统中国从皇帝到督抚再及州县官,"基本是一人国家,一人政府,一人衙门,是上下'一套班子'的权力结构",纳税人只需负担一套班子的行政经费即可。[1] 但自近代以来,中国面对着"三千年未有之大变局",出于维护统治与废除领事裁判权的需要,开始仿照西方国家预备立宪,推行近代化的司法改革。近代化的司法改革带来的是司法的专业化与职业化,从司法机关、司法人员,到审判程序都脱离了原有的行政框架而"另立门户"。但在行政体系之外重造审判体系,无疑会带来司法资源的紧张,这主要表现在清末民初新式司法机关筹设与运作中投入的司法经费与司法人员的不足。对此,1909 年山东时任巡抚孙宝琦与前任巡抚袁树勋就山东审判厅筹办事宜联名上奏中有所体现[2]:

> 查司法独立为吾国现行财政一大变更,自非通盘筹划,则事倍而功或不半,财伤而民亦愈劳,臣树勋业于本年五月内详细奏陈,以为此项各级审判成立,按照《法院编制法》所设各员,每一州县岁需俸薪一项,已在三万两左右,合全国各府厅州

---

[1] 参见张仁善:《中国法律文明》,南京大学出版社 2018 年版,第 303 页。
[2]《孙袁两抚奏报鲁省筹办宪政情形折》,载《申报》1909 年 8 月 10 日。

县计,岁费约五千万两,建筑尚不在内,国家无此人才,抑亦无此财力。

近代审判体系的重造,除了造成司法资源紧张外,还必然会造成新旧审判制度/程序间的矛盾与冲突。而矛盾与冲突的发生,不仅影响到制度/程序应有机能的发挥,妨碍司法公正的实现,更会损害到制度/程序乃至司法机关的权威。1913 年江苏省都督程德全在给总统袁世凯的上呈中,对江苏省司法机关现状提出了尖锐的批评,批评除涉及司法经费与司法人员外,还论及新式审判机关司法公正与司法权威的问题[1]:

> 江苏自光复以后,省议会议决本年司法经费至百八十万之巨,各县审检厅成立至百四十处之多。问其官吏,则法政速成之人才,殆已搜索罄尽;问其经费,则议案有其名而实际无着,大都向县知事挪借以度日;征其成绩,则人民之不服裁判及呼冤控诉者,其踵相迎,其趾相接,而一般剧匪巨盗翻且欣欣然有喜色而相告曰:某处审判厅成立,吾侪永无就戮之日矣,某处检察厅成立,吾侪永无就逮之日矣。

学术综述

清末民初关于司法资源的认识与讨论,为民国所延续,作为近距离的观察者,甚至是中国近代司法改革的亲历者,民国学者亦多认为司法经费与司法人才不足是阻碍中国近代司法改革的原因所在。蔡枢衡称:"顾司法改革之困难,其初在才财二难,至今似亦未变其性质。"[2]楼桐孙在《法学通论》中指出:"我国设有法院,历史未久,为

---

[1] 《程督痛论江苏司法机关之现状》,载《申报》1913 年 6 月 22 日。
[2] 蔡枢衡:《中国法理自觉的发展》,清华大学出版社 2005 年版,第 152 页。

一种新的制度。但依一般观察,在各种新政中,如议会、警察等,当推法院成绩,比较最为优良。然因经费及人才种种关系,以视欧西各国司法机关的组织,相去仍远。"[1]此外,张一鹏、李浩儒等人也持相同观点。[2] 然而,限于民国学者研究多为概述性论述,缺少细致的解读与分析,近代中国司法资源状况如何并不十分清楚。

关于近代司法转型的研究,真正起步于20世纪80年代。自20世纪80年代以来,以张晋藩、岛田正郎、黄源盛、韩秀桃、徐小群、李启成等为代表的学者,分别从法律编修、司法独立、法院设置等视角展开研究,取得了相当数量的研究成果。[3] 在这些研究成果中,徐小群开始注意到民初北洋政府时期的司法财政问题。这部发表于2008年的关于中国20世纪初司法改革的英文著作[4],对于民国时期的中央、江苏省以及江苏各县司法财政状况进行了专章讨论,认为近代中国司法机构和司法程序的全面转型面临着两个历史性问题的制约,其中之一即是司法机构和程序规范化所带来的财政开销

---

[1] 楼桐孙:《法学通论》,正中书局1940年版,第122页。

[2] 参见张一鹏:《中国司法制度改进之沿革》;李浩儒:《司法制度的过去与将来》,载何勤华、李秀清主编:《民国法学论文精萃》(第5卷),法律出版社2004年版,第450—456页、第463—490页。

[3] 参见[日]岛田正郎『清末における近代的法典の編纂』,創文社1980年版;张晋藩:《中国法制通史》,法律出版社1999年版;黄源盛:《民初法律变迁与裁判》,台湾地区政治大学法学丛书2000年版;韩秀桃:《司法独立与近代中国》,清华大学出版社2003年版;Xiaoqun Xu. Trial of Modernity: Judicial Reform in Early Twentieth-Century China, 1901-1937, Stanford University Press, 2008;李启成:《晚清各级审判厅研究》,北京大学出版社2004年版;侯欣一:《创制、运行及变异:民国时期西安地方法院研究》,商务印书馆2017年版;张生:《民初大理院审判独立的制度与实践》,载《政法论坛》2002年第4期;郭志祥:《清末和民国时期的司法独立研究(上、下)》,载《环球法律评论》2002年第1、2期等。

[4] Xiaoqun Xu. Trial of Modernity: Judicial Reform in Early Twentieth-Century China, 1901-1937, Stanford University Press, 2008.[该书于2018年被翻译成中文,本书所引内容均来自该书的中文版,即徐小群:《现代性的磨难:20世纪初期中国司法改革(1901—1937年)》,杨明、冯申译,中国大百科全书出版社2018年版]

问题。[1]继徐小群之后,唐仕春通过地方志研究亦表明,北洋政府时期基层法院的筹设与裁撤等政策制定的背后无一不受到司法经费匮乏的影响,而司法经费来源的地方化亦使法院运作受制于地方行政机关而难以实现司法独立。[2]

在司法财政之外,司法人员的近代化也为研究近代司法转型的学者们所关注。李启成详述了清末宣统二年(1910年)法官考试的情况。[3]李超对宣统二年(1910年)法官考试中甘肃和新疆的情况进行了补充,并具体阐述了民初北洋政府时期历次司法官考试情况。[4]吴永明对民初司法官的考选与培养进行了分析考察。[5]李在全对清末民初法官来源群体代表即清末旧员与民初新知做了个体分析,并探讨了司法官群体的形成与人事变动。[6]侯欣一对民国时期西安地方法院包括司法官在内的各类人员进行了研究,表明西安地方法院核心人员逐渐具有了专业知识和技能,已区别于传统社会地方衙署官员。[7]此外,学者们还对民国司法官考试制度模型设计与运作、司法官和司法人才的培育与养成、司法官的考绩惩戒与素养、司法

---

[1] 参见徐小群:《现代性的磨难:20世纪初期中国司法改革(1901—1937年)》,杨明、冯申译,中国大百科全书出版社2018年版,第221页、第394页。

[2] 参见唐仕春:《北洋时期的基层司法》,社会科学文献出版社2013年版,第424—426页。

[3] 参见李启成:《晚清各级审判厅研究》,北京大学出版社2004年版,第94—123页。

[4] 参见李超:《清末民初的审判独立研究:以法院设置与法官选任为中心》,法律出版社2010年版,第68—88页、第224—268页。

[5] 参见吴永明:《理念、制度与实践:中国司法现代化变革研究(1912—1928)》,法律出版社2005年版,第165—212页。

[6] 参见李在全:《变动时代的法律职业者:中国现代司法官个体与群体(1906—1928)》,社会科学文献出版社2018年版,第217—226页。

[7] 参见侯欣一:《创制、运行及变异:民国时期西安地方法院研究》,商务印书馆2017年版,第70—120页。

官的生活待遇与薪俸等问题进行了考察与研究。[1] 而上述关于司法人员的研究,更多地是为我们描画出近代中国司法人员职业化与精英化的历程,基本没有关注到司法人员作为司法资源的存在。不过,也有学者敏锐地注意到相对于司法财政的严峻,司法人员不足具有改善与逆转的可能。李启成认为,"随着法政教育的发展和法官考试制度的完善,逐渐以法政毕业生取代那些来自传统司法体系的人员,在晚清建立一个法官职业团体是可能的"[2],但可惜的是李启成对此观点未深加论证。唐仕春的研究则对法院普设所需司法人员数与当时法政毕业生人数进行了比较,指出民初法政毕业生数量大体可以满足当时全国司法人员之需,这对于自民国以来学界关于中国近代司法改革"缺钱少人"的"共识"是一种反思。然而,唐仕春在书中亦言:法政毕业人数够不够用并不必然意味着法政毕业生能顺利进入到司法人员序列,法政毕业生自身的素质以及择业去向的多样化,使得司法人才缺乏问题还是存在,只是不再成为阻碍司法与行政分离的主要因素。[3] 究其对司法人员不足的反思,仍旧没有脱离自21世纪初以来学界关于司法独立的讨论。那么,除了司法独立的视角外,我们是不是还有更多的视角去重新审视与思考清末民初的司法近代化呢?

司法资源与资源相同,在人类社会中总归是有限的。司法资源的

---

[1] 参见李贵连:《二十世纪的中国法学》,北京大学出版社1998年版;胡震:《民国前期(1912~1936)司法官考试的模型设计》,载《法学》2005年第12期;李启成:《司法讲习所考论——中国近代司法官培训制度的产生》,载《比较法研究》2007年第2期;俞江:《司法储才馆初考》,载《清华法学》2004年第1期;李在全:《梁启超与司法储才馆》,载《历史研究》2020年第5期;郭志祥:《民初法官素养论略》,载《法学研究》2004年第3期;谢舒晔:《从诋毁到赞誉:北洋司法官在司法变革中的蜕变》,载《法学》2017年第7期;张仁善:《论司法官的生活待遇与品行操守——以南京国民政府时期为例》,载《南京大学法律评论》2002年春季卷;毕连芳:《北洋政府时期法官群体的物质待遇分析》,载《宁夏社会科学》2009年第1期;杨天宏:《民国时期司法职员的薪俸问题》,载《四川大学学报》2010年第2期等。

[2] 李启成:《晚清各级审判厅研究》,北京大学出版社2004年版,第190页。

[3] 参见唐仕春:《北洋时期的基层司法》,社会科学文献出版社2013年版,第426—427页。

这种有限性即稀缺性,不仅决定了司法制度要如何使用和配置司法资源[1],还决定了司法制度要如何在对公正的无限追求与司法资源的有限性之间作出权衡,使有限的司法资源最大限度地实现司法公正。[2] 本书关注与讨论的,正是近代中国司法资源与司法公正的问题。这一讨论源自清末民初限于司法资源制约,近代司法机关筹设不完全,尤其县一级司法仍采县知事兼理司法,这意味着刑事审判程序必然存在传统与近代两种形态。对于这一过渡性刑事审判程序,从目前研究来看阐释得并不充分,研究多是强调新旧调和的特征,对新旧审判制度及审判程序如何过渡衔接少有论及,从而使得清末民初审判程序实态不甚明了。[3] 另外,以行政兼理司法为特征的传统刑事审判程序与以司法独立为特征的近代刑事审判程序存在潜在的对抗关系,受到行政兼理司法的影响,近代刑事审判程序难以发挥其应有的制度功能。因此,本书在对清末民初司法经费与司法人员配置状况及其对新式司法机关筹设影响进行论述的基础之上,着重探讨在新式司法机关筹设不完全的情况下,清末民初是如何调和新旧审判制度/程序,如何通过审判制度/程序弥补司法资源不足与新旧审判制度冲突造成的法律真空,如何在发挥审判制度/程序应有功能价值的同时实现司法公正的问题。

---

[1] 参见钱弘道:《论司法效率》,载《中国法学》2002年第4期,第51页。

[2] 参见江必新:《新诉讼法讲义:再审的理念、制度与机制》,法律出版社2013年版,第15页。

[3] 关于清末民初北洋政府时期的审判程序,黄源盛对大理院审判程序进行了探讨,李启成利用审判厅判词对清末审判厅的审判程序进行了考察,徐小群对民国时期法院审判程序与县级审判程序分别进行了研究,但三者均未涉及新旧审判程序过渡与衔接的问题。[参见黄源盛:《民初法律变迁与裁判》,台湾地区政治大学法学丛书2000年版,第289—358页;李启成:《晚清各级审判厅研究》,北京大学出版社2004年版,第124—155页;徐小群:《现代性的磨难:20世纪初期中国司法改革(1901—1937年)》,杨明、冯申译,中国大百科全书出版社2018年版,第84—96、225—296页]

范围与材料

就研究范围而言,本书是以司法制度与司法官(法官、检察官以及在司法机关工作的人们)作为研究对象,对于律师的考察将作为今后的研究课题。此外,从时间上来看,本书上限为1906年,即以清政府预备立宪与官制改革为始,因自此之后近代司法机关的筹设与司法人员的选任陆续展开;本书下限为1928年,即以北洋政府统治结束为止。在1906年至1928年这一时间段内,本书是以清末清朝政府与民初北洋政府所在时期为研究对象,中国当时存在的如南京民国临时政府以及孙中山在广州建立的军政府等其他政权,均不属本书讨论范围。

就研究材料而言,本书主要利用了清末档案、各省财政说明书、各类公报、报纸杂志、裁判文书以及各类官文书等。关于清末档案,主要是来自中国第一历史档案馆与台北"故宫博物院"图书文献馆所藏档案资料。通过对中国第一历史档案馆所藏法部档案、军机处录副奏折以及台北"故宫博物院"图书文献馆所藏录副奏折等档案的利用,探析了清末审检厅筹设、司法经费人员以及审判程序的问题。对于清末司法经费的考察,本书还利用了各省财政说明书。各省财政说明书,编制于清末宣统年间,以省为别,共计22种。各省财政说明书是了解和研究清末各省财政状况不可或缺的财政经济史料,但由于其初版分散于各地图书馆,故2015年陈锋将之整理出版,并命名为《晚清财政说明书》,本书使用的也是该版本。关于各类公报,主要利用的是当时中央级的《司法公报》与《政府公报》以及部分省级公报,其中刊载的大量公牍、例规、会计、报告、统计资料是了解和研究民初北洋政府的重要资料,也是本书讨论民初审检厅筹设、司法经费人员以及审判程序的重要史料。关于报纸杂志,本书主要使用了清末民初时期的报刊,如《东方杂志》《政治官报》《法政杂志》《申报》《时报》《新闻报》等。此外,在对清末民初北洋政府时期审判程序进行考察时,本书亦使用了《各省审判厅判牍》《书状判牍精华录》《民国时期江苏高等法院(审判厅)裁判文书实录》等裁判文书。

第一章　清朝末年的司法费

第一节　司法费的诞生

现代司法费是司法机关的专项资金,区别并独立于行政费之外。然而,在传统中国,作为行政一环的司法[1]并无专项经费,司法费多分散于行政等各项经费之中。据《大清会典》记载,清代前期较为固定的财政支出共有12项,分别为祭祀之款、仪宪之款、俸食之款、科场之款、饷乾之款、驿站之款、廪膳之款、赏恤之款、修缮之款、采办之款、织造之款、公廉之款。其中,兼任司法事务的各级行政官员的薪俸出自俸食之款,递解人犯沿途口粮出自赏恤之款,衙署整修出自修缮之款,司法业务公费和官员养廉津贴则出自公廉之款。[2]

---

[1] 参见〔日〕滋賀秀三『清代中国の法と裁判』,創文社1984年版,第85页。
[2] 参见《钦定大清会典》(嘉庆朝),卷12,"户部·尚书侍郎执掌三",《近代中国史料丛刊三编》第64辑,文海出版社1991年版,第601—624页。

近代中国，直至 20 世纪初，司法费才被正式添加到国家财政项目之中。光绪三十二年（1906 年），清政府推行预备立宪，实行官制改革，改户部为度支部。光绪三十四年（1908 年），度支部奏定设立清理财政处，各省设立清理财政局，负责清查地方各省财政收支。宣统二年（1910 年），清政府在基本清理各省财政收支的基础上，仿效西方国家预决算体制，开始试办全国财政预算。宣统三年（1911 年），全国岁入岁出预算总表颁布，这是中国历史上第一部国家预算案。在这部国家预算案中，"岁出"项共列有 19 个子项，其中"司法费"首次作为独立子项列于"岁出"第 9 项，位于行政费、交涉费、民政费、财政费、洋关费、常关费、典礼费、军政费、教育费之后。[1]

司法费的诞生，不仅是中国近代司法改革成果的反映，也是清末各省以清理财政为目的进行地方财政调查成果的体现。光绪三十二年（1906 年）清廷宣布预备立宪各项事宜中，"清理财政"被作为预备立宪第一要政。[2] 光绪三十三年（1907 年），宪政编查馆上奏了《办事章程十三条》，主旨是要在各省设立调查局，专职各省民情、风俗、商事、民政、财政、行政规章等一切调查事件，此奏章获得了中央首肯。于是，光绪三十四年（1908 年），度支部在设立清理财政处和清理财政局的同时，宪政编查馆奏定了《清理财政章程》。《清理财政章程》共八章 35 条，其中第 10 条规定："清理财政局应将该省财政利如何兴，弊如何除；何项向为正款，何项向为杂款；何项向系报部，何项向未报部；将来划分税项时，何项应属国家税，何项应属地方税，分别性质，酌拟办法，编订详细说明书，送部候核"，并规定各省"说明书限至

---

[1] 宣统三年（1911 年）国家预算岁出项目包括：行政费、交涉费、民政费、财政费、洋关费、常关费、典礼费、军政费、教育费、司法费、军事费、实业费、交通费、工程费、官业支出、边防经费、各省应解赔偿洋款、洋关应解赔偿洋款、常关应解赔偿洋款、附：归还公债。

[2] 参见陈锋：《〈晚清财政说明书〉的编纂及其史料价值》，载《晚清财政说明书》（第 1 册），湖北人民出版社 2015 年版，第 3 页。

宣统二年六月底陆续送到度支部"[1]。上述规定中提及的"说明书"即是各省编制的"财政说明书"。"财政说明书"是由各省清理财政局在对本省藩、运、道、局各库收支存储数目及全省出入款项各数目调查的基础上编制而成的,是省级财政状况整理和分析的报告书[2],是清末政府清理地方财政实践的第一步,也是我们了解和把握清末地方各省司法财政实况的重要史料。

清末,为了实现各省财政说明书的统一编制,度支部对各省清理财政局的"调查条款"及"各省岁出、岁入细数款目"进行了规定。根据《调查全省岁出入细数款目》的规定,"司法费"被置于各省财政说明书"岁出"项"本省支款"下,此处的司法费专指"司法支出",具体包括臬司或提法使衙门费[3]、各级审判厅费、发审局费、臬司或提法司监狱费以及其他各项杂支。[4] 一般而言,"司法费"是指司法机关经费的收入与支出,即除了司法支出外,还应包括司法收入。关于"司法收入",各省财政说明书并未将之独立成项,而是归入"岁入"项"杂项收入"下,主要包括状纸费、讼费、罚款三项中的一项或几项。例如,奉天省司法收入被列于该省财政说明书"杂收入"项下,主要包括讼费、赎罪金、罚款、司法规费及罪犯习艺所售品[5];黑龙江省的司法收入("讼狱杂费")列于该省财政说明书"岁入"项"杂费类"下,主要包括讼费、和息费、控债提款、状纸费、保呈费、传票费、封狱油

---

[1]《宪政编查馆复核清理财政章程》,载《北洋法政学报》1909年第89期,第4页。

[2] 参见陈锋:《〈晚清财政说明书〉的编纂及其史料价值》,载《晚清财政说明书》(第1册),第9页。

[3] 有清一代,主管一省司法事务的机关是按察使司,宣统二年(1910年)内阁发布上谕改按察使为提法使,掌全省司法行政,并监督各级审检厅及监狱。自此,提法司取代按察司,成为省一级司法行政机关。(参见《总核官制大臣庆亲王等奏改订外省官制》,载《东方杂志》1907年第8期,"内务",第402页)

[4] 参见陈锋:《〈晚清财政说明书〉的编纂及其史料价值》,载《晚清财政说明书》(第1册),第10页。

[5]《奉天全省财政说明书》,载陈锋主编:《晚清财政说明书》(第1册),湖北人民出版社2015年版,第187—192页。

灯费、罚金、赎金、赃物变价等项。[1] 关于司法收入与司法支出，下文将逐一予以展开说明。

度支部

（图片来源：《新闻报》1907年6月14日）

第二节　司法费之司法收入

宣统三年（1911年），法部下文令各省切实整顿各省司法收入各费，"查近年筹办审判，改良监狱，省会商埠均已具有规模，惟财政支绌，各省皆同，而嗣后续应筹备事宜，诸待扩张，需款益众，是关于司法各项收入，亟应设法整顿，庶足以资补助而利推行"[2]。在该文中，法部将"审判事项应有之收入"即司法收入分为罚金、讼费及状纸

---

〔1〕 参见《黑龙江财政沿革利弊说明书》，载陈锋主编：《晚清财政说明书》（第1册），湖北人民出版社2015年版，第486页。

〔2〕《法部通行各省将司法收入各费切实整顿文》，载《政治官报》1911年第1333期，"咨劄类"，第13页。

费三类。据陈锋统计,目前可查清末财政说明书全国共计22份,分别涉及奉天、黑龙江、吉林、直隶、山东、陕西、河南、陕西、甘肃、四川、新疆、江苏、浙江、安徽、江西、湖北、湖南、广东、广西、云南、贵州、福建22省的地方财政状况。其中,有司法收入项的是,奉天、黑龙江、山东、河南、甘肃、四川、新疆、江西、湖北、广东、福建11省份。通过对这11省份的考查,发现这11省的司法收入项主要包括罚金、讼费及状纸费三项,但又不限定于此。如黑龙江省司法收入除了讼费、状纸费、罚金外,还包括赎金、和息费、控债提款、保呈费、传票费、封狱油灯费、赃物变价等;奉天省司法收入则包括讼费、赎金、罚款、司法规费、罪犯习艺所售品等;而河南省财政说明书中作为司法收入的只有状纸价和教养局工作所得两项。对此,本部分将以上述11省为例,说明各项司法收入沿革及在地方的适用情况。

一 讼费

在传统中国,讼费本为陋规,主要由书役私下收取。直至近代,在清末司法改革过程中,西方近代法律的引进与移植,令讼费法定逐渐成为主流趋势,而法定后的讼费亦成为司法之正当收入。"民间因曲直不定,始经涉讼,以期官家保护而维持之,本不应收取费用,转滋扰累。惟中国讼费一端,几无一处不有,若任暗中索取,小民受害益深,反不如明定章程,酌量收费,较为无弊。况各国于诉讼一事,无不征取手数料(手续费)。仿而行之,益于国亦无损于民也。因此词讼费一端,应亦为正当之收入。"[1]

光绪三十二年(1906年),沈家本等制定了《大清刑事民事诉讼法草案》,在第11节规定有"各票及讼费",讼费首次被规定在国家法律草案中。

---

[1]《奉天全省财政说明书》,载陈锋主编:《晚清财政说明书》(第1册),湖北人民出版社2015年版,第293页。

沈家本

(图片来源:《司法公报》1912年第3期,第20页)

光绪三十三年(1907年)年初,时任直隶总督的袁世凯组织起草了《天津府属试办审判厅章程》,"讼费规则"被规定在第4编,这是关于讼费最早的地方性法律规定。同年2月,随着袁世凯天津审判厅的试办以及《天津府属试办审判厅章程》的实施,讼费法规正式被付诸地方司法实践。12月,清政府奏准颁行《各级审判厅试办章程》,该章程在参考《天津府属试办审判厅章程》的基础上,在第3章"诉讼"中设定了"讼费"一节。至此,国家法律对当事人参与诉讼必须缴纳费用作出了明确规定,讼费完成了从传统非法陋规到近代合法司法收入的转变。[1] 对于中央这一举措,奉天省表示认可并称:"我国从前无名讼费几无处不有,若任暗中索取,小民受害益深,反不如明订章程,酌量收费,较为有利无弊也。"[2] 关于讼费征收及其征收标准,《各级审判厅试办章程》规定,讼费征收仅限于民事案件,并根据财产

---

[1] 关于近代讼费法定化具体过程及细节,参见邓建鹏:《清末民初法律移植的困境:以讼费法规为视角》,法律出版社2017年版。

[2] 《奉天全省财政说明书》,载陈锋主编:《晚清财政说明书》(第1册),湖北人民出版社2015年版,第187页。

关系将民事案件分为"民事因财产起诉"案件和"民事非因财产起诉"案件,其中民事因财产起诉案件是按照诉讼标的价额收取诉讼费用,民事非因财产起诉案件是按照百两以下数目征收讼费。[1]

表1-1 《各级审判厅试办章程》讼费标准[2]

标的价额	10两以下	20两以下	50两以下	75两以下	100两以下	250两以下	500两以下	750两以下	1,000两以下	2,500两以下	5,000两以下	5,000两以上
诉讼费用	3钱	6钱	1两5钱	2两2钱	3两	6两5钱	10两	13两	15两	20两	25两	每1,000两加2两

继《各级审判厅试办章程》颁行后,宣统二年(1910年),在修订法律馆大臣沈家本的主持下完成了《大清民事诉讼律草案》,同年12月法部制定了《民刑事讼费暂行章程》,二者均对讼费规定进行了补充和修正。但因次年清廷统治宣告终结,使得《大清民事诉讼律草案》和《民刑事讼费暂行章程》的影响极为有限,远不及《各级审判厅试办章程》。因此,《各级审判厅试办章程》成为清末讼费征收的主要法律规范。

在《黑龙江省财政说明书》中,根据司法收入子项经费性质的不同,司法收入被分为两类:一类是有定额者;一类是无定额者。其中,有定额者又被细分为二:一是向有定章者,即呈奏中央,获准通行,再按章征收的费用,如讼费、和息费、控债提款等;一是无定章者,即"由各属自行酌定,禀准遵行",如状纸费、保呈费等。至于无定

---

[1] 参见《各级审判厅试办章程》,载《东方杂志》1908年第3期,"内务",第185—186页。

[2] 参见《各级审判厅试办章程》,载《东方杂志》1908年第3期,"内务",第186页。

额者,则是指罚金、赎金及赃款等项。[1] 按照《黑龙江省财政说明书》对司法收入的分类,讼费是属于"有定额者"中的"向有定章者",即讼费征收及其征收数额是经中央批准并按照《各级审判厅试办章程》等法律规定执行的。

地方在讼费征收上,各审判厅多能遵照法部定章执行,在民事案件审结后,"责令理屈者缴纳讼费,所收多寡,视案为断"[2]。但未设审判厅的各州县中,有的仍沿旧习,"各自为法,名目繁多,收费亦不一律",如四川各州县收取状纸费、代书费、传呈费、差费、房费、堂礼费、具结完案费等,这些费用向无统一规定,各种之多寡亦极参差。[3] 对此,《奉天省财政说明书》认为:"讼费一项,各级审判厅所征收者,既经法部奏准通行,尚为斠若划一,自不便轻言更改。惟各州县所收讼费,沿用习惯办法,意为轻重,殊不正当。自应比照现行审判章程一律办理。庶几有益于公,无损于民。"[4] 宣统元年(1909年)时,都察院代学部参事江瀚亦上奏称,"各省讼费,名目繁多,百端需索,冤纵获理,家产已倾",而力求整顿讼费。清廷亦也因此下谕内阁,令"京外问刑各衙门,将一切弊端,认真厘剔,不得视此旨为具文",并称"傥再查有各项情弊,定行严加惩处"[5]。当然,也有的州县以讼费名目统一收取。浙江湖州是"特定讼费数目,贴谕大堂,以杜苛索""无论在案人多少,分作两造,各出钱八千,为书役纸笔工食之费,过堂一次,两造再各出钱一百文,分给站堂人,作为工食,此外如再多索分文,或按名指索,查出重惩云云"。对于湖州做法,有评论认

---

[1] 参见《黑龙江财政沿革利弊说明书》,载陈锋主编:《晚清财政说明书》(第1册),湖北人民出版社2015年版,第486页。

[2] 《奉天全省财政说明书》,载陈锋主编:《晚清财政说明书》(第1册),湖北人民出版社2015年版,第293页。

[3] 参见吴佩林:《清代县域民事纠纷与法律秩序考察》,中华书局2013年版,第140—142页。

[4] 《奉天全省财政说明书》,载陈锋主编:《晚清财政说明书》(第1册),湖北人民出版社2015年版,第187页。

[5] 《大清宣统政纪》(卷八),《清实录》第60册,中华书局1987年版,第140页。

为,应兼顾书役和讼者而采取分等次或理屈者并缴之法,"书役不能枵腹供差理所必然,与其私索无底,何如明定规条,惟案情有轻重,讼者有贫富,似宜酌分等次,或全数责令理屈者并缴,更昭周密"〔1〕。上述评论中提及的"酌分等次"与"理屈者并缴"之法,事实上早在天津县就有所实践。天津县因"各署书役借讼索规,为害地方,实非浅鲜",故"将书差积弊一律革除,酌定讼费,以资书吏差役办公之用","讼费划分三等,上户大制钱十吊,中户八吊,下户六吊,一经判定,即由理屈者当堂交纳"〔2〕。不仅天津,奉天兴仁县在讼费新章颁布后,牌示民众,称本县讼费依照上、中、下三户等收取,"上户交制钱八吊,中户六吊,下户四吊,结案之日,无论原被,责令理屈者当堂交纳","贫户量予酌减","和息之案,照讼费等次数目,由原被各半呈交"〔3〕。按照户等高低收取讼费的还有黑龙江,其做法是将"讼费定章分三等征收:上户三十吊,中户二十四吊,下户十六吊"〔4〕。

自唐宋以来,户等高低与民户包括田产在内的家产有关,"量赀定产",以分户等。〔5〕"赀产富余者为上户,家道充足者为中户,衣食不给者为下户。"〔6〕户等区分多因赋役征收所需,户等高低决定着民户赋役缴纳的多寡。奉天兴仁县与黑龙江取赋役之户等用于讼费征收,是以民户家产之多少取代讼物价额之讼费标准。换言之,讼费的征收不是以诉讼标的价额多少,而是以诉讼主体经济状况为标准征收。这一地方性变通,无疑对于诉讼当事人是有利的,因为以户等为标准的讼费征收相比以诉讼标的为标准的诉讼费征收,在价格上更加经济;这对于地方政府而言也是有利的,因为对于大额讼物,尤其是田

---

〔1〕《明定讼费》,载《通学报》1906 年第 6 期,"新闻",第 163—164 页。
〔2〕《纪天津讼费》,载《选报》1902 年第 32 期。
〔3〕《讼费新章》,载《通学报》1906 年第 8 期,"新闻",第 228—229 页。
〔4〕《黑龙江财政沿革利弊说明书》,载陈锋主编:《晚清财政说明书》(第 1 册),湖北人民出版社 2015 年版,第 486 页。
〔5〕参见杨际平:《唐代户等与田产》,载《历史研究》1985 年第 3 期,第 100 页。
〔6〕《明实录·宪宗实录》,卷 264,载台湾地区"中研院"史语所 1962 年影印本,第 4472 页。

产争讼,以诉讼当事人经济状况为基础的户等标准更易于一般民户接纳而避免讼费拖欠。此外,在无法确定讼物价额的情况下,户等标准也更易操作与执行。

按照户等高低收取讼费,同时又带来了两个变化。一是在讼费标准上,黑龙江对所有民事案件采用相对统一的讼费标准,未对民事案件作出"民事因财产起诉"案件和"民事非因财产起诉"案件的区分。二是在讼费额度上,也并未完全按照法定额度征收。

清代实行的是银钱并用的货币制度,银两和铜钱(制钱)均作为法定货币在市场上流通。一般而言,政府财政收支以银两为计账单位,民间主要商品价格也以银两计价,但在实际交易中大额贸易多以银两计账和支付,小额零售贸易则以银两或钱文计账,并以钱文支付。[1]

《各级审判厅试办章程》中的讼费标准是以银两为计算单位,但不少地方是以钱文计算。天津规定讼费是"上户十吊,中户八吊,下户六吊",奉天兴仁县规定讼费是"上户八吊,中户六吊,下户四吊"[2]。顺治元年(1644年),中央将银钱比价规定为钱1,000文兑换银1两。但有清一代二百余年中,银钱比价一直起伏不定,尤以嘉道至宣统这段时间变动为甚。[3] 根据学者研究,光绪年间的钱银比

---

〔1〕 参见谢杭生:《鸦片战争前银钱比价的波动及其原因》,载《中国经济史研究》1993年第2期。

〔2〕 关于清末黑龙江讼费征收标准及额度,《民国大赉县志》亦可为佐证:"拟仿照直隶总督奏定章程,酌收讼费,其余陋规差费,一概禁止,违者处以重刑。惟江省情形与直隶不同,直隶人烟辐辏,讼者多,而费亦多,江省地广人稀,自不可同日而语。讼费划分三等,拟请酌收上户中钱三十吊、中户中钱二十吊,下户交中钱十六吊,贫民酌量免交。和息案亦分三等,上户交中钱六十吊,中户交中钱五十吊,下户交中钱四十吊,贫者酌减。遇有控追欠债,统按追出之数,酌提二成,作为办公经费,已饬地方各官酌量试办,如一年期满,行之无弊,即饬永远遵守。"(于英蕊纂修:《民国大赉县志》,1912年钞本,第27页)

〔3〕 参见谢杭生:《鸦片战争前银钱比价的波动及其原因》,载《中国经济史研究》1993年第2期,第107页;王宏斌:《晚清银钱比价波动与官吏贪污手段》,载《中州学刊》1989年第4期,第111页。

价,约在每两银价为2,200文。[1] 如果以每两银价2,200文计算的话,天津的上户、中户及下户应分别缴纳银4.5两、3.6两及2.7两的讼费;奉天兴仁县的上户、中户及下户应分别缴纳银3.6两、2.7两及1.8两的讼费。除制钱外,清代黑龙江还存在被称为"中钱"的货币体系。黑龙江"中钱"在当时6.4吊约合库平银1两。[2] 黑龙江规定讼费是"上户三十吊,中户二十四吊,下户十六吊",核算为库平银则上户是4.7两、中户是3.8两、下户为2.5两。

从上述地区讼费情况可见,黑龙江上户缴纳讼费最高,为银4.7两,其次为天津银4.5两,最少为奉天兴仁县银3.6两,这意味着无论案件诉讼物标的额度多高,三地讼费征收的最上限是在银3—5两之间,而这一数额是介于《各级审判厅试办章程》规定的诉讼物标的价额100两以下与250两以下应缴纳讼费额之间(参见表1-1)。如果以诉讼物标的价额百两和千两作为分界,将国家讼费标准分成下、中、上三个档位的话,上述三地讼费大致处于国家规定讼费标准的中下档。变通之外,亦有变通,黑龙江拜泉县和木兰县在征收讼费时,不论户等高低,一律收取定额讼费,拜泉县为28吊(约4.4两),木兰县为9吊600文(约1.4两)。[3]

二 状纸费

光绪三十三年(1907年)十月,法部奏请统一全国状纸种类与价格。法部奏称道:中国各直省问刑衙门,虽有呈状格式,然未经规定,"率皆自为风气,参差不齐","或故为繁苛之条件,使民隐不得上陈","或又弃置不用,听民间随意具呈",致使"讼师以舞文之渐甚,至

---

[1] 参见陈锋:《明清变革:国家财政的三大转型》,载《江汉论坛》2018年第2期,第104页。
[2] 参见韩祥:《晚清财政规模估算问题初探》,载《中国经济史研究》2014年第3期,第35页。
[3] 参见《黑龙江财政沿革利弊说明书》,载陈锋主编:《晚清财政说明书》(第1册),湖北人民出版社2015年版,第486页。

一词之入,需费烦多",而"官考代书又往往勾串吏差,肆其婪索","方今司法独立,既以臣院专司审判,为推行宪政之初基,而京师创设高等以下审判厅,尤为直省各级审判之标准,若不将诉讼状纸先行厘定,何以便民情而去宿弊?"[1]在上述宗旨之下,法部确定了民事诉状、刑事诉状、辩诉状、上诉状、委任状五种格式的状纸,并规定上述状纸由法部督饬官设印刷局照规定式样印刷,由法部和各级审判厅售卖,统一定价为当十铜圆10枚(100文)。[2] 鉴于天津统一状纸的成功经验,法部在京师先行试办,试办2年有余,"民间尚无不便",法部决定通行全国。[3]

宣统元年(1909年),法部颁行了《推广诉讼状纸通行章程清单》,规定凡已设或将设审判厅各省份,"无论旗汉华洋绅民人等,凡赴各级审判厅诉讼者",民事、刑事均应一体遵用诉讼状纸,"违者不予受理"[4]。此外,还将之前规定的诉讼状纸增加至12种,即将诉状、辩诉状、上诉状、委任状四种区别民事和刑事,再加上限状、交状、领状、和解状。上述状纸由法部统一制定格式,由法部和地方督抚印制发售。价格上,刑事状纸(诉状、辩诉状、上诉状、委任状)每套当十铜元16枚(160文),民事状纸(同上)每套当十铜元20枚(200文),限状与交状每套当十铜元10枚(100文),领状与和解状每套当十铜元20枚(200文)。状纸收入,京师留用两成,其余八成上缴法部;地方各省则是留用五成,作为省司法行政费,五成提解法部,以为

---

〔1〕《法部等会奏京师开办各级审判由部试办诉讼状纸折》,载《东方杂志》1908年第2期,"内务",第106页。

〔2〕"当十铜元",俗称"单铜板",光绪二十六年(1900年)在广东开始铸造。正面有"光绪元宝"四字,背面有蟠龙纹。每枚重库平二钱,当制钱十枚,每百枚换银元一元。当十铜在当时流通最广,双铜板(制钱二十文的铜元)其次,另外还有一文、二文、五文和二十文等面额。[参见《辞海》(下册),上海辞书出版社1989年版,第4479页]

〔3〕参见《法部奏筹订状纸通行格式章程折》,载《江南警务杂志》1910年第2期,"奏议",第17—18页。

〔4〕《法部推广诉讼状纸通行章程》,载《新闻报》1910年3月9日。

法部刊刻印刷之资。[1]

三 罚金

传统中国,"罚金"是指依法判处交纳相应财物的刑罚方式。按照当代刑法理论,罚金应属于财产刑。谈及清代罚金,必会论及与罚金形式极为相似的"赎"。赎是在判定某种罪行应科的刑罚后,依律用财物折抵刑罚而求得赎免的方法。因二者极易混淆,故沈家本将二者区别如下:"五罚轻于五刑,罚为犯法之小者,而刑为犯法之重者。凡言罚金者,不别立罪名,而罚金即其名在五刑之外,自为一等。凡言赎者,皆有本刑,而以财易其刑,故曰赎,赎重而罚金轻也。"[2]可见,罚金与赎的区别,除违法情节轻重外,还有刑之独立性问题,即罚金是独立于五刑之外的正刑,赎是依附于五刑的易刑。此外,罚金与赎的存续时间也不尽相同。"汉以罚金为常法,而赎则于武帝始行之",两者并存至魏晋南朝,至北朝魏及齐周时"有赎而无罚金,隋唐承之"[3]。可见,自北朝以后,基本是以赎为主。至于罚金,作为刑种被正式纳入国家刑罚体系,是在清末变法之际。

光绪二十六年(1900年),清廷下诏变法,随即任命沈家本、伍廷芳主持修律,参酌各国法律,悉心考订一切现行律例。光绪二十七年(1901年),张之洞和刘坤一上呈了《江楚会奏变法三折》中的第二折。在该奏折中,张、刘二人提出了整顿变通现行律例的12条建议,在第7条"恤刑狱"中二人建议,"笞、杖等罪,应由地方官体察情形,酌量改为羁禁,或数日或数旬,不得凌虐久系"[4]。对于张之洞和刘坤一的上奏,清廷命沈家本、伍廷芳进行核议。光绪三十一年(1905年)三月,沈家本与伍廷芳上呈了《奏核议恤刑狱各条折》,在

---

[1] 参见《法部推广诉讼状纸通行章程》,载《新闻报》1910年3月9日。
[2] 沈家本:《历代刑法考》,商务印书馆2017年版,"刑法分考十二罚金",第298页。
[3] 同上注。
[4] 《遵筹变法拟先整顿中法疏》,载《万国公报》1901年第154期,第12页。

该折中奏请:"仿照外国罚金之法,凡律例内笞五十以下者,改为罚银五钱以上二两五钱以下,杖六十者,改为罚五两,每一等加二两五钱,以(依)次递加,至杖一百,改为罚十五两而止。"[1]沈家本、伍廷芳关于变笞杖为惩役或罚金的奏请是在张之洞、刘坤一会奏基础上的发展,是试图在刑罚轻重之间寻求某种平衡,并引入了域外罚金制度以期改造传统的笞杖制度。[2]同年六月,清廷批准了《刑部奏遵旨酌筹经费拟请将州县自理刑名案内笞杖改为罚金一项酌提解部折》所议意见,决定将笞杖改为罚金。[3] 光绪三十三年(1907年),在沈家本上奏清廷的中国近代第一部刑法草案——《大清刑律草案》中,罚金首次被确定为五大主刑之一。刑律草案后经五次修正,最终作为定本的《大清新刑律》于宣统二年(1910年)正式颁行。在《大清新刑律》中,作为法定主刑的罚金共分为十等,自银5钱至15两不等。

按照《黑龙江省财政说明书》对司法收入的分类,罚金属于"无定额者",即中央对于罚金金额无统一规定,地方各省可依照不同标准征收笞杖罚金。以黑龙江省为例,黑龙江自光绪三十一年(1905年)开始征收罚金,征收数额往往"视案情之重轻,以定罚款之多寡",一般征收5钱至15两不等。[4]而福建省是将各厅州县分为繁、中、简三等,根据县等列定罚金数目,各县分摊。[5]江西省是根据官员缺分确定罚金数额,即大缺100两、中缺80两、小缺60两,并先于

---

[1]《修律大臣外务部右侍郎伍刑部左侍郎沈奏核议恤刑狱各条折》,载《东方杂志》1905年第6期,"内务",第93—94页。

[2] 参见公丕祥:《司法人道主义的历史进步——晚清司法改革的价值变向》,载《法制与社会发展》2012年第4期。

[3] 参见《刑部奏遵旨酌筹经费拟请将州县自理刑名案内笞杖改为罚金一项酌提解部折》,载《东方杂志》1905年第9期,"内务",第159—163页。

[4] 参见《黑龙江财政沿革利弊说明书》,载陈锋主编:《晚清财政说明书》(第1册),湖北人民出版社2015年版,第486页。

[5] 参见《福建全省财政说明书》,载陈锋主编:《晚清财政说明书》(第9册),湖北人民出版社2015年版,第816页。

各属应领养廉银内提扣。[1] 新疆各司道则称新疆情形与内地不同,"北路多系汉、蒙、回、哈,南疆尽属缠民,言语隔阂,罔知法纪",若"骤将笞杖改为罚金,易生猜疑,且恐书役藉端需索,流弊丛生",故主张将笞杖罚金量为变通,采用"罚金银两由地方官自行认摊"的方式。[2] 因此,相较黑龙江省依照案情轻重征收罚金的方式,罚金摊派的方式为更多省份所采用。

四 其他收入

除上述法部认定的罚金、讼费、状纸费三项司法收入之外,地方各省还有一些其他司法收入来源,但收入所得十分有限。

第一,罪犯习艺所和教养局售卖所制物品之所得。罪犯习艺所售卖物品为在押犯人制成之物。奉天省城罪犯习艺所建于光绪三十一年(1905年),"专教犯人学习工艺,办理颇著成效",各属次第仿行。罪犯习艺所售卖所得被归入司法收入的杂收项,但因罪犯习艺所所制物品,"或以成色较劣,不尽为购者所欢迎;或因定价稍昂,不能占物竞之优胜"[3],故收入有限。教养局是针对特别人员(除妇丐老幼残废之外的游民、乞丐等)设置的收容机构。如河南游民教养局设立于光绪三十三年(1907年),专门收容无业游民。该游民教养局"雇觅匠师",授游民以工艺,工艺内容多为制造毡毯、布匹、毛巾、靴鞋、木器、铁器等物,这些货品于专设批发处内售卖。据光绪三十四年(1908年)河南奏报,教养局工作所得实收银约7,993两,出入相

---

[1] 参见《江西各项财政说明书》,载陈锋主编:《晚清财政说明书》(第6册),湖北人民出版社2015年版,第225页。

[2] 参见《新疆全省财政说明书》,载陈锋主编:《晚清财政说明书》(第4册),湖北人民出版社2015年版,第849页。

[3] 《奉天全省财政说明书》,载陈锋主编:《晚清财政说明书》(第1册),湖北人民出版社2015年版,第190—191页。

抵,盈余约为 1,092 两。[1]

第二,罚款之所得。除作为司法三大收入之一的罚金外,还有罚款一项。具体而言,有刑事罚款、民事罚款、违警罚款、赌案罚款、续报地捐罚款、钱粮罚款、渔业罚款、电报罚款、充公罚款、税契罚款等。罚款是"各种轻微过犯分别罚出款项",其目的在于,对被罚者而言"可以知痛苦而不为",对国家而言"可以增司法上之收入"。罚款征收是"视其所犯之轻重以为等差,多无定率"[2],且收入有限。如河南省有契税罚款一项,各厅州县"于此项罚款寥寥无几","遍查近三年各属册报,惟汝宁府汝阳县于光绪三十二年报解司库税契罚价银五百九十六两零,此外绝未有闻也"[3]。

第三,司法规费之所得。清末讼费、状纸费虽被纳入国家正规司法收入项,但地方各省对于司法规费的收取仍有所保留。奉天省在作为临时杂收的"杂款"项中列有抄录判词案卷之录事费、承发吏递送传票文书之承发吏费、于被控人民派差传案质询之传票费[4];黑龙江省列有和解撤案之和息费、保呈费、传票费[5];河南省则是在状纸费之外普遍收取呈词捐,用于巡警、学务、习艺所经费。[6] 上述规费,在地方看来,是"于民人请求保障权利者酌收(之)费用",于司

---

[1] 参见《河南财政说明书》,载陈锋主编:《晚清财政说明书》(第3册),湖北人民出版社 2015 年版,第 693 页。

[2] 《奉天全省财政说明书》,载陈锋主编:《晚清财政说明书》(第1册),湖北人民出版社 2015 年版,第 294—295 页。

[3] 《河南财政说明书》,载陈锋主编:《晚清财政说明书》(第3册),湖北人民出版社 2015 年版,第 717 页。

[4] 参见《奉天全省财政说明书》,载陈锋主编:《晚清财政说明书》(第1册),湖北人民出版社 2015 年版,第 294 页。

[5] 参见《黑龙江财政沿革利弊说明书》,载陈锋主编:《晚清财政说明书》(第1册),湖北人民出版社 2015 年版,第 486—487 页。

[6] 参见《河南财政说明书》,载陈锋主编:《晚清财政说明书》(第3册),湖北人民出版社 2015 年版,第 691 页。

收入可借资小补的"有利无弊"的司法手续费[1],审判厅成立之际即可撤销。[2]

第三节　司法费之司法支出

在前述22省清末财政说明书中,共有15省即奉天、吉林、山东、山西、河南、陕西、甘肃、新疆、江苏、浙江、江西、湖南、广东、广西、云南列有司法费支出项,其余7省份则未列出。通过对这15省司法费支出项细目的调查,可以看到清末司法费支出主要包括按察司/提法司费、发审局费、监狱费、审判厅筹备处费以及审判厅费。

一　按察司与提法司

按察司,又称臬司,是督抚之下负责省一级司法事务的机关。宣统二年(1910年)七月,内阁发布上谕将按察使改为提法使,令其掌管全省司法行政,并监督各级审判厅、检察厅及监狱。根据《清理财政章程》第10条的规定,清末各省向度支部提交财政说明书的时间为宣统二年(1910年)六月,应比按察司改制早1个月。但通过对上述15省财政说明书的查阅,笔者发现一些省份竟然已将按察司改制为提法司。究其原因,恐怕是中央虽然规定了各省财政说明书的提交期限,但除陕西、浙江等部分省如期提交外,不少省份并未严格遵守,如黑龙江、云南是在宣统二年(1910年)八月至十月间提交的,而有些省

---

〔1〕参见《奉天全省财政说明书》,载陈锋主编:《晚清财政说明书》(第1册),湖北人民出版社2015年版,第190页。

〔2〕参见《河南财政说明书》,载陈锋主编:《晚清财政说明书》(第3册),湖北人民出版社2015年版,第693—694页。

份更是拖延至年底甚至次年才提交[1]，而这时按察司的改制已在全国展开。虽然部分省份财政说明书将按察司改制为提法司，但就其性质而言二者并无太大区别，故本部分将二者一并讨论。

(一) 按察司

从 15 省财政说明书来看，按察司费多列于"司法费"首项，基本包括俸银、养廉、公费津贴、书役工食四项。

俸银是按察司官员的工资，一般由各省藩库支给。各省按察司俸银大概在 100 两，经减平与扣成[2]后实际支领多在 100 两以下，但也有省份将俸银扣留作为罚俸。山东省臬司俸银，向由历城县地丁银内征收，每年俸银约 105 两，除去减平与扣成外，实支银约在 79 两，但"因备罚俸，向不支领"[3]。广东省臬司俸银每年额支银 117 两，但"此款向未支领"[4]。

养廉银是按察司的办公经费。各省按察司的养廉银多在 5,000 两以上，一般出自各省藩库耗羡项下。[5] 养廉银是按察司的主要经费来源，但多不能足额支给。如山西省按察司养廉银出于耗羡项

---

[1] 参见陈锋：《〈晚清财政说明书〉的编纂及其史料价值》，载《晚清财政说明书》(第 1 册)，湖北人民出版社 2015 年版，第 8 页。

[2] 减平与扣成，是指各省在发放各项经费时，并非按照原额发放，而是扣除一定数额，所扣银两有汇解部库者，有存储听候部拨者，有留备本省支用者，办法各不相同。[参见《江西各项财政说明书》，载陈锋主编：《晚清财政说明书》(第 6 册)，湖北人民出版社 2015 年版，第 218 页］

[3] 《山东财政说明书》，载陈锋主编：《晚清财政说明书》(第 2 册)，湖北人民出版社 2015 年版，第 491 页。

[4] 《广东财政说明书》，载陈锋主编：《晚清财政说明书》(第 7 册)，湖北人民出版社 2015 年版，第 570 页。

[5] 参见《山东财政说明书》，载陈锋主编：《晚清财政说明书》(第 2 册)，湖北人民出版社 2015 年版，第 491 页；《山西财政说明书》，载陈锋主编：《晚清财政说明书》(第 3 册)，第 45 页；《河南财政说明书》，载陈锋主编：《晚清财政说明书》(第 3 册)，第 762 页。

下,每年额支银7,000两,除扣成外,实支银5,600两。[1] 广东省按察司养廉银,每年额支银6,000两,自咸丰六年(1858年)开始八成支给,核发银4,800两,除每两扣六分部平、三分津贴外,实应支银4,368两,由藩库支送。[2]

书役工食是按察司各房书吏及杂役的经费。各省按察司书役工食种类繁多,经费来源也异常纷繁。如山东省按察司"原设吏、兵等十六房,每房书吏或三四名、五六名不等","计光绪三十四年,由藩库支发四季饭食银五千六百两"。除原设各房外,山东省还设有驿传房和清讼局,每月由藩库支给饭食银;杂役工食费则是在藩库各州县捐解项下扣拨。[3] 广东省书吏工食包括书吏饭食、小书工墨、帮缮小书工食、秋审小书工墨和饭食、驿传房书工食、役食、辅兵工食等各细项,其中有在藩库溢税、俸食、地丁耗羡等项下支发的,也有在善后局海防经费下支给的。[4] 广西省书役工食费在银5,000两左右,"或由藩司就各属养廉项下提扣,或由臬司饬属解缴"[5]。

幕友薪俸是按察司延请幕友的工资和津贴。"臬署刑案繁重,需人襄佐,刑幕尤不可少。"[6] 广东省臬司幕友"向分为广、惠、潮三股,每股一人,按月应支俸金"[7]。云南省之幕友俸金,原系由各府、

---

[1] 参见《山西财政说明书》,载陈锋主编:《晚清财政说明书》(第3册),湖北人民出版社2015年版,第45页。
[2] 参见《广东财政说明书》,载陈锋主编:《晚清财政说明书》(第7册),湖北人民出版社2015年版,第570页。
[3] 参见《山东财政说明书》,载陈锋主编:《晚清财政说明书》(第2册),湖北人民出版社2015年版,第493—494页。
[4] 参见《广东财政说明书》,载陈锋主编:《晚清财政说明书》(第7册),湖北人民出版社2015年版,第570—571页。
[5] 《广西全省财政说明书》,载陈锋主编:《晚清财政说明书》(第8册),湖北人民出版社2015年版,第817页。
[6] 《云南全省财政说明书》,载陈锋主编:《晚清财政说明书》(第9册),湖北人民出版社2015年版,第269页。
[7] 《广东财政说明书》,载陈锋主编:《晚清财政说明书》(第7册),湖北人民出版社2015年版,第571页。

厅、州、县养廉内扣除,自宣统元年(1909年)改定新章后,"此项幕脩遂议由公家筹给"[1]。

就按察司费而言,暂且不论各省数额之多寡,就费之出所而论,可谓来源不一,甚至批解机关各自有别。浙江省就称:"臬司衙门经费,向来由各司、道、局库移拨及各属批解款项,既极纷繁,机关又不统一。"[2]

臬司衙门经费,有由藩库动拨者,有由运库及厘饷局动拨者,又有由宁绍台、金衢严道及粮道移解,并各属批解者,分叙于左:

藩库动拨之款如养廉、俸银及心红纸饭等是。

运库动拨之款如公费一项,向由纲盐总局于纲盐七六引费项下,按月移解银三百两。至光绪十四年,纲盐局裁撤,归并运司衙门办理,即由运司按月移解。此外犹有秋审经费、驴脚路费,均按年移解。

厘饷局动拨之款如公费一项,除运司移解外,尚有善后支应局月津贴湘平银一百两。光绪三十一年,改并厘饷局,即由厘饷局按月移解。此外犹有幕友脩膳,向归臬司自行致送。光绪十七年,商准牙厘局于闲款内动支,每月洋一百四十余元,由局按月封送,并不备文移解,沿袭至今,并无更改。光绪三十四年十二月,遵照部章设立统计处,详准抚院,每月由厘饷局移领湘平银二百两,以为统计处编纂等项之用。

宁绍台、金衢严道及粮道移解之款,即秋审经费每年所解者也。

各属批解之款,如秋审经费、二厘房费,均于减浮案内,在各属平余项下,核定数目,多寡不一。秋审经费,每年四月秋审前解司,二厘房费起解无定期,以外犹有各项册费,亦由平余内提解。

---

[1]《云南全省财政说明书》,载陈锋主编:《晚清财政说明书》(第9册),湖北人民出版社2015年版,第269页。

[2] 参见《浙江全省财政说明书》,载陈锋主编:《晚清财政说明书》(第5册),湖北人民出版社2015年版,第750—751页。

然秋审经费,各州县尚能如数批解,至二厘房费、各项册费,虽年有额数,而各属欠解甚多,均于宣统元年谘议局成立后提议裁革,奉抚院通行照办,自本年起已一律停解。

由上可见,浙江省按察司经费来源纷繁,有从省藩库、盐运司、厘饷局拨发的,也有从宁绍台道、金衢严道和粮道批解的。同一项经费出所也有所不同,公费出自盐运司和厘饷局,幕友修膳费除按察使司自筹外,厘饷局每月还会封送140余两,且"不备文移解"。经费来源不统一,会造成"一项经费往往散见于各署局之报册,此入彼出","就报册而言,虽无浮滥,而支出不归统一","难免纷歧之弊"。对此,浙江省提出了解决之方即"统一财权"。而欲筹统一财权,浙江省认为,"必使各机关概解藩库,按照列表之数移解,臬署为最后之支出,以清界限";至于经费,应列预算,"不得额外浮支,即有临时发生事项,亦实支实销,一去从前复杂不清之习",从而以绝款项纠纷之弊。[1]

(二)提法司

自按察使司改为提法司后,提法司经费亦由省藩库支给。光绪三十三年(1907年),奉天改设行省,设提法司,以为全省司法之最高机关。同年四月,经前东三省总督徐世昌奏明立案,奉天省提法司支出项如下:"司使佥事有公费津贴养廉,至各科长科员,有照新章支领公费者,亦有照旧章支领薪津者,此外司书夫役司法巡警等,分别支领辛工饷项,均属月有定额。"除此之外,提法司还有办公、购置、消耗等项费用支出,向系实用实销。上述款项,均由度支司按月支给,其中"除养廉一项,系由度支司地粮项下支发外,余均由税捐项下动用,系属内结正款"[2]。湖南省于宣统二年(1910年)改按察司为提法司,从其《提法司经费表》可见,提法司经费包括俸薪、养廉、公费、委

---

[1] 参见《浙江全省财政说明书》,载陈锋主编:《晚清财政说明书》(第5册),湖北人民出版社2015年版,第751页。

[2] 《奉天全省财政说明书》,载陈锋主编:《晚清财政说明书》(第1册),湖北人民出版社2015年版,第364页。

(员)薪(俸)、役食,上述费用基本是由省藩库支给。[1]

二 发审局

发审局,是地方督抚批准设立、首府直接管理、并受按察司监管的专门审案机构。该机构出现于清代后期的嘉道年间,到道光年间全国多数省份均有设立,主要负责上司发交的京控、部驳案件以及部分州县审转案件。不同于身兼行政、司法等各种职能的地方政府,发审局只承担上述案件的审理和拟判,是一个纯粹的司法事务部门,具有"准专门性/专业性法庭"的特点。[2] 发审局经费开支多分为以下五项:委员薪水、发审幕脩、饭食银、局中办公支出(纸张、茶水等)、书役杂佐人费。

委员薪水各省有所差异,但大致在30或40两,一般出自省藩库,"至发审局主体,督办也,总办也,帮办也,正审委员与帮审委员也,每月薪水不过四十两、三十两"[3]。如甘肃省发审局设于兰州府,除负责发审局具体事务的总管官"提调"不支薪水外,正审委员每月薪水银30两,帮审委员每月薪水银16两,均由统捐局支给。[4] 不过,云南省发审局委员的薪水低于上述标准,每月薪水仅有银12两。[5]

发审幕脩是幕友工资,每月大致在100两左右。如湖南发审局有幕友2员,一员每月薪水为100两,另一员约为83两。[6] 新疆发审

---

[1] 参见《湖南全省财政款目说明书》,载陈锋主编:《晚清财政说明书》(第6册),湖北人民出版社2015年版,第662页。

[2] 参见李贵连、胡震:《清代发审局研究》,载《比较法研究》2006年第4期,第26页。

[3] 《浙江全省财政说明书》,载陈锋主编:《晚清财政说明书》(第5册),湖北人民出版社2015年版,第752页。

[4] 参见《甘肃清理财政说明书》,载陈锋主编:《晚清财政说明书》(第4册),湖北人民出版社2015年版,第624页。

[5] 参见《云南全省财政说明书》,载陈锋主编:《晚清财政说明书》(第9册),湖北人民出版社2015年版,第271页。

[6] 参见《湖南全省财政款目说明书》,载陈锋主编:《晚清财政说明书》(第6册),湖北人民出版社2015年版,第665页。

局刑幕1员,岁薪1,000两,约合每月83两。[1] 该项经费,多由各州县摊捐而来。如湖南发审局委员薪水由财政公所支发,幕脩一项则是由藩库捐款项下支给[2];陕西西安发审局委员薪水由藩库留外厘金项下支给,幕友脩金是由司库发审摊捐项[3]下开支。[4] 甘肃省发审幕脩也是由"各厅、州、县按缺派定银数"而来。[5] 对于发审局幕脩费高且摊派的方式,浙江省认为有失公平,"发审局主体,督办也,总办也,帮办也,正审委员与帮审委员也,每月薪水不过四十两、三十两,刑幕一辅助主体之人耳,而其所得反在主体之上",且"养廉者,国家以之为官吏之报酬者也,既与之而复取之,理由终不充足,故取之不得谓公平"。浙江省还认为发审幕脩存在浮费情况,"发审局之刑幕即系杭州府署之刑幕兼理,其得享受多金,不得不谓之浮滥"。[6]

除上述两项人员薪金外,发审局还有饭食银、书役杂佐工食以及办公支出各项。如云南发审局每月除支给委员薪金外,还需支发舆夫饭食银8两,"又发招房、稿书、经承、清书等项工食、笔墨纸张银二十一两零"。[7] 广东省"因局书办公清苦,禀准按所属大、中、小县,每年共捐派银二百四十两,解广州府拨充该局书纸张、饭食"。[8]

---

[1] 参见《新疆全省财政说明书》,载陈锋主编:《晚清财政说明书》(第4册),湖北人民出版社2015年版,第900页。

[2] 参见《湖南全省财政款目说明书》,载陈锋主编:《晚清财政说明书》(第6册),湖北人民出版社2015年版,第665页。

[3] "发审摊捐之款"是指每一案"由属摊解纸笔费银五两,灯油银四两,如有余犯加增银二两"。

[4] 参见《陕西财政说明书》,载陈锋主编:《晚清财政说明书》(第4册),湖北人民出版社2015年版,第324—325页。

[5] 参见《甘肃清理财政说明书》,载陈锋主编:《晚清财政说明书》(第4册),湖北人民出版社2015年版,第624页。

[6] 《浙江全省财政说明书》,载陈锋主编:《晚清财政说明书》(第5册),湖北人民出版社2015年版,第752页。

[7] 《云南全省财政说明书》,载陈锋主编:《晚清财政说明书》(第9册),湖北人民出版社2015年版,第271页。

[8] 《广东财政说明书》,载陈锋主编:《晚清财政说明书》(第7册),湖北人民出版社2015年版,第578页。

发审局中除在编人员外,还有不少额外人员,如山东省济南府发审局额外人员就达四五十人之多,额外人员并无薪水,仅"由府随时酌给津贴而已"[1]。

晚清自发于传统机关但又区别于传统机关的发审局,该如何定位其性质呢?浙江省认为:"发审局系处理全省京控、上控、提省审办各案,故发审局得谓为一机关。"至于发审局经费,《浙江省财政说明书》认为:"国家欲行使刑罚权或保护人民之私权,不得不讯问犯罪者,使有确凿之供述以定适当之刑罚,发审局关于上告之审理机关也,故因发审所生之费用属于国家司法行政经费。"[2]可见,在浙江省看来,发审局是国家审判机关,其经费属于国家司法行政经费,故理应由国库支给,但发审局经费实际出自地方。

发审局是传统司法体制下专职负责案件审理的职能部门,在新旧交替过程中,它承担的案件审理职能被分解到新的司法体系中,最终为审判厅所取代。[3] 在各省财政说明书中,对此也有所论及。"谨查宪政筹备清单内开,宣统二年省城及商埠各级审判厅一律成立,省城既有高等审判厅,则发审局自当归于消灭,而是项经费应移归审判厅之用。"(浙江)[4]"将来各级审判厅次第成立,该三局(迪化府发审局、阿克苏道发审局及喀什噶尔道发审局)即应裁撤。"(新疆)[5]"现在审判厅已经成立,即行裁并,以归统一。"(江苏)[6]

---

[1]《山东财政说明书》,载陈锋主编:《晚清财政说明书》(第2册),湖北人民出版社2015年版,第499页。

[2]《浙江全省财政说明书》,载陈锋主编:《晚清财政说明书》(第5册),湖北人民出版社2015年版,第753页。

[3] 参见张世明:《法律、资源与时空建构:1644—1945年的中国》(第4卷),广东人民出版社2012年版,第559页。

[4]《浙江全省财政说明书》,载陈锋主编:《晚清财政说明书》(第5册),湖北人民出版社2015年版,第753页。

[5]《新疆全省财政说明书》,载陈锋主编:《晚清财政说明书》(第4册),湖北人民出版社2015年版,第900页。

[6]《江苏财政说明书》,载陈锋主编:《晚清财政说明书》(第5册),湖北人民出版社2015年版,第377页。

三 监狱

(一)传统型监狱

监狱经费系"因管理监狱及待遇犯人所生之一切费用","支出之数各府厅州县未必尽同,视狱事之繁简为支出多寡之标准",属内销款,列册报销。[1] 按照定义,监狱费可分为管理监狱产生的费用以及犯人日常产生的费用。

管理监狱产生费用,是指监狱管理人员的支出,主要包括监狱管理人员的俸薪、养廉、公费、役食4项,多由藩库支给,亦有部分由各州县摊解。如湖南按察司司狱支出中,俸薪为31两,在藩库地丁项下支取;养廉为60两,在藩库耗羡项下支出;公费为360两,在捐款项下支出;役食12两,在俸工存留项下支出。[2] 而湖南各府厅州县禁卒工食,除未设监狱的衡州、永顺两府及古丈坪厅以外,府厅州县中的清泉、永定等6县以及南洲、乾州等5厅的禁卒工食由藩库支给,剩余各府所属州县摊解,各州县于坐支项下发给。[3]

犯人日常产生费用,是指犯人日常生活开支的费用,主要包括囚粮盐菜和监狱帮贴各款。囚粮盐菜费"向无定数,亦无定额",由藩库在耗羡、地丁等项下支给。山东省"查司监囚犯,每名每月发给仓米八合三勺,盐菜制钱五文,每年支出此项,视寄监囚犯多寡为衡,向由臬司先行垫发"。[4] 陕西省各州县每年大抵"多者或七八十两,少者仅二三十两,合陕西全省各府厅州县计之,支款亦不过三四千两上下","其间以囚粮银为大宗,盐菜银次之,仓粮支折不过囚粮十分之

---

[1] 参见《浙江全省财政说明书》,载陈锋主编:《晚清财政说明书》(第5册),湖北人民出版社2015年版,第754页。

[2] 参见《湖南全省财政款目说明书》,载陈锋主编:《晚清财政说明书》(第6册),湖北人民出版社2015年版,第663页。

[3] 同上书,第666页。

[4] 《山东财政说明书》,载陈锋主编:《晚清财政说明书》(第2册),湖北人民出版社2015年版,第501页。

一,递犯暨到配各犯口粮银为最少"[1]。监狱帮贴各款,包括更夫口食、灯油、药品、衣物、监狱修理、人员津贴、秋审费、各种册费,等等。此类款项,多无定额,有由各属摊捐而来的,也有出自藩库的。如查陕西省"各厅州县监狱报告册中,有更夫口食灯油一项,有夏季药味、冬季棉衣草荐一项,又有棘茨监墙一项",该支出"但分多寡、不分有无",上述各款"向无领款,均由各属平余、盈余项下悉行捐垫,多者百五六十串,少者亦八九十串、五六十串不等"。不过,山东省监狱作为杂费的灯油费、严寒煮粥费、浴室费、炭资、刑具费,药饵费,除刑具药饵历无定额,可随时增减外,其余均有岁支之定数,由藩库支给[2]。除上述款项外,陕西省还有"羁押罪犯粥食一款,多者百一二十两,少者或五六十两、三四十两不等",每年"岁终有囚递奏销、安插各犯奏销各册费,遇赦有释留各犯各册费,卸事有监狱交代各册费,或四两、八两,合则二三十两不等",此外"每年解司、解道、解府、解首县、首府,有所谓监狱费者,有所谓秋审发审费者,有所谓皂书禁卒口食等费者",综计上述各项"每属犹岁费数百金,纵少亦须百余金,此项经费向无领款,例不入销,由各厅州县在任之员自行捐垫"[3]。

(二)近代型监狱

1. 罪犯习艺所

光绪二十九年(1903年),山西巡抚赵尔巽奏请军流徒酌改工艺,"近东西各国,多以禁系为惩罪之科,工作为示罚之辟","拟请仿汉时输作之制,饬下各省,通设罪犯习艺所,以后将命盗杂案遣军流徒各罪犯,审明定拟后,即在犯事地方,收所习艺"[4]。该奏请被敕下

---

[1]《陕西财政说明书》,载陈锋主编:《晚清财政说明书》(第4册),湖北人民出版社2015年版,第325页。

[2] 参见《山东财政说明书》,载陈锋主编:《晚清财政说明书》(第2册),湖北人民出版社2015年版,第501页。

[3]《陕西财政说明书》,载陈锋主编:《晚清财政说明书》(第4册),湖北人民出版社2015年版,第326页。

[4] 朱寿朋编:《光绪朝东华录》,张静庐等点校,中华书局1958年版,第4969页。

刑部核议,刑部对此奏请表示赞同,"各省通设罪犯习艺所,系属安插军流徒第一良法,应如所奏办理"〔1〕。于是,同年刑部饬令各省"就省城并该管巡道,各设罪犯习艺所",并规定凡军流徒犯"不必分拨州县,即在省城及巡道所驻地方收所习艺"。光绪三十一年(1905年),"经修订法律大臣奏准,笞杖等罪改为罚银作工,是此项轻罪犯人亦须收所习艺"〔2〕。

罪犯习艺所的主体范围由军流徒犯扩大至笞杖犯人,致使广东省习艺所人数剧增,"人数既多,深虞拥挤滋事,自非每厅州县各设一区(习艺所)不可,经即通饬各属,遵行筹设"。广东省各属因此纷纷设立习艺所,但"僻远州县,亦有因经费无出,尚未举办者"。从广东省光绪三十四年(1908年)至宣统元年(1909年)已设罪犯习艺所各县来看,各罪犯习艺所一年支出数额,最少的是兴宁县仅32两,最多的是南海县为2,500两,其余平均在数百两至千两之间,至于经费来源则是五花八门。有捐给,有税捐(花捐、戏捐、牛捐等),有米羡平余,有商人商会报效,有词讼和息费,还有海防费等。〔3〕陕西省的习艺所最早设于光绪三十一年(1905年),之后有34厅州县开办,其经费来源同样广泛。其中,咸宁、长安两首县合办一所,由留养局筹款息银项下拨充,不敷由两县摊认;三原县由该县巡警局抽收花、斗行用项下每年筹拨制钱100串,不敷由本官津贴贴补;其他州县有以罚款作为本银生息支用的,有就地筹款的,还有饬各属捐钱建立的,等等。就习艺所每年花费而言,除咸阳、长武两县规模较大、罪犯较多,每年支用票钱千串外,其余"各属多者用银二百两、百余两不等,少者用钱百串、数十串而已"〔4〕。山西罪犯习艺所于光绪三十四年(1908年)设

---

〔1〕《刑部议复护理晋抚赵奏请各省通设罪犯习艺所折》,载《大清法规大全》(四),考正出版社1972年版,总第1897页。
〔2〕《广东财政说明书》,载陈锋主编:《晚清财政说明书》(第7册),湖北人民出版社2015年版,第581页。
〔3〕同上书,第581—583页。
〔4〕《陕西财政说明书》,载陈锋主编:《晚清财政说明书》(第4册),湖北人民出版社2015年版,第326—327页。

立,"应需经费银两,通饬各属按缺分优劣,分为四等,按缺摊解"〔1〕。奉天省各习艺所艺犯衣食、杂支、公费等项由工艺余利项下支出,所员薪水工役工食,除奉天习艺所按月由度支司支给外,其余费用亦办法不一,来源广泛。〔2〕

2. 模范监狱

光绪三十四年(1908年),云南省"将司、府、县旧有三监一律拆毁,展拓基址,宏敞规模,鸠工庀材,遴员建筑",宣统元年(1909年)四月云南模范监狱最终落成。该监狱可谓"规则详备,秩序整齐,委员分科治事,罪犯鳞次以居,有浴室以洁身,有医药以疗疾,设工厂以教其艺,开讲堂以革其心"。云南模范监狱经费支出主要包括委员薪水、禁卒工食、监犯口粮、盐菜以及习艺、候讯所员薪、犯人口食等项,通盘合算年合约需银20,160余两,原筹之款约有5,430余两,于"平民习艺所商息暨三监狱官津贴、裁缺抚署役食各项下共筹提银五千九百六十四两,又于裁缺抚署巡捕书吏薪工暨锡票厂薪折差茶贡各项下共筹提银三千五百二十七两零,又于旧三监禁卒工食暨裁缺司狱府经典史廉役各项下共筹提银一千六百四十一两零"。统计以上原筹加筹四款,年合入银16,540两,不敷之数年合3,598两,"其有不敷之数,另由捐赎罚金项下照数提补"〔3〕。

奉天于光绪三十四年(1908年)十月,设立模范监狱,以为各属改良监狱之倡。十二月,经前东三省总督徐(世昌)奏明立案,所有按月应需之员司薪津、护兵饷项以及囚粮、军服、办公、杂支各款,每月应支银1,814两,由度支司在烟税捐正款项下动支。〔4〕江西省模范监狱

---

〔1〕《山西财政说明书》,载陈锋主编:《晚清财政说明书》(第3册),湖北人民出版社2015年版,第162页。

〔2〕参见《奉天全省财政说明书》,载陈锋主编:《晚清财政说明书》(第1册),湖北人民出版社2015年版,第370—371页。

〔3〕《云南省全省财政说明书》,载陈锋主编:《晚清财政说明书》(第9册),湖北人民出版社2015年版,第271页。

〔4〕参见《奉天全省财政说明书》,载陈锋主编:《晚清财政说明书》(第1册),湖北人民出版社2015年版,第367页。

系宣统元年（1909年）九月开办，所需经费每月额定银800两，年共银9,600两，遇闰照加，其款在厘税项下动支。[1]

3. 其他类型

除罪犯习艺所及模范监狱外，还有用于羁押案件人证的"公所"，即待质公所和候审公所。江苏省省城待质公所于光绪九年（1883年）开办，用于管理羁押待质人证，岁需银1,100余两，预期于审判厅成立后即行裁并。[2] 山东济南府候审公所设立于光绪八年（1882年），系"因京控、上控各案人证众多，羁留拖累，创设是所"。该所用于安置并未犯罪而因人指证牵连者、身为被告而情有可矜者及无人承保者三类人。经费主要用于公所管理和饭食费，每月50两由南运局筹银支给。[3] 湖南候审公所于同治十年（1871年）设立，专管督审发审两局待质紧要人证，派委专员驻所经理，经费则视收管人数多寡以为增减，一年约支给银2,600余两，由善后局厘金项下动支，善后局裁撤后改由财政公所支给。[4]

四 审判厅筹备处及审判研究所

审判厅筹备处，是按察司署附设机关，负责筹办本省审判事宜；审判研究所则是培养审判人才之机构。

浙江省审判厅筹备处于宣统元年（1909年）六月初二日开办，同时又附设审判研究所以养成审判人才，审判厅筹办处及审判研究所经费，每月开支如职务、执役之薪工及房租等项皆有定额，所需常年经费均由厘饷局移领。宣统二年（1910年）四月浙江省按察司署实行分科

---

[1] 参见《江西各项财政说明书》，载陈锋主编：《晚清财政说明书》（第6册），湖北人民出版社2015年版，第348页。

[2] 参见《江苏财政说明书》，载陈锋主编：《晚清财政说明书》（第5册），湖北人民出版社2015年版，第379页。

[3] 参见《山东财政说明书》，载陈锋主编：《晚清财政说明书》（第2册），湖北人民出版社2015年版，第504页。

[4] 参见《湖南全省财政款目说明书》，载陈锋主编：《晚清财政说明书》（第6册），湖北人民出版社2015年版，第665页。

治事,筹办审判事宜概归分科办理,"审判厅筹备处于是日消灭",其经费遂移归分科办事之用。[1] 山东省审判厅筹备处于宣统元年(1909年)五月成立,专为筹划设立各级审判厅一切事务,原在谘议局筹办处附设,后分出独立,每月支银702两,在藩库课程杂税项下动支,宣统二年(1910年)裁撤后归并按察司管理。[2]

上述司法支出,大致可分为传统型机关支出与近代型机关支出。传统型机关支出是清代向来有之机关的费用支出,如按察司和传统型监狱的支出。该项支出虽出所纷繁,但基本有较为稳定的经费来源。近代型机关支出是自清末司法改革以来改组或创设的新式机关的费用,如罪犯习艺所与审判厅筹备处等的支出。该项费用相较于传统机关支出而言,来源有较为稳定的,也有出所纷繁无定的,但同审检厅支出相比数额相对可控(模范监狱另论),故各省在筹措腾挪中勉强能够应对。在向近代转型的清末光绪新政中,审检厅是最早筹建的近代司法机关,也是最受清政府重视的司法改革之一。因为各级审检厅在各省筹建成功与否及其普设程度,不仅决定着中国能否"满足"西方各国所谓"文明国"的标准和要求,实现废除领事裁判权的目的[3],还决定着中国近代司法体系构建与司法独立目标的实现与达成。[4] 因此,接下来将对清末审检厅费的状况进行考察。

---

[1] 参见《浙江全省财政说明书》,载陈锋主编:《晚清财政说明书》(第5册),湖北人民出版社2015年版,第751—752页。

[2] 参见《山东财政说明书》,载陈锋主编:《晚清财政说明书》(第2册),湖北人民出版社2015年版,第506页。

[3] "伏查审判厅之设,原期收回治外法权,司法与行政固不容牵混。"(《奏为筹设闽省省域及商埠各级审判厅办理情形事》,档案号:04-01-01-1095-006,中国第一历史档案馆藏)

[4] 陕甘总督长庚在奏章中即称:"查各级审判厅之设,原以树司法独立之基,为宪政最要之务。"(《奏为筹备设立甘肃省城各级审判厅等事》,档案号:03-7466-003,中国第一历史档案馆藏)

第四节　司法支出之审检厅费

光绪三十二年(1906年)中央开始进行官制改革,改刑部为法部,专司司法行政;改大理寺为大理院,专司司法审判。同年,《大理院审判编制法》颁布实施,明确规定京师地区设立京师高等审判厅、京师内外城地方审判厅及京师分区域城谳局。光绪三十三年(1907年)二月,直隶总督袁世凯于天津府首次试办审判厅,在天津府设立高等审判厅,在天津府之天津县设立地方审判厅,又酌量在天津城乡地区分设乡谳局四所,并编订了《天津府属试办审判厅章程》。同年,法部根据《天津府属试办审判厅章程》及《法院编制法(草案)》,制定了《各级审判厅试办章程》,并于宣统元年(1909年)通行试办。宣统元年(1909年),法部还拟定了《补订高等以下各级审判厅试办章程》《各省城商埠各级审判检察厅编制大纲》及《各省城商埠各级审判厅筹办事宜》,通行各省一体遵行。上述规定,不仅成为清末筹设审检厅的法律依据,也确立了近代四级三审的审判制度。所谓四级三审制,是指在中央设置大理院,在地方各省省城设置高等审判厅,在府(直隶厅、州)设置地方审判厅,在县(厅、州)设置初级审判厅四级法院,实行三审终审的审判方式。

天津试办不久,光绪三十三年(1907年)五月清廷再次颁布《各直省官制先由东三省开办俟有成效逐渐推广谕》,确定东三省(辽宁、吉林、黑龙江)试办各级审检厅,同时称"直隶、江苏两省,风气渐开,亦应择地先为试办,俟著有成效,逐渐推广"[1]。因此,自光绪三十三年(1907年)起,京师、东三省、直隶、江苏开始筹办各级审检厅,其

---

[1]《各直省官制先由东三省开办俟有成效逐渐推广谕》,载故宫博物院明清档案部编:《清末筹备立宪档案史料》(上册),中华书局1979年版,第510—511页。

他省份也陆续开始请旨筹建。

审检厅的筹建首先面临的即是经费问题,各省督抚纷纷上章陈奏本省审检厅经费预算和筹措之法。根据各省上奏可知,审检厅经费分为两个部分:一为审检厅的准备费用,即审检厅建筑费和器具(设施和办公用品等)等置办费;一为审检厅运营费,即司法人员俸给、日常办公费等。

一　审检厅准备费

审检厅准备费为一次性支出即审检厅筹建完成后不再支给,在审检厅准备费中,同器具置办费相比,审判厅建筑费支出[1]为主要支出。

宣统元年(1909年)七月,法部奏准《各省城商埠各级审判厅筹办事宜》。该事宜明确规定,"法庭及办公处所,一以从新建筑为合宜"[2];在山西巡抚丁宝铨上呈的关于山西省城各级审判厅办理情形的奏章中也提及法部章程明令"设立法庭须与行政官厅分析"[3]。审判厅新筑厅署的目的,在于通过对作为物质实体存在之官厅建筑的分割,来明示权限上司法审判与行政的分离。而此时的审判厅建筑除了实现作为办公场所的使用功能外,同时成为权力分立与司法独立的外在载体。奉天省曾上奏称:"东西各国法署规模均极壮丽,诚以国权所在,法律独尊,不得不特别经营,期于完美,用意至为深远。"[4]广东亦称:"惟司法独立为实行宪政之权舆,一切新建廨舍、优给薪公,均与斯事本原极有关系。"[5]但是,审判厅厅署的新筑还需客观

---

[1] 因清末审判厅与检察厅合署办公,故检察厅并无建筑费支出。

[2] 《法部奏定各省城商埠各级审判厅筹办事宜》,载《新闻报》1909年9月10日。

[3] 《奏为筹设山西省城各级审判厅办理情形事》,档案号:04-01-01-1094-104,中国第一历史档案馆藏。

[4] 《东督徐奏建筑奉天高等并承德地方审判各厅署折》,载《四川官报》1909年第14期,"奏议",第6页。

[5] 《奏为筹办广东省审判厅大概情形事》,档案号:04-01-01-1116-038,中国第一历史档案馆藏。

考虑本省的经济实力,"奉省初设法庭固不可徒壮外观,亦不可过于简陋"[1],"(新建廨舍、优给薪公)固不敢铺张以涉浮费,亦不敢苟简而昧远图,惟有就粤省财力所及,权衡缓急,暂就司局各库陆续筹挪,核实动用,以济要需,而免贻误"[2]。

湖南与甘肃省在审判厅厅署修建上与奉天和广东有着相同的认识,力求"简而不陋"。宣统元年(1909年)七月,湖南巡抚岑春蓂奏陈湘省筹办审判厅情形,折中称:"(审判厅)厅舍但求坚实,无取华美,置办力从撙节,不骛铺张。"[3]宣统二年(1910年)八月,陕甘总督长庚上奏称:按照"宪政年限清单所开,本年为省城各级审判厅成立之期",而"省城人稠地狭,建修厅署极难展拓,惟法庭为讼狱所归,省会尤观瞻所系,固不必侈,夫美观,亦不宜过于简陋"。于是,在此宗旨之下,甘肃省根据调查员收集来的北京、天津及东北审判厅厅署建筑图纸的样式,拟在省城建高等审判厅一所,面积在204平方丈(约2,300平方米),建筑分为上下两层,大小厅舍共计98间;在府门街建筑兰州府地方审判厅一所,面积在154方丈(约1,700平方米),为上下两层楼房,大小厅舍共计90间;设初级审判厅2所,一所建在城内南府街,面积在65方丈(约722平方米),一所建在西关外的举院,面积在110方丈(1,222平方米),两所初级审判厅均为平房,大小厅舍总计在61间。上述4所审判厅,据陕甘总督长庚估算,其购置土地及修造厅舍等费约需银3万余两,平均一所审判厅的建筑费约在银7,500两左右。[4]

广东和江西在审判厅建筑上的平均花销略高于甘肃。宣统二年

---

[1]《东督徐奏建筑奉天高等并承德地方审判各厅署折》,载《四川官报》1909年第14期,"奏议",第6页。

[2]《奏为筹办广东省审判厅大概情形事》,档案号:04-01-01-1116-038,中国第一历史档案馆藏。

[3]《奏为湘省筹办审判厅情形事》,档案号:04-01-01-1095-002,中国第一历史档案馆藏。

[4]参见《陕甘总督长庚奏筹备审判人材建筑各级厅署等折》,载《政治官报》1910年第1028期,"折奏类",第6、7页。

(1910年)正月署理两广总督袁树勋奏称,按照法部奏定章程,广东省省城应设高等审判厅1所、地方审判厅1所、初级审判厅2所;在新会、三水、合浦、澄海、琼山五商埠应分设地方审判厅和初级审判厅各1所,共计14所审判厅。这14所审判厅建筑费共需银114,000两,平均一所审判厅建筑费支出约在8,100两左右。[1] 宣统三年(1911年)六月,江西巡抚冯汝骙上呈江西省各项新政经费,其中在"司法项"下列有审判厅建筑费银58,700余两,此项支出应包括江西省省城和商埠九江两处审判厅建筑费。据江西巡抚冯汝骙上奏可知,清末江西省共设有高等审判1所、地方审判厅2所、初级审判厅3所,共计6所。[2] 若按此厅数计算,江西平均一所审判厅建筑费支出约在银9,800两。

除各级审判厅分别建筑厅署外,河南将省城高等审判厅与地方审判厅厅署合并修筑。宣统元年(1909年)十一月,河南巡抚吴重憙在关于河南筹办省城各级审判厅情形的奏章中称:"豫省现无空闲官房,拟在城西北隅大兴街购地,从新建造,将高等地方(审判厅)暂并一处,划分院落,各设两庭,并设豫审厅及人证待质所,罪犯拘留各所、检验学习所亦附丽其中,共计应建屋大小370余间,足敷办公之用。"而"建筑法庭、各种房屋,置备一切器具,预估需银七万两"[3]。

在《各省城商埠各级审判厅筹办事宜》中,虽然明确了"法庭及办公处所自以从新建筑为合宜",但法部对各省的经济实情也有所考量,允许财力确有不济的省份"可就各项闲废公局处所酌量修改",但也同时要求"不得与现在之各行政官署混合,以清界限"[4]。

因此,为了节省经费,不少省份将旧行政官署改造为审判厅厅

---

[1] 参见《奏为筹办广东省审判厅大概情形事》,档案号:04-01-01-1116-038,中国第一历史档案馆藏。

[2] 参见《江西巡抚冯汝骙奏江西省城九江商埠各级审判检察等厅依限成立及开庭日期折》,载《吉林司法官报》1911年第4期,"章奏",第10—11页。

[3] 《奏为筹办省城各级审判厅情形事》,档案号:04-01-01-1101-070,中国第一历史档案馆藏。

[4] 《法部奏定各省城商埠各级审判厅筹办事宜》,载《新闻报》1909年9月10日。

署,审判厅建筑费支出从而大为减少。山西省将省城旧有裁缺参将衙门改修为高等审判厅,将裁缺太原同知旧署改修为地方审判厅,并在高等厅附近添建了初级审判厅,在高等、地方两厅分别添建了检察厅看守所各一处。上述各厅修建开办费用及审判厅筹办处薪费,"业经升任臬司志森详定,拨款四万两,陆续请领,作正开销"[1]。在山西省这4万两经费中,不仅包括山西省城高等审判厅和地方审判厅厅署的改建费和开办费、初级审判厅厅署的新建费和开办费,还包括两所看守所的新建费和开办费以及审判厅筹办处人员俸薪的支出。若取前文甘肃、江西及广东三省审判厅建筑费平均值即8,500两计算的话,山西省若新筑高等、地方及初级审判厅厅舍,其费用支出约在25,500两,基本占去了全部拨款的63.8%,可见改建审判厅厅署的方式确实支出较少。贵州省对此也有着同样的看法:将臬署东偏之旧庙宇官地改建为高等审判厅,将发审局及相连之府经历署改建为地方审判厅,将按察司狱署改建为初级审判厅,如此改建与新筑审判厅厅署相比"修改较易,而省费实多"[2]。

二 审检厅运营费

审检厅运营费为审检厅经常性支出,多称为审检厅经常费。

首先,同审检厅准备费相比,审检厅经常费支出占据了司法费的大部分。

光绪三十四年(1908年),吉林省将旧有高等审判厅屋宇改造为吉林府地方审判厅,并附设检察厅,同年五月成立后,吉林府旧时词讼档案统交与地方审检厅办理,"是为吉林一府司法、行政分立之始"。光绪三十四年(1908年)五月,吉林省裁撤原设之高等审判厅,另于省城通天街官有房屋设高等审判厅一所,附设检察厅。除高等审判厅

---

[1] 《奏为筹设山西省城各级审判厅办理情形事》,档案号:04-01-01-1094-104,中国第一历史档案馆藏。
[2] 《奏为筹办贵州省城各级审判厅并先设司法讲习所情形事》,档案号:04-01-01-1094-102,中国第一历史档案馆藏。

外,吉林省省城还设有地方审判厅一所及初级审判厅两所。根据《吉林全省财政说明书》所载该省司法费统计表显示,吉林省高等审检厅、吉林府地方审检厅、吉林府第一初级审检厅及吉林府第二初级审检厅一年的总支出折合吉平银约 64,173.439 两,吉林省司法费[1]一年总支出折合吉平银约在 84,123.341 两,4 所审检厅经常费支出约占吉林省司法费总支出的 76.3%。[2]

此外,隶属于奉天省奉天府的辽阳州拟于城内设立地方审判厅 1 所和初级审判厅 1 所,检察厅附设其中。因筹建上述两所审检厅,辽阳州就地认筹常年经费银 1 万两,度支司筹拨开办费银 2,000 两。就经费额度而言,辽阳州审检厅常年经费是其开办费的 5 倍。[3]

其次,在审检厅经常费支出中,又以审检厅人员俸给、饭食及杂费支出为大宗,占到经常费总支出的 60%—90% 左右。

以吉林为例。吉林省高等审检厅、吉林府地方审检厅、吉林府第一初级审检厅及吉林府第二初级审检厅,从审检厅人员构成上来看,主要包括总管审判厅事务的厅丞、负责审判的推事、负责司法文书的主簿和典簿、负责卷宗管理等具体事务的录事、负责传唤被告和接收文件等事的承发吏、负责民刑两庭值庭和案卷传送等事的庭丁等;而附设于审判厅中的检察厅,主要为检察长、检察官、检验吏、司法警兵等。根据《吉林省全省财政书》所载,吉林省高等审检厅上述人员共计 84 人,俸给和饭食费年支出折合吉平银约在 17,123.306 两;吉林府地方审检厅共计 175 人,俸给和饭食年支共计 32,243.922 两;吉林府第一初级审检厅共计 49 人,俸给和饭食年支共计 4,821.142 两;吉林府第二初级审检厅共计 49 人,俸给和饭食年支共计

---

〔1〕 吉林省司法费除各级审检厅支出外,还包括省监狱、犯罪习艺所及看守所的支出。[参见《吉林全省财政说明书》,载陈锋主编:《晚清财政说明书》(第 1 册),湖北人民出版社 2015 年版,第 649—652 页]

〔2〕 《吉林全省财政说明书》,载陈锋主编:《晚清财政说明书》(第 1 册),湖北人民出版社 2015 年版,第 649 页。

〔3〕 《奏为俟来年陆续筹办通江审判厅常年经费事》,档案号:04-01-02-0111-008,中国第一历史档案馆藏。

4,878.26 两。

而从《吉林全省财政说明书》所载《司法费统计表》来看,吉林省高等审检厅一年总支出折合吉平银约在 17,466.061 两,其司法人员俸给和饭食费约占该审检厅年总支出的 98%;吉林府地方审检厅约为 35,631.867 两,其司法人员俸给和饭食费约占该审检厅年总支出的 90.5%;吉林府第一初级审检厅为 5,723.782 两,其司法人员俸给和饭食费约占该审检厅年总支出的 84.2%;吉林府第二初级审检厅为 5,351.729 两,其司法人员俸给和饭食费约占该审检厅年总支出的 91.2%。上述 4 所审检厅人员俸给和饭食费年总支出为 59,066.063 两,约占吉林省司法费年总支出 84,123.341 两的 70.2%。[1]

宣统二年(1910 年),甘肃省西宁府循化厅上报该厅司法经费,在其所列司法费统计表"出款"一项中,有官吏廉薪、解部罚金、各监狱用费三项经常性支出。在此三项经常性支出中,官吏廉薪为 93.114 两,解部罚金为 40 两,各监狱用费为 12 两,共计 145.114 两。其中,官吏廉薪约占循化厅司法费总支出的 64.2%。[2]

此外,宣统二年(1910 年)法部在预算协商案中制定的《直省各级审判检察厅费表》也印证了审检厅经常费支出是以司法人员俸薪饭食费为主。

《直省各级审判检察厅费表》规定,各省高等审检厅应有各类司法人员 47 人,其俸给和饭食费年支出应为银 24,622 两,其余如纸张文具费、临时出差费及杂项各费年支出应为银 3,900 两,两项合计支出银 28,522 两。其中,俸给和饭食费约占经费总支出的 86.3%,杂费等支出约占经费总支出的 13.7%。地方审检厅共有各类司法人员 91 人,人员俸给和饭食费支出为银 25,454 两,纸张文具费、临时出差费、杂项各费及看守所经费年支出为银 5,330 两,两项合计总支出为银

---

[1] 参见《吉林全省财政说明书》,载陈锋主编:《晚清财政说明书》(第 1 册),湖北人民出版社 2015 年版,第 649 页。

[2] 参见《造赍管狱刑钱司法经费案件人犯刑名》,档案号:463001-09-24,青海省档案馆藏。

30,784 两。其中,俸给和饭食费约占总支出的 82.7%,杂费等支出约占 17.3%。初级审检厅共有各类司法人员 20 人,人员俸给和饭食费年支出为银 4,771 两,纸张文具费、临时出差费、杂项各费及看守所经费年支出为银 1,690 两,两项合计总支出为银 6,461 两。其中,俸给和饭食费约占总支出的 73.8%,杂费等支出约占 26.2%。[1]

三 审检厅费的来源

(一)出自度支部的京师审检厅费

光绪三十三年(1907 年),京师在其辖区设立了审检厅各 8 所,即高等审检厅各 1 所、地方审检厅各 2 所、初级审检厅各 5 所。上述审检厅修造衙署、调查书籍、购置器用共约支出银 8 万两。因"京师地面辽廓,四方辐辏",上述审检厅"统计大小员缺二百二十一人,其余警兵、庭丁、承发、检验吏等又约二百余人,常年薪金饭食暨一应杂支,各项预算岁费总达二十一万两以外"。但由于"百端待举,物力艰难",故拟将人员俸薪酌量减少,又因考虑到"警兵吏役人等,职微禄薄,非从优厚给,不足以专典守而杜弊端",于是按照"官吏五成,吏役十成"算给,人员俸薪饭食最多减至银 12 万两。[2] 因此,筹建京师各级审检厅,其初办费即修造衙署等费及人员俸薪饭食须在银 20 万两,之后每年至少须银 12 万两作为经常性经费。至于经费由何处而来,法部在其奏折中态度明确:"臣等不揣愚昧,惟有吁恳天恩俯念审判重要,京师地面事在必行,特旨饬下度支部,无论如何为难,务必如臣所请,照数给足,以便遵旨设立。"[3] 对于法部要求度支部全额支给京师各级审检厅经费的奏请,度支部在光绪三十三年(1907 年)的

---

[1] 参见《法部提出预算协商案直省各级审判检察厅费表》,载《吉林司法官报》1910 年第 22 期,"附刊"第 1 页。

[2] 参见朱寿朋编:《光绪朝东华录》,张静庐等点校,中华书局 1958 年版,第 5712—5713 页。

[3] 《法部奏京师各级审判预算经费请拨款开办折》,载《东方杂志》1908 年第 2 期,"内务",第 101—102 页。

上奏中回应道:内阁、翰林院、礼部、法部、理藩部、都察院、大理院七部均提出增加办公经费,合计七部要求数额高达银40万两,此外还有京师各级审检厅开办费和日常经费银20万两和12万两,而"筹给各项经费,实形支绌"。在该上奏中度支部提议道,京师各级审检厅修造衙署、调查书籍及购置器用费8万两由度支部金库支给,京师各级审检厅经常费12万两及七部要求之40万两办公费从考察政治经费中支给。然而,度支部在奏折中亦承认,摊派到地方各省的80万两考察政治经费实际上并未足额到账。[1] 度支部的提案变为一纸空言。不过,度支部最终还是按照法部预算全额支给了京师各级审检厅经费。[2]

京师审检厅经费虽被全额支给,但京师最终只完成了内城高等审检厅各1所、地方审检厅各1所以及初级审检厅各5所的筹建,外城地方审检厅因经费紧张被暂缓筹建。京师审检厅就其厅员俸薪而言,可谓低廉至极。按照部章"因款支绌折发五成"的规定,京师内城各审判厅五品实缺推事每月薪俸仅银50两,六品30两,七八品主簿检察等官俸薪仅有24两,而"行走只有虚名并无薪水"。难怪时人感叹:"以全厅(审判厅)计,行走之员居其大半,故各厅员均有枵腹从公之叹,且厅员非部员可比,无印结可分,亦可谓清苦已极。"[3]

(二)地方审检厅费三个来源

京师各级审检厅费由度支部拨付,作为司法费一部分的地方审检厅费本应同京师一样由国家财政负担,但宣统元年(1909年)法部拟

---

[1] 参见朱寿朋编:《光绪朝东华录》,张静庐等点校,中华书局1958年版,第5727—5728页。

[2] "查光绪三十三年七月间,该部奏筹设京师各级审判预算经费,请拨开办常年的款,计开办经费银八万两,常年经费银十二万两,遇闰加增一万两,业经臣部奏明如数拨给在案。当时原奏单开即系预算八厅经费,外城审判虽至今尚未成立,而臣部连年拨款均照全数拨给,约计当有盈余,将来外城审判厅一律成立,经费即有不敷,当亦为数无多。"(《度支部奏议复法部出入款项核定办法折》,载《政治官报》1909年第621期,"折奏类",第5页)

[3] 《京师审判厅之难办》,载《广益丛报》1909年第201期,"纪闻",第3页。

定的《各省城商埠各级审判厅筹办事宜》规定:"度支部统一财政未实行以前,(审检厅)筹措之权应归督抚督同藩司或度支司任之。"至于审检厅筹设的经费来源,该章程明示有三:一为发审局、清讼局等与审判相关旧有衙门之各类经费;二为审判厅所收之讼费和罚金;三为若有不足由按察司设法筹措。"所有开办费须特别筹拨,应用其常年各费,如省城商埠旧有之发审、清讼等局,其事既移归审判厅管理,则年支各款以及该问刑衙门如刑幕束脩招解公费,及其他因审理词讼所有之款均可划提,其照章所收之诉讼费及各项罚金,亦均应充各厅常年之用,再有不足,饬司筹继,仍将筹措情形并预算表目咨部考核。"〔1〕经笔者考察,地方各省基本是遵照上述三项经费来源筹集审检厅费。

其中,有使用旧机关经费、讼费、罚金的。宣统元年(1909年)十一月,河南巡抚吴重憙在《筹办省城各级审判厅情形事宜》的奏折中提及:"经常(费)如各厅员役薪工火食为大宗,约略预算年需三万余两,其检验学习所经费、人证口粮并一应活支,尚不在内。"审检厅经费"以前项公费(即每年摊解至各属之臬司公费银)及裁撤督审局委员薪水,暨各厅所收讼费罚金尽数充用,下余所短亦由藩司设筹,随时拨济,统俟各项估算确实,藩司筹定的款,再行奏明,作正开销。"〔2〕

有从藩库直接拨发的。宣统元年(1909年)七月,闽浙总督松寿在奏折中上奏道:"查府厅县原有应领廉俸,毋庸另给津贴,其余检察长推事等员应给公费,尚难确定,暂行酌给薪水,尤以不用胥差,力除积弊,另设书记庭丁,为入手办法,所有各厅开办及常年用款,均暂由藩库筹拨,作正开支。"〔3〕

有藩库拨发并动支讼费、罚金的。《奉天全省财政说明书》"司法

---

〔1〕《法部奏定各省城商埠各级审判厅筹办事宜》,载《新闻报》1909年9月10日。

〔2〕《奏为筹办省城各级审判厅情形事》,档案号:04-01-01-1101-070,中国第一历史档案馆藏。

〔3〕《奏为筹设闽省省城及商埠各级审判厅办理情形事》,档案号:04-01-01-1095-006,中国第一历史档案馆藏。

费"项下载有《各级审判检察厅经费出处一览表》,该表显示奉天高等审检厅、承德地方审检厅、承德第一至第六初级审检厅[1]、抚顺地方审检厅、抚顺第一初级审检厅应支之公费、津贴、工食、饷项、办公等款,"均系月有定额,按月由度支司请领,在于税捐正款项下拨发",至于临时各项办公费,如川资、查验、建筑等项,"均由各该厅征取之讼费、罚金项下动支,如有不敷,再行请领,均无定额"[2]。

但也有民政司筹拨审检厅费的例外。宣统元年(1909年)十月,黑龙江巡抚周树模奏称:黑龙江省城共设各级审判检察厅6所,就各级审判厅所需经费而言,每年共计需银51,288两,"除去裁撤之裁判处及巡检一缺,每年共额支银一万两外,其余银四万余两尚无的款,应由民政司设法筹拨"[3]。

(三)地方审检厅费来源的可靠性

各省虽遵照法部章程力求经费筹措得当,但山西等省对于法部章程不切实际的一面也给予了驳斥。宣统元年(1909年)十二月,山西巡抚丁宝铨在奏折中言道:"现在筹办处薪费并修建厅署及各厅开办经费,业经升任臬司志森详定,拨款四万两,陆续请领,作正开销。至各厅常年经费亦经逐款预算,计审判检察各厅员役薪工,月需银三千两有奇,加以额支饭食纸笔等项,岁需银三万九千余两,合之活支各

---

[1] 承德原设6所初级审检厅,于光绪三十三年(1907年)十二月初一日开办。宣统元年(1909年)正月初六日,经东三省总督徐世昌奏明,将原设之奉天府第一初级审检厅改名为承德第一初级审检厅;原设之奉天府第三、第六两初级审检厅并为一厅,改名为承德第二初级审检厅;原设之奉天府第四、第五两初级审检厅并为一厅,改名为承德第三初级审检厅,上述审检厅改并均于宣统元年(1909年)闰二月初一日实行。而原设之奉天府第二初级审检厅,于光绪三十四年(1908年)十二月初一,改为抚顺第一初级审检厅。[参见《奉天全省财政说明书》,载陈锋主编:《晚清财政说明书》(第1册),湖北人民出版社2015年版,第365—366页]

[2]《奉天全省财政说明书》,载陈锋主编:《晚清财政说明书》(第1册),湖北人民出版社2015年版,第365页。

[3]《奏为筹设黑龙江省城各级审判厅情形并额支经费数目事》,档案号:04-01-01-1095-091,中国第一历史档案馆藏。

款,通年共需四万八千两上下,遇闰照加,已为极省办法。查法部补订章程内载,旧有清讼、发审等局用款及刑幕束脩、招解公费均可划提等语,现在全晋惟省城开办,以上各项尚难指款划提,惟发审经费,俟旧案清结,尚可提归厅用,至罚金、讼费收数初难预定,所有不足之数,仍须饬司筹拨,以应要需。"[1]由此看来,法部所言经费来源之第一种和第二种,在丁宝铨看来很难成为审检厅经费的主要来源,省藩司等拨才是最为可靠的。

除了山西省,甘肃和湖南两省也持相同看法,进而指出本省藩库已是无款可拨。"甘肃财力困难,固不敢稍事铺张,而审判为宪政要端,亦不宜过于俭啬,致涉敷衍。统计筹办处每年需经费银二千两,研究所需开办经费银四百两,常年经费银六千六百两,建筑省城各级审判厅需银三万余两,拟饬藩道二库分筹拨用。其各厅员吏常年俸薪公费为数甚巨,断非发审局款及诉讼费各项所能资其抵注,而库藏空虚,尚无的款指拨,应俟调查员报告,至日再行设法力筹。"[2]宣统元年(1909年)七月,湖南巡抚岑春蓂亦奏称:"万事以财为母,财不足,则事不举。审判开办有建筑设备等费,常年有俸薪办公等费,断非固有官款及应收例银罚款所能抵注。湘省财政困难,筹挪无术,拟由筹办处先将逐年筹备审判需用款项详确调查,列表预算,以便陆续设措。"[3]

而中央作为经费来源的罚金甚至被地方视为是财政负担。宣统三年(1911年),法部颁布《通行各省将司法收入各费切实整顿文》,其中将审判收入归为三类,即罚金、讼费及状纸费。其中,规定罚金征收应遵照"现行刑律所定十等罚及例准收赎捐赎各条",无论

---

[1]《奏为筹设山西省城各级审判厅办理情形事》,档案号:04-01-01-1094-104,中国第一历史档案馆藏。

[2]《陕甘总督长庚奏设立审判厅筹办处研究所等拟定章程折》,载《政治官报》1910年第887期,"折奏类",第11页。

[3]《奏为湘省筹办审判厅情形事》,档案号:04-01-01-1095-002,中国第一历史档案馆藏。

已设还是未设审判厅之各省"自应切实查核通饬,悉数归公,毋任隐漏",并同时强调地方罚金收入应按照光绪三十一年(1905年)六月法部关于酌提解部办公银两之奏案办理。[1] 此处所言"光绪三十一年六月法部奏案"是指刑部在改制为法部之前上呈的关于筹集办公经费的奏折。光绪三十一年(1905年)六月,刑部上奏称:本部"进款有定数,出款无定数,亏空愈积愈多"以致"办公时形竭蹶"[2]。为解决经费不足,刑部在奏章中提出三种解决方案:一为"吏部化私为公之款,所入甚巨,以吏部之有余,补臣部之不足";二为"仿照各省臬司秋审费名目,取给于各州县";三为仿照泰西各国裁判费和状纸费,明定讼费章程,收取讼费。刑部虽提出了三种解决方案,但认为这三种方案均欠妥当,故一一否决。[3] 最终,刑部决定令各省将笞杖罚金之收入每年解部100两,以解刑部经费不足之急。"查新章笞杖改为罚金,此项新案罚金,似可藉资挹注,以济臣部要需,不特于国计民生两无窒碍,抑且以公家之款,办公家之事,于言固顺,于理亦安。臣等公同商酌,拟请将外省州县自理刑名案内笞杖改为罚金一项,提解到

---

[1] 参见《法部通行各省将司法收入各费切实整顿文》,载《政治官报》1911年第1333期,"咨劄类",第13—14页。

[2] "平日办公经费,皆取给于各省额解饭银,此外尚有户部奏销及三节帮费,为数本属无多。前年因用款不敷,为暂救目前之计,并因两监恤囚经费,向由劝募而来,实非政体,奏请各省酌加饭银及新增之款,共银四万二千五百余两,户部奏销及三节帮费共银八千两,每年共银五万零五百余两。至于常年用款,除恤囚经费外,每月办公之费,极力撙节,约需银三千数百两。以臣部满汉司员及笔贴式共五百余员之多,加以各司处所书手一百八十四名、皂隶等一百七十四名,每日进署当差,无间寒暑,而堂司饭银书役工食,皆取给于此,其困苦情形,已可概见。如逢闰年或承办要差,则又须加增用款数千两,进款有定数,出款无定数,亏空愈积愈多,腾挪借贷,岁以为常,办公时形竭蹶。"

[3] "吏部改章以来,进款虽巨,用款必繁,未必能多所赢余,以济臣部之急,即使吏部不分畛域,而敷衍目前,亦可暂而不可久。其秋审费一项,闻之各省多寡不一,要皆取之于州县,臬司既取之于前,臣部又继之于后,不特州县穷于供应,且各省例有饭银,原备办公之用,于饭银外别立名目,殊非政体。至于仿照外国纳缴讼费,事本可行,惟诉讼裁判诸法,尚未变通,必欲先定讼费,殊觉稽查不易,且恐流弊滋多。凡此皆于臣部酌筹办公经费之计,无当也。"

部,以资办公。酌定每一州县每年解银一百两,按半年解银五十两,每年分两次,由各该督抚汇齐解部……至各州县审理笞杖人犯折罚银两,每年断不止于此数,除解部一百两外,其有余之款,以及奏咨案内笞杖折罚银两,应令各该省年终汇案一并册报户部,并分咨臣部,以便互相稽核。"[1]

解部罚金的定额化导致罚金中的大部被解往法部,留存各省作为审判厅费的极为有限。以河南为例,法部章程规定各州县按年解银100两,河南有107个州县,每年共应解银10,700两,但"近数年各州县捐解银数,与部定应解银数平均计算,不过四分之一,约举大数,每年共有三千余两"。即使是3,000两,解部罚金也占去了河南省罚金收入的大半以上。据河南省统计,光绪三十二年(1907年)至宣统元年(1909年)的四年间,河南省笞杖罚金收入约分别为银4,500两、3,578两、3,069两、3,235两,解部数为银4,000两、2,000两、2,000两、3,000两,解部数分别约占罚金收入的88.9%、55.9%、65.2%、92.7%,四年平均为75.7%左右,而能够留存在河南省的罚金仅约为34.3%。[2]

除了地方罚金留存比例较小之外,解部罚金定额与罚金难以追缴之间的矛盾也导致一些省份不仅没有罚金收入作为留存,反而需要自掏腰包进行垫付。笞杖罚金本为犯笞杖轻罪者而设,但此类犯罪者多一贫如洗,"且鼠窃狗偷之辈几不知廉耻为何物,颇有情愿决罚而不愿纳金者",而各州县"深知此项罚金之难于追缴",但"又不敢抗违功令,以取咎戾",于是只得"捐廉酌解",将解部罚金认作"本任摊捐之款"。遇有州县官新旧交替之时,"则按日均摊,上司衙门亦曲为鉴原,而不复诘难"[3]。虽为摊派,但各省做法不尽相同。云南"地瘠民贫,即有讼事无力者,往往甘受笞杖或遵部章改罚工作","若照部

---

[1] 朱寿朋编:《光绪朝东华录》,张静庐等点校,中华书局1958年版,第5362—5363页。

[2] 参见《河南财政说明书》,载陈锋主编:《晚清财政说明书》(第3册),湖北人民出版社2015年版,第718页。

[3] 同上注。

定之数,年应解银八千数百两,恐难一律解齐",遂"按各厅州县缺分之优瘠,分别等差,定额责解"[1]。广东省则按缺繁简匀摊,缴由藩库汇解。[2] 广西省因各属无款可解,当详准在土药统税项下每年拨解银2,000两。[3] 福建省共应解银6,200两,按罚金性质,"本可收入解纳省库,然往往不能办到",于是决定将"批解司库移送臬署汇解,如有迟延,划廉备抵"。解部罚金摊派对于州县而言已是负担,福建省甚至在摊定数上再加收浮费,于"每百两加汇费补水银九两,又另加司书笔墨费银一两"[4]。这也难怪山东省担忧解部罚金定额化,可能带来官吏横索于民之流弊。"国家立法以待犯罪者,是必先犯罪而后乃以刑加之,然因其得罪之轻微,遂发生换刑之处分,于是应笞、应杖者改为罚金各若干,此未尝不合于立法例。至于不问犯者之有无多寡,而预悬一格,按年按邑以派收金额,是则手续之不甚完善者也。在当时此项笞杖罚金固出于筹款不得已之策,然按之法理似有未合,且流弊滋甚,何也?国家以此摊之于官吏,其贤者固洁己捐廉,竭蹶凑解,设遇不肖有司,藉为口实,则巧取横索何所不至,是国家得于官吏者岁仅百金,而官转取之于民者又奚啻倍蓰"[5]。

笞杖罚金本为司法收入,取之于司法,应用于司法,但法部为实现筹款目的而将之定额摊派各省,此做法实与其承诺"至此项收入或留

---

[1] 《云南全省财政说明书》,载陈锋主编:《晚清财政说明书》(第9册),湖北人民出版社2015年版,第169页。

[2] 参见《广东财政说明书》,载陈锋主编:《晚清财政说明书》(第7册),湖北人民出版社2015年版,第391页。

[3] 参见《广西全省财政说明书》,载陈锋主编:《晚清财政说明书》(第8册),湖北人民出版社2015年版,第851页。

[4] 《福建全省财政说明书》,载陈锋主编:《晚清财政说明书》(第9册),湖北人民出版社2015年版,第816页。

[5] 《山东财政说明书》,载陈锋主编:《晚清财政说明书》(第2册),湖北人民出版社2015年版,第227页。

归各该州县改良司法之用,或拨补司厅经费不足之需"大相径庭。[1]笞杖罚金最终不仅未能助力于各省审检厅筹设,反而成为地方财政之负担。[2]

至于讼费,各级审判厅往往能照章收取,呈报法部,但清末仅完成了省城和商埠各级审判厅的筹建,审判厅数量有限。而大多数未设审判厅之州县在讼费征收上则往往各自为法,名目繁多,收费亦不一致,且"多不开报,调查亦难"[3]。就讼费用途而言,因讼费源于规费,故与法定化前基本无甚不同,多是用于书役办公饭食津贴之用,如天津酌定讼费"以资书吏差役办公之用"[4];江苏所收讼费"四成给各房书吏,四成给各班差役,不论有无承票,一律匀给,一成给书记生,一成给值堂书吏,以资津贴"[5]。至于状纸费,状纸于宣统元年(1909年)始奏定程式颁行全国,但自状纸实行以来,"各级厅多未将征收之费,按成解司,即各属间有解到数甚寥寥。"[6]宣统二年(1910年),浙江巡抚增韫曾算过一笔账,预计至宣统八年(1916年)浙江全省审检厅一律成立,虽常年需银125万两,但"各级厅成立以后,亦确有正当之收入相为对待,如诉讼、状纸费,系法部奏定;登记事宜费,系法部编制法中所规定;减轻实刑,推广罚金,又系现行刑律所规定。今以极少之数假定之,每年可得银四五十万两,再加上预算案已有三

---

[1] 参见《通行各省将司法收入各费切实整顿文》,载《政治官报》1911年第1333期,"咨劄类",第14页。

[2] 参见《山东财政说明书》,载陈锋主编:《晚清财政说明书》(第2册),湖北人民出版社2015年版,第227页。

[3] 《甘肃清理财政说明书》,载陈锋主编:《晚清财政说明书》(第4册),湖北人民出版社2015年版,第554页。

[4] 《纪天津讼费》,载《选报》1902年第32期,第13页。

[5] 《两江总督端江苏巡抚陈会奏酌裁州县差役拟订章程折》,载《东方杂志》1907年第5期,"内务",第207页。

[6] 《藩司吴详状纸费及印纸费两项收入甚微以后如仍有误解法署或匿留不解应由司在于各级厅或各属领款内照数划扣文》,载《浙江官报》1911年第27期,"文牍类",第117页。

十四万两,计已得全数之半。"[1]在这份奏章中,增韫预估浙江每年可得诉讼、状纸、罚金、登记费收入为银四五十万两,但即使如此也无法填补浙江省审检厅费之不足。况且仅凭诉讼、状纸、罚金、登记费四项司法收入,再加上预算案中的34万两,也仅满足浙省省审检厅1年所需全部费用的一半。这只能说是增韫太过理想化,但却也真实地反映出国家与地方对于司法收入的冀望和清末地方审检厅费开销的巨大。

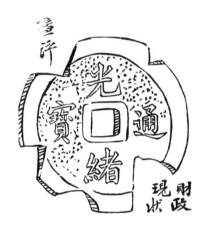

清末"财政现状"

(图片来源:《时报》1908年6月30日)

因此,在法部所言审检厅费来源中,旧审判衙门经费属临时经费,旧审判衙门一经裁并很难再有稳定的中央或地方拨款,而讼费、罚金等司法收入又很难成为地方审检厅费来源主力,至于各省藩库在各项新政面前亦纷纷告急,如陕西称:"言财政,于陕西尤困难,入不敷出几近百万焉","更无以救库款之穷而济新政之用"[2];浙江亦称:"浙江为东南财赋之区,甲午以前,司道局库不无盈余","自中

---

[1]《浙江巡抚增韫奏遵旨并议御史赵炳麟等奏请定行政经费并附扦管见折》,载《国风报》1910年第24期,"文牍",第13—14页。
[2]《陕西财政说明书》,载陈锋主编:《晚清财政说明书》(第4册),湖北人民出版社2015年版,第3页。

日和议有赔款,各国和议有赔款,岁出骤增","近年以来,新政繁兴,在在需款,欲加赋则民不堪命,欲节用则事不易行,徒令司空仰屋而嗟,计臣束手无策"[1]。于是,在旧审判衙门经费、司法收入以及地方财政均难于满足各省筹设审检厅所需经费的情况下,地方各省只得另觅他径,自力筹措。

第五节　各省审检厅费的筹措之方

一　审检厅费的足与不足

光绪三十四年(1908年)八月,清廷发布了《九年预备立宪逐年筹备事宜清单》,清单九年计划中八个年份涉及审检厅的筹办。即第二年光绪三十五年(1909年)应"筹办各省省城及商埠等处各级审判厅";第三年光绪三十六年(1910年)"各省城及商埠等处各级审判厅限年内一律成立";第四年光绪三十七年(1911年)应"筹办直省府厅州县城治各级审判厅";第五年光绪三十八年(1912年)"直省府厅州县城治各级审判厅,限年内粗具规模";第六年光绪三十九年(1913年)"直省府厅州县城治各级审判厅一律成立"[2]。在这份清单中,第三年光绪三十五年(1909年)(实为宣统元年)的任务是设立各省省城和商埠各级审检厅,那么各省任务完成的情况如何呢?

宣统三年(1911年)四月,宪政编查馆上呈了《奏遵限考核京外各衙门第三年第二届筹备宪政成绩折》,其中关于地方各省审检厅筹设

---

[1]《浙江全省财政说明书》,载陈锋主编:《晚清财政说明书》(第5册),湖北人民出版社2015年版,第532页。

[2]《宪政编查馆资政院会奏宪法大纲暨议院法选举法要领及逐年筹备事宜折》,故宫博物院明清档案部编:《清末筹备立宪档案史料》(上册),中华书局1979年版,第61—67页。

情况,宪政编查馆奏称道[1]:

> 现查各省厅成立者,除湖南、广东两省、吉林之滨江厅绥芬府、黑龙江之呼兰府等商埠因事奏明展缓外,奉天省城及新民营口安东辽阳等商埠、吉林省城及依兰商埠、直隶保定天津及张家口商埠、山东省城及济南烟台商埠、江苏苏州江宁及镇江等商埠、江西省城及九江商埠、安徽省城及芜湖商埠、浙江省城及宁波温州商埠、福建省城及南台商埠、湖北省城及汉口沙市宜昌等商埠、四川省城及重庆商埠应设之高等地方初级各审判厅,均于上年十一月、十二月先后成立。黑龙江、山西、河南、陕西、贵州皆无商埠,其省城应设高等地方初级各审判厅,亦于上年十一月、十二月先后成立。新疆省城高等地方初级三厅已于上年十二月开庭,所有省外商埠三处六厅,现因堪胜推检之员不敷分布,已电商法部变通办法,暂取审判研究所毕业并候补品秩相当或专门法政毕业及曾任正印历充刑幕人员,先在省城试验数月,再行发往开办,一俟成立,再行奏报。

同年五月,宪政编查馆再次上呈《奏补行考核第三年第二届续报各省筹备宪政成绩折》,补报了云南、广西、甘肃三省筹办审检厅的情况[2]:

> 云南省城及南关外自开商埠共立高等地方初级各一厅,于上年十二月成立。广西省城高等以下各厅提前成立,已于上届奏报;梧州商埠地方两厅,均于上年十一月成立;邕龙两埠限于财力,尚未举办。甘肃向无商埠,省城设高等一厅、地方一厅、初级两厅,均于上年十二月成立。

根据上面两份奏折可见,吉林、奉天、直隶、山东、江苏、江西等20个省份的省城各级审检厅均已成立,仅湖南和广东两省情况未列出。

---

[1]《宪政编查馆奏遵限考核京外各衙门第三年第二届筹备宪政成绩折(续)》,载《新闻报》1911年6月8日。

[2]《宪政编查馆奏补行考核第三年第二届续报各省筹备宪政成绩折》,载《新闻报》1911年7月3日。

但据笔者所见史料,至清统治结束时,湖南省城已完成各审检厅筹设,但未开办;广东则至少完成了省城各审检厅及商埠番禺和琼山各审检厅的筹设。[1] 除省城各审检厅外,22个省份中的18个省份完成了商埠各审检厅的筹设,仅吉林省的滨江厅和绥芬府、黑龙江省的呼兰府、广西省的邕州和龙州、新疆的疏附、塔城以及宁远8处商埠审检厅尚未成立。[2] 因此,自光绪三十二年(1906年)天津筹办审检厅开始,至宣统三年(1911年)清廷宣告统治结束,各省虽"程度未能齐一,瑕瑜不免互见"[3],但就结果而言,除个别商埠审检厅外,全国基本完成了省城及商埠各级审检厅的筹建,基本实现了《九年预备立宪逐年筹备事宜清单》中第三年的计划。当然,第三年计划的完成,是在极度减省审检厅建筑费和人员薪俸的基础上实现的。那么各省经费到底是从何时开始不足以应对审检厅筹建的呢?

据笔者所见,各省督抚大幅力陈本省审检厅费支绌应是始于宣统二年(1910年)。宣统二年(1910年)四月,赵炳麟在奏折中提议:在京各衙门及各省将军督抚应将九年筹备单内所开各条"某年某事需款若干,从何筹定,分年列表,详议具奏。俟今年资政院开会,即将此

---

[1] 关于湖南审检厅筹设情况,"据湖南都督谭延闿元年八月筱电:查前法部旧表湖南系设高等审检各一厅,长沙府设地方审检各一厅,长沙善化两县各设初级审检各一厅,全省共计八厅,均未开办"。(《湖南省已设、拟设各级审判检察厅一览表》,载《政府公报》1912年第188期,"通告",第14页)关于广东省番禺和琼山审检厅筹设情况,"广州地方审判厅、初级检察厅署,附设高等审检署内,番禺初级审判厅、初级检察厅署,在外城东横街,即县丞旧署"[《广东省·番禺县续志》(卷四)、《地方志丛书》第49号,成文出版社1967年版,第57页];"前清宣统三年,设立琼山商埠地方审判厅、琼山商埠地方检察厅,附设琼山初级审判厅、初级检察厅,仅阅数月,以光复停办"。(《海南岛志》,"第五章司法",上海神州国光社1933年版,第107页)不过,据李启成《晚清各级审判厅研究》所载《直省省城商埠各级审判厅一览表》显示,广东省城及新会、三水、澄海、合浦、琼山五商埠各级审判厅均成立。

[2] 但据李启成《晚清各级审判厅研究》所载《直省省城商埠各级审判厅一览表》显示,吉林省的滨江厅和绥芬府、新疆的疏附、塔城及宁远均完成了审检厅的筹设。

[3] 《宪政编查馆大臣奕劻等奏报各省筹办宪政情形折》,载故宫博物院明清档案部编:《清末筹备立宪档案史料》(下册),中华书局1979年版,第799页。

表交该院议员核议,视民力能否担任,分别缓急轻重,次第施行"[1]。随后,湖北布政使王乃征亦上奏称,"九年筹备之期限,明知财力不继,而敷衍以应之,与因励行九年筹备之实事,不问民力若何,而搜刮以济之,皆足失民心,伤国本,必不可为者也","近年所办新政,在民政司法范围者,往往款未筹定,事已创始,剜肉补创,其后难继,此非持久之道也",故应将九年筹备各款逐条综核,应就目前财力,酌分缓急办理。[2] 对于王乃征条陈,中央官员"议论纷纷不一,以为公者,谓其切时,以为私者,谓其多事,暂难定议"[3],而度支部"力主裁节费用,不致妨碍宪政进步"[4]。同年六月,清廷谕令在京各衙门及各省衙门条陈御史赵炳麟与湖北布政使王乃征奏折[5],宪政编查馆政务处亦将原奏印刷40份通行京外各省衙门讨论。[6]

对于赵炳麟与王乃征奏章,各省督抚纷纷议复,表明立宪筹备事宜层出不穷而本省财力有限无从应对。江苏巡抚程德全上奏称:"宣统三年预算已经报部,地方之财现只此数,而筹办之事迭出不穷,筹政务者,但促其办事而不问费之何由来,筹度支者,但责其节费,而不问事之何由举。"[7]直隶总督陈夔龙上奏称,"赵炳麟原奏意在因事量财,乃徐责依次推行之效","王乃征原奏意在就款办事,遂力言同时并举之非",二者"虽敷陈恉趣略有不同,其惄惄于近时支绌情形"。随后,陈夔龙称,"臣亟应措注而需款较繁者,惟筹设外省各级审判检

---

[1]《御史赵炳麟奏请饬议前奏确定行政经费并预筹安插流民之策折》,载《东方杂志》1910年第5期,"文件第一·奏牍",第63页。

[2] 参见《湖北布政使王乃征奏请变通宪政办法折》,载《东方杂志》1910年第7期,"文件第一·奏牍",第88—92页。

[3]"专电",《时报》1910年7月29日。

[4]"专电",《时报》1910年8月1日。

[5] 参见《大清宣统政纪》,卷之三十七,《清实录》第60册,中华书局1987年版,第654页。

[6] 参见《王乃征欲以财政牵动宪政》,载《广益丛报》1910年第241期,"纪闻",第8页。

[7]《江苏巡抚程德全奏议复御史赵炳麟等奏确定行政经费等折》,载《江宁实业杂志》1910年第3期,"奏议",第1—4页。

察厅、改良各处监狱为最著,筹办各地方自治次之","计自本年至宣统八年,筹设全省各级审判检察各厅,共应需开办常年各费银七百九十余万两;自宣统三年至八年,应改良省城及各属监狱,共应需改良及常年各费银六十五万余两。其原经指定的款,并预计各该厅所收印花状纸等项,每年不过十万两左右,所短约七百余万,为数颇巨,但系事关司法独立,不得稍逾年限。而性质既属国家行政,又实难于就地摊派,臣自当分年切实规划,尽力勉任其难,如本省委系无从指拨,即随时咨商法部度支部统筹兼顾。"[1]宣统二年(1910年)七月,贵州巡抚庞鸿书亦上奏称,"查宪政筹备期限九年,事因年而递加,款因事而增巨","贵州岁出岁入以宣统三年预算为衡,经常岁入如田赋、税厘、协饷等项共入银一百七十万二千有奇,临时岁入如报効杂收等项共入银三万一千有奇,经常岁出共应支银一百八十九万四千有奇,临时岁出应支银五十五万六千有奇,地方行政经常临时共支银三十八万六千有奇,出入统抵不敷银一百一十万四千有奇。嗣后事增而款不加增,就宣统三年而论,已不能指某款办某事,只此收入之数,甲事至先以应甲,不能存以待乙,乙事至次以应乙,不能止以待丙,挪东补西,诸凡应支之款多在不敷数内,以后所差弥巨,欲从而指定之,殆如画饼疗饥,何裨实用,臣旦夕焦灼,叠与司道筹商,皆形束手","至司法一部分,省城暨各府厅州县审判厅已限分年成立,现仅筹设省城一处,核计已须十余万金,即试办之初,极力撙节,不求完备,亦非六七万金不可。二年以后,各属即须遍设,通省七十余府厅州县,高初两级不下百数,即极节省,每属以三四千金计,亦达二三十万矣,而改良监狱费尚不在内。黔省国家税中无此巨额,但凡有可提拨,自当不遗余力,然非法部通筹全局,酌盈剂虚,力予补助,则此贫瘠之邦,断不能无缺点也"[2]。八月,贵州巡抚庞鸿书再次上奏称:"贵州贫瘠之邦则尤

---

[1]《直隶总督陈夔龙奏并案详议赵炳麟王乃征各条陈折》,载《四川官报》1910年第25期,"奏议",第5—7页。

[2]《贵州巡抚庞鸿书奏议复赵炳麟奏确定行政经费折》,载《新闻报》1910年9月27日。

甚,欲就款办事,既无款之可指,欲因事筹款,将无事之可成,宪政与国脉相维系,断不敢因其为难,遂生阻议,谨当督同司道切实调查,悉心计划如何分别办理之处,俟有端绪,再当缕晰上陈。"[1]河南巡抚宝棻亦称:"查各级审判之成立,以宣统二年至八年为起讫,现省城厅署建筑及开办费需银七万两,除由臬司公费改归模范监狱银二万两,先行拨用外,余归藩库筹拨",其经常各经费亦由藩司认筹,"至省外各府厅州县城治审判厅,限于宣统三年筹办,五年成立,各乡镇限六年筹办,七年成立,自宜及时计划,以免临事仓皇。兹拟各属应设处所计共地方审判厅十七处,又分厅五十九处,初级审判厅一百零六处,总计各厅建筑开办等费需银三十三万九千八百两,常年临时等费需银二百四十二万四千二百九十二两。虽各厅系分年筹办,建筑等费亦可分年拨给,而公帑奇绌,筹画已属不易,况一经成立,经常等费均须全支,则此后为难之情形,诚有不堪设想。"[2]

由上述奏章可见,督抚上奏是针对《九年预备立宪逐年筹备事宜清单》第四、五年以及之后计划而言,是针对府厅州县城治和乡镇筹设各审检厅经费不足的问题。山东巡抚袁树勋曾对全国府厅州县乡镇审判厅的筹设费用做过一个推算:如果每个府厅州县至少必设地方审检厅各1所、初级审检厅各1所,乡镇平均计算每处必设初级审检厅各4所以上,则每一州县必有地方审检厅各1所、初级审检厅各5所。如果初级审检厅须置推事及检察官1员或2员以上,则每一府厅州县之初级审检厅须设官20人左右;地方审检厅分民刑两庭,又兼用合议制,故推事长、庭长、推事、检察长、检察官总计在10人以上。如果每人岁以平均600两计算,则俸薪一项每一厅州县岁费在2万两左右,此外典簿、录事、书记、承发吏、庭丁、检验吏各项俸薪与其他办公用费至少须1万两,则府厅州县每年花费约在3万两。全国22省,各府厅州县一年的经常性支出总计在5,000万两,建筑等临时性支出尚

---

[1]《又奏议复王乃征奏筹备宪政酌分缓急片》,载《新闻报》1910年9月27日。
[2]《河南巡抚宝棻奏遵旨并议御史赵炳麟等奏请确定行政经费折》,载《江南警务杂志》1910年第10期,"奏议",第41—42页。

不包括在内。[1]而根据清政府公布的《宣统三年预算案》，宣统三年（1911年）全国财政预算岁入为30,191万两，岁出为26,074万两[2]，其中司法费预算支出为672.8万两。[3] 如果与袁树勋估算的全国府厅州县乡镇审检厅筹设费进行比较，袁树勋估算的审检厅筹设费约占宣统三年（1911年）全国财政预算岁入的16.6%，约占岁出的19.1%，是全国司法费预算支出的7.4倍。换言之，全国22省各府厅州县乡镇各级审检厅一年的经常费支出，要花掉全国22省司法费预算支出7倍的钱，这显然远远超出了清末中央财政和地方财政的能力范围。因此，各省督抚在宣统二年（1910年）纷纷提出审检厅筹设须量力而行的建议，与此同时还针对审检厅费不足的问题提出了变通之策。

二 地方变通之策

（一）官署公用与行政官兼任司法官

地方筹措审检厅费，在宣统二年（1910年）即省城商埠各级审检厅筹建完成之前即已开始。宣统元年（1909年），吉林省长春府最先在地租上加征若干作为审检厅费。长春府审检厅费原本大部出自禁烟局盈余，但因中央禁止各省种植鸦片，故"此项入款遂成无着"。于是，宣统元年（1909年）十二月吉林省巡抚陈昭常上奏，请求仿照内蒙哲里木盟各旗新放荒地，每晌岁征大租钱660文，以420文解归蒙旗，以240文作审判经费。"长春一属，计有蒙地四十一万九千余晌"，如此一来，"岁可得钱十万千有奇"，吉林巡抚陈昭常认为此法"以地方应纳之赀，办地方应办之事，既与蒙旗毫无亏损，亦非公家额

---

[1] 参见《宪政编查馆会奏遵议变通府厅州县地方审判厅办法折》，载《江南警务杂志》1910年第5期，"奏议"，第13—19页。
[2] 参见周育民：《清王朝覆灭前财政体制的改革》，载《历史档案》2001年第1期，第91页。
[3] 参见《关于司法经费之核定及概算各事项》，载《司法公报》1915年第34期（临时增刊：司法部三年份办事情形报告），第125页。

外加征,实属两无窒碍"〔1〕。继长春府之后,吉林的农安、长岭、德惠也均采用了加征地租的做法。〔2〕而在地方筹措审检厅费的举措中,加征地租这样的开源之法并不常见,多以节流为主。官署共用即是其一,其是为了节省审检厅建筑支出。

关于官署共用,宣统元年(1909年)十月,黑龙江巡抚周树模奏称:黑龙江省各级审检厅建筑经费一时无款可筹,请求将各级审检厅附设于旧署官衙内,以为节省开支,即将高等审检厅附设于提法司署,将地方审检厅附设于应裁之黑水厅巡检衙门,将初级审检厅附设于原习艺所内,从而免赁民居,以省费用。〔3〕除黑龙江省外,湖北省也是如此。宣统元年(1909年)闰二月,湖广总督陈夔龙奏请将湖北省城高等审检厅附设于武昌府署,将省城地方审检厅附设于江夏县署,将商埠汉口高等审检厅附设于汉阳府署,将汉口地方审检厅附设于夏口厅署,省城和商埠初级审检厅则是改修公所或暂时租赁民房,从而节省经费。〔4〕

如果审检厅与行政衙署仅是建筑空间上单纯性地共用,对于支绌的审检厅费而言,也不妨是一个变通之策。但若由行政官署官员担任附设之审检厅司法官,那么督抚的意图恐怕不仅仅是为了解决审判费支绌,而是为了被剥离的司法权。湖广总督陈夔龙在其奏折中,对于司法与行政之关系说得极为明白:"此次法部奏定章程,司法与行政各有专责,审判各厅于司法裁判不受行政干涉,以重国家司法独立大权,是督抚司道府厅州县均不得受理诉讼及上控事件,方合权限。"但在同一份奏章中,陈夔龙却同时奏请省城和商埠高等审判厅厅丞分别

---

〔1〕《奏为长春府审判各厅经费无着拟自宣统二年起即行计亩征收拨给各厅》,档案号:04-01-30-0232-008,中国第一历史档案馆藏。

〔2〕参见唐仕春:《北洋政府时期的基层司法》,社会科学文献出版社2013年版,第235页。

〔3〕参见《奏为筹设黑龙江省城各级审判厅情形并额支经费数目事》,档案号:04-01-01-1095-091,中国第一历史档案馆。

〔4〕参见《奏为湖北省城及汉口商埠筹备各级审判厅情形事》,档案号:04-01-01-1095-018,中国第一历史档案馆藏。

由武昌府知府和汉阳府知府担任,地方审判厅推事长分别由江夏县知县和夏口厅同知担任。对此,陈夔龙的理由为:"今分职未定,地方官无司法之权以济行政之穷,遇事必多扞格,转生阻力。"[1] 两江总督张人骏在奏折中也表达了相同看法:"今值改定官制之始,专责州县以行政,而遽舍其司法之权,亦恐其术有时而绌,此司法本应独立,然欲破除积重之习惯,似在今日又有不能不暂为会通者也。"[2] 陕甘总督长庚甚至认为,地方行政官司法权的剥离会危及地方安危,"甘肃地当边塞,番回杂居,风俗犷悍,防营既已单薄,又骤夺地方官刑罚之柄,何以资镇抚而弭乱端,边地与腹省情形不同,值此财政困难,谳才缺乏,除省城已设高等地方初级审判厅外,所有省外各府厅州县审判事宜,可否量为变通,暂归该地方官兼理,其检察则以通晓法律之员任之"[3]。湖广总督陈夔龙和两江总督张人骏的奏折上呈于宣统元年(1909年),对于两位督抚的提议,中央并未表明态度,两份奏折后仅附以"该衙门知道""该部知道单并发"的朱批,即仅是转发相关部门知道而已。陕甘总督长庚的奏折上呈于宣统三年(1911年),其奏折后并无朱批批示。

宣统三年(1911年),山东巡抚孙宝琦就山东普设城治审检厅一事提出了相似奏请:各省城治审检厅限于宣统四年(1912年)年内一律成立,"预计各厅成立之后,需费之巨,殆非始虑所及","司法独立,于学理,只以审判权不受屈挠为本义,但使推事得人,已可树立模范,至于对待之官,附属之事,似不妨量力渐增,明年各厅创立,部章设置,宜暂缓者尚多,而尤以不另设检察,即责成州县官兼充,为首应变通之计,非第节省薪俸,抑且适应事机。"在该奏折中,孙宝琦不再提

---

[1]《奏为湖北省城及汉口商埠筹备各级审判厅情形事》,档案号:04-01-01-1095-018,中国第一历史档案馆藏。

[2]《奏为筹办省城商埠各级审判厅情形事》,档案号:04-01-01-1095-080,中国第一历史档案馆藏。

[3]《奏报甘肃各府厅州县审判事宜暂归地方官兼管事》,档案号:04-01-35-1098-029,中国第一历史档案馆藏。

议地方行政官充任推事,而改为建议地方官充任检察官,孙宝琦认为如此有两大利处:一是利于推事选才,"审判注重法律,虽初学可致研求,而检察注重事情,非历久断无经验,各厅普设,则需用法官过多,合格人员未必两皆练习,稍有迁就,贻误匪轻,必以州县官兼充检察,然后地方情形无虞隔阂,而考试所进,亦可悉出于推事之一途,任用既专,选材较易,其利一也";二是利于节费,"新政开始,首以营缮为难,往日设立一学堂一局厂,尚且动縻数万数十万不等,若检察厅与审判厅并设,工程岂止此数,不必铺张建造,地址已费搜寻,若以州县兼充检察,则公署不烦另筹,而旧有庭堂即可改为审判之地,用力不劳,指日可举,其利二也"[1]。对于孙宝琦的奏请,中央批示(朱批)道:"内阁会议具奏,钦此。"[2]与之前两份奏章相比,同样是建议行政官兼任司法官的奏请,这份奏请显然更为中央所重视,因而才会交由内阁会议讨论。究其原因,恐怕是因为宣统二、三年(1910年、1911年)正值各省开始准备实施《九年预备立宪逐年筹备事宜清单》的第四年计划即筹建城治各级审检厅之时,庞大的审检厅费支出已远远超出了中央和地方财政能力,清政府不得不在审检厅筹设与财政困局面前思考变通之策。而变通之一,即是孙宝琦在奏折中所建议的将作为审判"附属之事"的检察事务改由行政官员兼任。然而,宣统三年(1911年)年底清廷统治的结束,令这份奏章就此终了。

(二)初审厅权限与地审分厅的设立

宣统元年(1909年)六月,山东巡抚袁树勋奏称:筹设厅州县及乡镇各级审判厅"设官既多,所费至巨",请求变通办理。山东巡抚袁树勋认为,按照九年期限清单,第四年应筹设府厅州县城治各级审检厅,第五年应筹设乡镇初级审检厅,即每府厅州县至少必设地方审检厅各1所和初级审检厅各1所,乡镇初级审检厅平均计算每处必在各

---

[1]《山东巡抚孙奏东省普筹城治各审判厅请变通部章以州县官兼充检察折》,载《吉林司法官报》1911年第10期,"章奏",第9—10页。

[2]《奏为东省普筹城治各审判厅拟请变通部章事》,档案号:03-7592-046,中国第一历史档案馆藏。

4所以上,则每一州县必有地方审检厅各1所和初级审检厅各5所。若以此审检厅数计算的话,全国22省审检厅司法人员俸薪与办公经费一年就高达5,000万两,"国家无此人才,抑亦断无此财力"。袁树勋的变通之法是,在府直隶州设立地方审检厅各1所,而在有辖地之府厅州县设立初级审检厅各1所或2所;并将初级审判厅司法权限加以扩张,由原来只能审判200两以下民事案件以及监禁1年罚金100元以下刑事案件,扩大至民事以5,000两以下为限,刑事以10年以下监禁为限,如此即使案情稍大而民仍可不必远涉,该管府直隶州之地方审理亦免繁重。针对初级审判厅权限扩张问题,同年十月,四川总督赵尔巽也上呈了奏章。在该奏章中,赵尔巽认为:地方审判检察两厅,各设五六品官九人,而于一县辖境之内,又仅能审判已设初级审判厅区域民刑重大事件第一审及乡镇、民刑轻微事件之第二审,其乡镇第一审大小词讼仍归地方官管理,此做法"不独一县内有治理两歧之嫌,且事少员多,朝廷亦何必虚糜此禀禄"。此外,赵尔巽还建议于"城治初级审判厅酌增推事员额",令其管辖区域及于乡镇。对于两位督抚的奏请,中央令宪政编查馆"妥议具奏"〔1〕。

宣统二年(1910年)三月,宪政编查馆经过审议,上呈了《宪政编查馆会奏遵议变通府厅州县地方审判厅办法折》。在奏折中,对于两位督抚因"官多费巨"而提出扩张初级审判厅权限和辖境的建议,宪政编查馆表示不赞同并认为会引发出新的问题。"向来各州县命盗重情,皆归州县官审办,民间遇有命盗案件,皆赴本州县城治控告听审,从未有远赴郡治者,若州县城治仅设初级审判厅,即将其权限扩至以十年以下监禁为限,命盗案件亦不能管理",而州县命盗案件时有发生,若皆令赴郡城控审,贫穷小民断无此力量,案证人等亦皆拖累无穷,"殊非恤民之道"。在否决了两位督抚奏请的同时,宪政编查馆提出了另外的解决之法,即在各府厅州县附设及共

---

〔1〕《宪政编查馆会奏遵议变通府厅州县地方审判厅办法折》,载《江南警务杂志》1910年第5期,"奏议",第13—19页。

设地方审判分厅。具体来说,是将原来规定的各府厅州县至少必设地方审判厅1所,修改为省城暨各府直隶州之同城州县共设1所地方审判厅或地方审判分厅,而"各厅州县之词讼简少者,照章又得合邻近州县共设一分厅"。至于乡镇初级审判厅,则是"酌择各该省繁盛乡镇依限成立,各该厅州县如无繁盛乡镇,尽可照章设初级一厅,是每处并不必在四所以上"。如此一来,在宪政编查馆看来,"袁树勋所谓远涉迟延之弊,赵尔巽所谓治理两歧之嫌",均可圆满解决。此外,宪政编查馆还强调,对于地方审判厅与初级审判厅权限应有所区别,"若令独任审判之权太广,实于慎重狱讼之旨有乖"[1]。五月初十日,中央颁谕肯定了宪政编查馆的做法,"《宪政编查馆会奏遵议府厅州县地方审判厅办法》一折,着依议"[2]。

(三)裁并同城州县以筹经费

宣统元年(1909年)九月,两江总督张人骏和江苏巡抚瑞澂上呈奏折,汇报江苏省筹设省城商埠各级审检厅情形。在奏章中,二人奏称:江苏设县实多,"推原其始,实由征赋丛重而然,非以刑事简烦而定",且"苏省州县比较他省州县往往三不当一",故请求将"首县合设一厅",以符"因地制宜"[3]。宣统二年(1910年)十一月,两江总督张人骏与江苏巡抚程德全再次上章奏请裁并同城州县以筹设审检厅。二人在上奏中称,"国家设官,原以理事,事繁固不得不添设新官,事简亦不得不将旧设之官量为裁并","本管地方计裁十二缺,按宣统三年预算之数,除行政经费不能悉数裁节外,各县拟给之公费及署用各款,已可节至十余万两,以之改拨各属地方审判厅之用,裨益良多,又腾出旧有衙署,减省审判厅之建筑费,亦属不赀,臣等悉心体察

---

[1]《宪政编查馆会奏遵议变通府厅州县地方审判厅办法折》,载《江南警务杂志》1910年第5期,"奏议",第13—19页。
[2]《五月初十日军机大臣钦奉》,载《东方杂志》1910年第6期,"交旨",第82页。
[3]《奏为筹办省城商埠各级审判厅情形事》,档案号:04-01-01-1095-080,中国第一历史档案馆藏。

一举两得之计,似无逾于此者"。[1]

宣统二年(1910年)十二月,会议政务处议复了此折,并对张人骏和瑞澂的奏请表示赞同。会议政务处在奏折中称:江苏向为富庶之区,虽土地狭小,但"事赜民稠,簿书繁会",因此,"于各县辖境屡行析置,同城州县亦遂较他省为多","在当日因时制宜,固属万不得已,今审判厅既渐次成立,则地方官事务较简,倘仍沿袭旧制,使行政官厅聚处一城,将来筹备一切新政,甲推乙诿,既有妨政务之进行,彼界此疆,复有害事权之统一",且在"库储奇绌之时","自应斟酌时宜,量加省并","其裁撤各缺所余经费及腾出旧有衙署,亦应准其先行筹设审判各厅"。清廷对此表示同意。[2]

(四)审检厅暂缓成立

宣统三年(1911年),云贵总督李经羲上奏称:"续办审判厅,期限甚迫,人财两绌,推广之难,非仅滇省,若阁臣不以此定为政纲,全力注重,势不得不出于变通之一途。"在李经羲看来,俭省审检厅费的方法不外乎两种:一是酌减审检厅厅员人数;一是暂缓审检厅成立期限。

对于减少审检厅厅员人数,李经羲认为大致有两种方式。一种是以地方审检厅(设于府直隶厅州及商埠)和地方审检分厅(设于其余厅州县)作为第一审,暂不设初级审检厅。无论轻重案件均以地方审判厅或分厅作为第一审,不服者上诉高等审判厅或分厅,最终层递至大理院。如此可"省四级为三级,而仍不背三审之制"。审判厅应设民刑各1庭,每庭各设推事1员,暂不置合议推事,典簿主簿均从缓,以录事书记代之。高等检察分厅以下设检察官1人或2人,监督检察官均暂以所在地行政官兼充检察。另一种是在府直隶州及商埠各合设地方初级审判厅1所,置监督推事1人,推事5人,除庭长

---

[1]《两江总督张人骏江苏巡抚程德全奏裁并同城州县筹设审判厅折》,载《政治官报》1911年第1159期,"折奏类",第8页。

[2] 参见《会议政务处奏议复江督张等奏裁并同城州县筹设审判厅折》,载《吉林司法官报》1911年第3期,"章奏",第1页。

外,均兼充初级推事,应归地方审判厅管辖之案件,合议庭3人行之,应归初级审判厅管辖之案件,由督任庭1人行之;所属之厅州县暂不设审判厅,仍以行政官兼裁判,作为第一审;凡招解案件及初审不服者均归地方厅办理。地方初级合设审判厅各设检察官1人,监督检察官以府直隶州行政官任之,"此项地方长官对于厅州县本有管辖之责,呼应既便,体制亦符"。对于上述两种方法,李经羲认为"前二说虽限期无误,而迁就实多,按之定章,已非正解"。在奏折中,李经羲还以云南省为例,对上述两种方式的审判厅费状况进行了预估:"照第一说所拟办法计,应设高等分厅四所,地方厅二十五所、分厅六十五所,预算岁需一百三十余万两";"照第二说所拟办法计,应设高等分厅四所,地方初级合厅二十五所,岁需且四十余万两"。按照第一种方法,李经羲认为"在他省或可勉为设法",至以滇省情形论之,"固属万无此力";至于第二种方法,李经羲认为40万两的审检厅费,对于云南省而言,"亦属筹措为难,非由阁臣通筹全局,统一财政,酌剂盈虚,断难照办"。

除酌减审检厅厅员人数外,还有暂缓审检厅成立期限一说。李经羲称:审检厅"厅数员额,概照定章办理,而展缓成立",期限如何延缓,"由各省自行酌察情形,先就繁盛地方择要开办,审量财力,拟定逐年推广处所,期于次第成立,边瘠省份期限尤宜特别延长,并酌拟补助办法,俾免贻误"。在李经羲看来,该法"定期虽嫌延缓,而设备可冀完全"。对于李经羲奏请,清廷朱批:"览,钦此。"然而,随着宣统三年(1911年)清廷统治的结束,李经羲的奏章也就没了下文。[1]

---

[1] 参见《奏为滇省续办审判厅请旨酌减厅数员额事》,档案号:03-7475-083,中国第一历史档案馆藏。

今日之预备立宪

(图片来源:《时报》1909 年 10 月 3 日)

第二章 北洋政府时期的司法费

第一节 北洋政府的国库收支

1911年10月10日,武昌起义爆发,革命波及全国,湖南、江西、云南、山西、陕西纷纷宣布独立,脱离清政府统治。在武昌起义两个半月后,即1912年1月1日中华民国临时政府成立,同年2月袁世凯就任中华民国大总统,中国自此进入北洋政府统治时期。

北洋政府成立后,以1911年武昌起义为发端而独立的各个省份纷纷要求施行联邦制,欲行自治的各省都督更是因手握行政、军事、财政等地方权力,而拒绝再向作为新政府的北洋政府解送款项。民初,各省解款是中央政府的主要财政来源,各省拒绝地方解款令当时的北洋政府深陷财政困境。1913年,北洋政府财政部向时任副总统黎元洪报告,称自1912

年至 1913 年山东、河南、广东等省的解款仅 260 余万元,而 1912 年北洋政府每月的费用支出就在 300 余万元,这意味着民初全国各省全年的解款仅够北洋政府一个月的开销。〔1〕1913 年二次革命后,袁世凯借助武力确立了其在全国的统治,并于 1914 年开始整理全国财政,这包括恢复地方解款、整理税金、缩减政治军事支出等措施。随着财政措施的推进,北洋政府财政状况有所改善。然而,1915 年袁世凯宣布恢复帝制,翌年改年号为洪宪。对于袁世凯恢复帝制的行为,北京学生举行了大规模的反对游行,北洋军阀内部也出现了批判的声音,而地方各军阀更是以此为由纷纷倒戈,其中南方军阀在云南省宣布独立,掀起了讨伐袁世凯的"护国运动"。在"护国运动"中,袁世凯军队败北,云南、贵州、广西、广东等省宣布独立。1916 年袁世凯迫于内外压力宣布退位,同年 6 月病殁。袁世凯复辟帝制以及南方战事使得北洋政府中央支出大幅增加,地方军阀倒戈更是使得地方各省解款数目巨幅减少。以 1916 年为例,按照国家财政预算地方各省应向中央解款 4,230 余万元,但各省半年实际解款数目仅 865 万元。〔2〕

除地方解款外,作为北洋政府财政收入的还有中央直接征收的烟酒税、印花税、关税、盐税等,其中关税和盐税在国库收入中所占比重最大。然而,不仅清末,在辛亥革命之后,中国在盐税和关税的征收与保管上仍无自主权,关税和盐税收入始终为外国列强所把持,北洋政府仅能获得些许的关余和盐余。1916 年袁世凯去世后,北洋军阀内部分裂,直系、皖系、奉系、晋系、冯系各派,甚至同一派系中的有力者,纷纷凭借军事实力竞争上位,欲夺取并主宰北洋政府大权。伴随着军阀派系争权斗争的发展,中央财政大权旁落地方各省。各省解款、甚至作为国家财政直接收入的烟酒税、印花税等税收均为地方军

---

〔1〕 参见汪敬虞主编:《中国近代经济史 1895—1927》,人民出版社 2012 年版,第 1404 页。

〔2〕 同上书,第 1410 页。

阀所把持。[1]

关于北洋政府时期的财政收支状况,通过北洋政府各年度国家预算收支表可知,在1913年、1914年、1916年、1919年、1925年这5年的国家财政收支中,除1914年收支有所盈余外,1913年、1919年及1925年财政收支均为赤字,其中1919年财政赤字额最少为0.05亿元,1925年财政赤字则高达1.73亿元,而上述5年间财政收支赤字额在2.4亿元。与国家财政收支赤字形成鲜明对照的是巨大的军事费支出。1913年、1914年、1916年、1919年、1925年财政预算支出中的军事费支出分别为1.73亿元、1.42亿元、1.75亿元、2.17亿元、2.98亿元。其中1914年和1916年军事费支出大概占到本年度财政预算支出的37%以上,1919年和1925年军事费支出则是占到本年度财政预算支出的44%左右(参见表2-1)。无疑,庞大的军事费支出成为北洋政府财政赤字的重要原因。对此,时人多有裁兵之议,而较早提倡裁兵的是曾任北洋政府交通总长和内务总长的朱启钤,他在整理全国计划书中称[2]:

> 民国七年,时全国陆军共一百二十九万人,年支军费二万零九百万元,而边防军四师、西北军四混成旅及七年后添募各军尚不在内。又查历年预算册,军费一项,占全国岁入(连内外各债)总额百分之二十九至五十七。上年军费五倍于全国财政费,二十五倍于司法经费,四十倍于教育经费,八十倍于实业经费。一切要政尽皆废弛,而孜孜焉专务战备。为对外作战耶?则中国现与外国并无战事。为维持国内秩序耶?则军队愈多,地方之秩序愈乱。是不过以国家岁入之半与无数公帑,并典质国家产业,以供各省督军之作威作福,而使全国永呈分裂之象而已。此种政策,可谓之曰:军国主义或普鲁士主义。然德国当欧战之前,其人民所受之牺牲,尚不如中国之甚也。

---

[1] 参见汪敬虞主编:《中国近代经济史 1895—1927》,人民出版社2012年版,第1414页。

[2]《国务院检送整理财政计划说帖致参陆办公处函》,载中国第二历史档案馆编《中国民国史档案资料汇编》(第3辑),江苏古籍出版社1991年版,"财政一",第197页。

表 2-1　北洋政府各年度国家预算收支表(单位:万元)

年度	预算岁入	预算岁出	损益	军事费支出	军事费占预算岁出比(%)
1913	55,703.1236	64,223.6876	−8,520.5640	17,274.7907	26.90
1914	38,250.1188	35,702.4030	+2,547.7158	14,240.0637	39.89
1916	47,283.8584	47,283.8584	0.00	17,546.8949	37.11
1919	49,041.9786	49,576.2888	−534.3102	21,721.1988	43.81
1925	46,164.3740	63,436.1957	−17,271.8217	29,770.3024	46.93

[数据出处:中国第二历史档案馆编:《中国民国史档案资料汇编》(第3辑),江苏古籍出版社 1991 年版,"财政一",第 301—794 页;南满洲铁道株式会社庶务部调查课:《民国财政史》(下编),南满洲铁道株式会社 1926 年版,"附录",第 1—271 页]

　　面对巨大的国家财政赤字,北洋政府想要依靠有限的财政收入与无法到位的地方解款,通过自力方式解决国家财政困局是一个不可能完成的任务,于是大举内外债成为北洋政府弥补国家财政巨大亏空的最终选择。在北洋政府所举内外债中,仅 1913 年的英法德俄日五国善后借款、1916 年美国芝加哥借款以及 1917—1918 年日本西原借款总金额就达 5,800 万英镑[1],而自 1912 年开始发行的国债总额也近 10 亿元。[2] 此外,据 1922 年中央内外债统计显示,财政部内债总额在 4.7 亿元,外债总额在 12.5 亿元;交通部内债总额在 0.82 亿元,外债总额约在 5 亿元;两部内外债合计约为 23 亿元,若连本带息债务总额更是高达 30 亿元以上。[3] 纵使北洋政府债台高筑,但庞大的军事

─────────

〔1〕 参见〔日〕藤原正文:『支那の現状と対策』,東京東洋文庫藏 1924 年版,第 12 頁。

〔2〕 参见金普森、潘国旗:《论近代中国内外债的相互演变》,载《浙江大学学报》2010 年第 4 期,第 78—87 页。

〔3〕 参见《中央内外债概数一览表》,载《交通银行月刊》1923 年第 1 卷第 3 期,"附载类·杂纂",第 56—58 页。

费支出使得北洋政府仍旧无法改变频频出现的财政赤字问题。在此需要注意的是,北洋政府所谓财政收入,是将内外债数额计入后的结果,并非其真实的国库收入,故其财政赤字也并非国家财政亏空的真实数字,难怪日人曾评价民初北洋政府是在"借钱度日"[1]。1919年2月,时任北洋政府财政部总长龚心湛在给总统徐世昌的上呈中,亦深切表明国家财政举步维艰的境遇:

> 伏念现在京外财政实已濒于破产,国家命脉所系,非群策群力,不足以图存,请就中央与各省区现状,再为钧座据实陈之。中央支出,经常军费每月约六百余万元,政费约二百余万元,临时军政各费及应还短期各借款尚不在内,约计仍需八百余万。而每月收入之款,关税既担保债息,解款则纷请截留,所恃以应付者,仅盐余一项,平均每月约得三四百万元。此外,中央直接收入,如烟酒印花官产等项,每月解部者,不及百万,收支相抵,不敷过巨。上年部库无法支持,辄恃短期债款,以资周转。今则因国际关系,无可再借。现拟募集八年公债,以盐务余款作抵,盐余一项又将减少,已属挖肉补疮之计。况公债募集非易,纵令应募足额,亦只敷二三月之用,瞻望前途,何以为继,此中央财政之现状也。各省区近年预算,原报之数,汇总核计,出入相抵,不敷在一万万元以上,而预算外之开支,尚递增不已,追加之案,无月无之不敷,省区无论矣。即夙称有余各省,亦告不敷,应解中央之款,解额虚悬,任催罔应。而烟酒印花等税,本不在本省岁入预算内者,亦请留用,甚或援照不敷各省之例,求助中央。主管财政官吏,百计腾挪,疲于奔命,上月之悬欠未清,下月之追呼又至,财务行政整顿无期,此各省区财政之现状也。[2]

---

[1] 东方通信社调查部:『支那財政難の現状』,東方通信社1922年版,第12页。
[2] 《财政总长龚心湛呈大总统为拟请自本年三月一日起将京外政军各费暂按八成支发文》,载《政府公报》1919年第1102期,"公文",第667—668页。

"民国财政之悲观"

(图片来源:《新闻报》1913年10月3日)

第二节　司法费收支

北洋政府国家财政预算支出项,大致可归类为两项:一为军事费支出;一为政治费支出。政治费支出主要包括外交、内务、司法、教育、农商、交通、财政等项,其中司法费是指司法行政与司法审检等机关之必要费用支出。按照中央和地方的不同,司法费又被具体分为中央司法费与地方司法费,中央司法费是由司法部、大理院、京师审检厅、京师监狱等机关费用构成,地方司法费是由各省各级审检厅、监狱等机关费用构成。

宣统三年(1911年),清政府首次制定颁布了国家财政预算案即《全国岁入岁出预算总表》,在该总表中宣统三年(1911年)的司法费支出预算为库平银672.8万两,约合银元1,000万元,大约占该年度国家岁出预算总额的3.2%。[1] 民国肇建,北洋政府继续筹设并改

---

〔1〕 参见《关于司法经费之核定及概算各事项》,载《司法公报》1915年第34期(临时增刊:司法部三年份办事情形报告),第125页。

组各级审检厅,全国审检厅尤其是地方审检厅和初级审检厅厅数一度有所增加[1],致使民初司法费预算额增长至3,000余万元,后经司法部"详列款项节目,酌为分配,得二千四百四十一万一千四百七十五元",嗣后又经财政部裁减,才将1913年司法费预算确定在1,504.2万元。[2] 司法费预算数额出现较大波动的是在1914年,司法费预算从1913年的1,504.2万元大幅下滑至725.8万元,同1913年相比1914年司法费大约减少了778.4万元,降幅高达51.75%。1916年司法费预算虽有所增长,但涨幅不大。在1919年和1925年国家财政支出预算中,司法费相较之前有大幅增长,而司法费预算的增长是1919年和1925年监狱建设费增加所致。[3] 此外,从司法费在国家财政预算支出中所占比例来看,1913年、1914年、1916年、1919年、1925年这5个年度,分别是2.34%、2.03%、1.98%、2.08%、2.16%,平均值为2.12%。虽然1913年、1919年以及1925年司法费预算数额高于清末宣统三年司法费预算额,但民初各年度司法费在国家财政预算支出中所占比例均低于清末宣统三年(1911年)的3.2%。(参见表2-2)

表2-2 北洋政府司法费支出预算表(单位:万元)

年度	预算岁出	司法费	中央司法费	地方司法费	司法费占预算岁出比(%)
1913	64,223.6876	1,504.2137	174.5028	1,329.7109	2.34
1914	35,702.4030	725.8459	118.3800	607.4659	2.03

---

[1] 王宠惠在《二十五年来中国之司法》一文中称:"民国元年,《法院编制法》虽仍旧制,而各级法院则多增设。是时计有高等地方厅一百二十所,初级厅一百七十九所,设立审检所之县达九百余处。"[参见王宠惠:《二十五年来中国之司法》,载何勤华、李秀清主编:《民国法学论文精萃》(第5卷),法律出版社2004年版,第461页]

[2] 参见《关于司法经费之核定及概算各事项》,载《司法公报》1915年第34期(临时增刊:司法部三年份办事情形报告),第125页。

[3] 参见贾士毅编著:《民国续财政史》(三),商务印书馆1933年版,第187—188页。

(单位:万元)(续表)

年度	预算岁出	司法费	中央司法费	地方司法费	司法费占预算岁出比(%)
1916	47,283.8584	936.5766	136.2676	800.3090	1.98
1919	49,576.2888	1,032.9976	181.7191	851.2785	2.08
1925	63,436.1957	1,371.5211	304.5790	1,066.9421	2.16

[数据出处:中国第二历史档案馆编:《中国民国史档案资料汇编》,江苏古籍出版社 1991 年版,第 3 辑财政(一),第 301—794 页;南满洲铁道株式会社庶务部调查课:《民国财政史》(下编),南满洲铁道株式会社 1926 年版,"附录",第 1—271 页]

从司法费中的中央司法费与地方司法费情况来看,除 1925 年中央司法费增幅较大外,其他年度的中央司法费变化相对稳定,与之相比地方司法费呈现出较大幅度的变化。这表现在,1913 年和 1925 年地方司法费都在 1 亿元以上,而中间的 3 个年度即 1914 年、1916 年及 1919 年却均在 852 万元以下,尤其 1914 年地方司法费仅有 607.5 万元,还不及 1913 年地方司法费预算额的 1/2。若将 1914 年司法费预算额与 1913 年进行比较,可以发现 1914 年相比 1913 年总共减少了 778.4 万元,其中中央司法费减少了 56.1 万元,地方司法费减少了 722.2 万元,地方司法费减少数额占了 1914 年司法费减少总额的 92.8%。(参见表 2-2)1914 年司法费特别是地方司法费预算额巨幅缩减,与国家财政赤字关系密切。因 1913 年国家财政赤字高达 8,520 万元,北洋政府为了抑制国家财政赤字继续增长,开始实行减政主义,制定了一系列紧缩国家各项财政支出的政策,其中就包含大幅缩减司法费支出。而司法费预算额的大幅缩减,事实上是通过裁撤全国各省全部初级审检厅以及近 7 成地方审检厅实现的,这也是地方司法费数额相比中央司法费数额变动剧烈的原因所在。

第三节　司法费整备

如上所述,为了应对民初出现的巨大国家财政赤字,北洋政府制定了"量入为出"的财政政策。而整理财政,开源节流为其原则。于是,北洋政府一方面裁撤全国全部初级审检厅与部分地方审检厅以俭省司法费;另一方面开始整顿司法收入,开拓经费来源,以弥补司法费之不足。"司法一项,从前本无收入,自新律颁布,在刑事上有罚金之规定,在民事上有讼费之规定,始有收入之可言。此项收入,在各承审机关向资以为挹注,而并无成数可稽,第无稽核之法,则婪收匿报诸弊,在所不免,且于审判上,人民之权利,官吏之职务,其事皆息息相关。本部(司法部)于三年间,会同财政部,呈准作为特别会计,固所以弥补不敷,而裕国计,亦正所以剔厘积弊,而清讼源。"[1]

一　审检厅废止与司法费削减

1914 年 5 月,总统袁世凯下达政令:"前据各省都督民政长朱家宝等电请分别裁设各司法机关,暨司法总长章宗祥呈拟各省设厅办法两案,当经先后发交政治会议讨论,兹据该会议并案呈复,据称各省高等审检两厅与省城已设之地方厅照旧设立,商埠地方厅酌量繁简分别去留,其初级各厅以经费人才两俱缺乏,拟请概予废除,归并地方。"[2]自袁世凯政令下达后,全国各省开始裁撤地方与初级各审检厅,据 1915 年司法统计,全国共有 80 所地方审检厅和 135 所初级审

---

[1]《关于整理司法收入及核准各省留用事项》,载《司法公报》1916 年第 61 期(临时增刊:司法部四年度办事情形报告),第 311 页。
[2]《大总统令》,载《政府公报》1914 年第 712 期,"命令",第 1—2 页。

检厅被裁撤。[1] 伴随着地方和初级审检厅的裁撤,被裁撤地方和初级审检厅的司法人员也随之被解职,县一级司法事务改由县知事兼理。以奉天省为例,1912 年全省共设有审检厅各 14 所,其中高等审检厅各 1 所、地方审检厅各 6 所、初级审检厅各 7 所[2],经过 1914 年审检厅的裁撤,奉天省 1915 年时仅留有奉天高等审检厅各 1 所,奉天、营口、安东以及辽阳地方审检厅各 4 所,至于新民和锦州地方审检厅以及奉天、营口、新民、安东、辽阳、锦州等 7 处初级审检厅则全部被裁撤。[3] 在司法费预算上,奉天省 1913 年司法费预算为 75.4 万元,1914 年锐减为 35 万元,司法费被削减了 40.4 万元之多。[4]

不仅是奉天省,全国各省份司法费均被不同程度地削减。而各省司法费预算削减的标准,依据的是财政部 1914 年呈准司法费概算时所确定的数额,即"大省核定为三十五万元、中小省核定为二十余万元或十余万元不等"[5]。因此,纵观表 2-3 中 22 省 1914 年司法费预算额,除奉天省为 45.1 余万元外,其余各省司法费预算额均在 10 余万元至 35 万元之间。奉天省司法费预算额之所以超出 35 万元,是因为其中追加了营口县审理华洋诉讼费和各县监狱费 10.1 万元,若减去该费用,奉天省司法费预算额仍为 35 万元。此外,从司法费预算核减数额来看,广东、江苏、湖北以及直隶 4 省核减的数额最高,其中广东、江苏及湖北均在 60 余万元以上,直隶为 55 万余元,4 省司法费核

---

[1] 参见《京外裁撤初级审检厅一览表》《各省裁并地方审检厅一览表》,载《司法公报》1915 年第 34 期(临时增刊:司法部三年份办事情形报告),第 19—21 页。

[2] 参见《奉天省已/拟设各级审判检察厅一览表》,载《司法公报》1913 年第 6 期,"报告",第 1—2 页。另外,因抚顺地审分厅于 1912 年被归入奉天地审厅,仅留检察官 1 人分驻抚顺县巡警局,故此处未算入。

[3] 参见《京外裁撤初级审检厅一览表》《各省裁并地方审检厅一览表》,载《司法公报》1915 年第 34 期(临时增刊:司法部三年份办事情形报告)第 19—21 页。

[4] 参见《各司法机关改组前后经费比较表》,载《司法公报》1915 年第 34 期(临时增刊:司法部三年份办事情形报告),第 220—221 页。

[5] 《财政总长周自齐司法总长章宗祥呈大总统整顿司法收入暂作为特别会计按期将收入支出汇报财政部及审计处以备查考俟办理就绪再编入普通预算办理文并批》,载《政府公报》1914 年第 739 期,"公文",第 12—14 页。

减幅度均在61%以上。除上述4省之外的其他大多数省份,司法费预算核减数额基本在15万元以上,司法费核减幅度约在40%以上。当然,22省中也有例外情况,如陕西省和贵州省1914年司法费预算额与1913年相比核减数额均未超过0.5万元;甘肃省和新疆省1914年司法费预算额与1913年相比不仅未被削减,反而在1913年司法费预算额基础上略有增加。

表2-3 各审检厅改组前后司法费比较表(单位:万元)

省份	1913年司法费预算	1914年司法费预算	1914与1913司法费增减	1914与1913司法费增减比(%)
直隶	90.1044	35.0000	-55.1044	-61.16
奉天	75.3951	35.0000(原为45.1380万,含追加的审理华洋诉讼费和监狱费)	-40.3951	-53.58
吉林	56.4271	32.0000	-24.4271	-43.29
黑龙江	31.1872	16.0000	-15.1872	-48.70
山东	62.7474	35.0000	-27.7474	-44.22
河南	49.8800	32.0000	-17.8800	-35.85
江苏	99.3866	35.0000	-64.3866	-64.78
安徽	60.5098	26.0000	-34.5098	-57.03
江西	76.1028	32.0000	-44.1028	-58.00
湖南	105.3555	35.0000	-70.3555	-66.78
湖北	99.7726	35.0000	-64.7726	-64.92
福建	36.8567	20.0000	-16.8567	-45.73
浙江	78.0000	35.0000	-43.0000	-55.13
广东	105.3869	35.0000	-70.3869	-66.79

(单位:万元)(续表)

省份	1913年司法费预算	1914年司法费预算	1914与1913司法费增减	1914与1913司法费增减比(%)
广西	27.4047	10.6883	-16.7164	-61.00
山西	79.9220	28.0000	-51.9220	-64.97
陕西	28.4125	28.0000	-0.4125	-1.45
四川	66.7562	35.0000	-31.7562	-47.57
云南	49.1431	22.0000	-27.1431	-55.23
贵州	18.2419	18.0000	-0.2419	-1.33
甘肃	17.8456	20.0000	+2.1535	+12.06
新疆	10.7404	12.1303	+1.3899	+12.94

[数据来源:《各司法机关改组前后经费比较表》,《司法公报》1915年第34期(临时增刊:司法部三年份办事情形报告),第220—226页]

北洋政府时期财政部所确定的地方各省的司法费预算额,事实上并非以地方各省司法费实际支出为基础设定出的数额,而是为了迎合国家财政收入,即根据国家财政收入数额对各省司法费预算额进行调适的结果。这一做法的目的不过是消除纸面赤字,实现表面上的收支平衡,于地方司法费不足问题的解决根本无益。奉天省高等审检厅在1913年11月的上呈中即称,"查原定预算,本省业已迭次核减,均就事实之无可避者,从简规定,并无丝毫浮滥,亦无再可裁减之处",财政部1913年核定司法费预算总数,"较之原数仅得三分之二,割足适履,无可讳言,本厅愧无计划,实不知从何分配,将欲停止机关,而因噎废食,为事势所不能,行将欲再减经费,而水尽山穷,更无着手之余地"[1]。

在1913年财政部裁定的地方司法费预算已不足以应对各省审检

[1]《奉天高等审判、检察厅呈:第三号》,载《奉天公报》1913年第634期,第25—26页。

厅支出时,1914年全国审检厅裁并又带来了司法费预算的大幅削减,地方司法费由此深陷赤字困境,而无力自拔。据《司法公报》所载,自1914年6月至1915年2月为止的8个月中,地方各省司法费收支赤字就已达65万元以上,"至各省概算,刻实撙节,经本部(司法部)核准分配者,除陕西、云南、贵州三省外,事实上无不超过,综计其数,迄今四年二月,已达六十五万余元之多,距会计年度尚有四月,续请追加之数,犹不止此,弥补不足,惟恃司法收入一项"[1]。至1916年和1917年时,司法费预算额虽较前有所增加,但与该年度司法费实际支出数相比,仍旧是入不敷出,1916年和1917年赤字额分别为178.9万元和165.5万元。[2]

《司法公报》

(图片来源:《司法公报》第1期)

---

〔1〕 《关于司法经费之核定及概算各事项》,载《司法公报》1915年第34期(临时增刊:司法部三年份办事情形报告),第125—126页。

〔2〕 参见《关于司法经费之核定及概算各事项》,载《司法公报》1917年第82期[临时增刊:司法部五年度办事情形报告(下)],第229页;《关于司法经费之核定及概算事项》,载《司法公报》1918年第98期[临时增刊:司法部六年度办事情形报告(下)],第249页。

二 司法收入的整理

（一）"特别会计"出台

1914年全国初级审检厅和部分地方审检厅的裁撤，在司法费预算上表现为1914年地方大多数省份司法费预算被削减到1913年司法费预算的4成甚至4成以下。换言之，北洋政府时期各省要求裁撤审检厅的主要理由是地方司法费支绌以及司法人才不足，但事实上审检厅裁撤带来的是北洋政府对司法费的大幅削减，各省司法费支绌的情况并未因为审检厅的裁撤而得到实质性的改善。1914年财政部在核定各省司法费预算时，其核定数额仅包括高等审检厅经费、新旧监狱经费及司法警察经费，其余各项一概删除，且该数额并非根据各省实际司法费支出情况确定，而是一概按照大省每年35万元、中小省每年20万元或10余万元的标准数额进行核定。[1] 如此以财政收入为出发、以财政收支平衡为目的的司法费预算，必然会导致前述中央所定地方司法费预算额不足于各省司法费实际支出的情况。广西、奉天、直隶、陕西等省高等审检厅，就曾先后向袁世凯上呈称司法费不敷，而请求流用定额经费。

地方司法费预算不敷实际支出，并非广西、奉天、直隶、陕西等个别省份的问题，司法部对此也全然知道，"惟查各省应留之审检厅及新旧监狱、司法警察等项，所需经费，照核定之数，无论如何分配，终属不敷，而县知事司法费，亦尚无着"。司法部认为在国库奇绌之时，不能不事先筹划"补救之法"[2]。司法部所言之"补救之法"乃是指"司法收入"。北洋政府成立之初，司法收入未被置于法律规制和会计监察之下，财政部在编制预算时虽将司法收入认定为税外收入之

---

〔1〕参见《财政总长周自齐司法总长章宗祥呈大总统整顿司法收入暂作为特别会计按期将收入支出汇报财政部及审计处以备查考俟办理就绪再编入普通预算办理文并批》，载《政府公报》1914年第739期，"公文"，第12—14页。

〔2〕同上书，第13页。

一种,但"各省呈报数目、汇解现款者,仍属寥寥无几"。在司法部看来,地方各省之所以不将司法收入如数呈报与汇解,原因在于司法收入"未经整顿,无统一之办法"而致"各省征收方法既多纷歧,经收款项或复隐匿"。因此,司法部认为在"现在司法经费照核定之数既属不敷"之时,"惟有将此项司法收入,竭力整顿,以资弥补",并"详订规则,明立程限,随时考察,逐事稽求,以期清厘,而收实效"[1]。

1914年,司法部会同财政部将司法收入正式纳入司法部与财政部共同管理的"特别会计"项,开始了对司法收入进行"化私为公"的改造。自此开始,司法收入成为获得中央认可的弥补司法费赤字的最主要方式。通过表2-4可知,自1916年至1925年的10年间,司法费不敷数额最少的是1917年的165.5万元,最多的是1924年和1925年的333.4万元,10年间司法费平均不敷数额约在253万元。对于如此大的司法费赤字缺口,司法部主要是通过司法收入与其他款项来填补。此外,从表2-4所列数据来看,相比于其他款项的拨补,司法收入留用额成为填补司法费不敷的最主要方式。其中,1919年司法收入留用占该年度司法费不敷数比高达98.59%,就算是占比最少的1920年,其司法收入留用占该年度司法费不敷数比也在74%以上,而1916年至1925年10年间司法收入留用占司法费不敷数比平均在87%以上。由此可见,民初北洋政府时期,经过司法部对司法收入"化私为公"的整顿,司法收入确实成为弥补当时司法费不敷的最有效方式。

表2-4 司法费收支与司法收入表(单位:万元)

年度\类别	不敷数	司法收入项下留用	其他项下拨补	司法收入留用占不敷数比(%)
1916	178.9233	143.9504	34.9729	80.45

---

〔1〕《财政总长周自齐司法总长章宗祥呈大总统整顿司法收入暂作为特别会计按期将收入支出汇报财政部及审计处以备查考俟办理就绪再编入普通预算办理文并批》,载《政府公报》1914年第739期,"公文",第13页。

(单位:万元)(续表)

类别 年度	不敷数	司法收入 项下留用	其他项下 拨补	司法收入留用 占不敷数比(%)
1917	165.5308	152.2404	13.2904	91.97
1918	191.3141	172.4137	18.9004	90.12
1919	179.7838	177.2474	2.5364	98.59
1920	301.2846	224.6255	76.6591	74.55
1921	257.0332	194.3969	62.6363	75.63
1922	257.0332	194.3969	62.6363	75.63
1923	331.9353	320.7285	11.2068	96.62
1924	333.4221	321.4285	11.9936	96.40
1925	333.4221	321.4285	11.9936	96.40

[数据来源:《关于司法经费之核定及概算事项》(1922年后,该表格名称修改为"关于司法经费的核定及预算事项"),载《司法公报》1917年第78期,第234页;1918年第98期,第257页;1919年第110期,第225页;1921年第134期,第216页;1922年第163期,第222页;1923年第182期,第430页;1924年第196期,第346页;1925年第213期,第197页;1925年第215期,第211页;1928年第248期,第168页]

(二)司法收入各项

1914年,司法部会同财政部在将司法收入纳入"特别会计"的同时,还暂定了《特别会计整理分配办法》,作为司法收入"化私为公"的依据。该办法规定,"一诉讼费,拟改用特种印花,本部前已印成,拟即分别发售,应纳讼费若干,即贴印花若干,以防经收隐匿之弊,发售章程,由本部另行厘订";"二罚金赃款,拟分别核计,由审判厅科罚没收者,归各省高等厅汇解本部,由各县知事科罚没收者,准其截留自用,由省长分配,作为县署司法费,以补助其所不足,惟须由本部另订稽核规则,以杜冒滥";"三状纸,查向章状纸由部制造发售,其售得之款,以五成解部,五成截留自用,现拟无论审检厅或县知事,一律查照向章办理"。对于上述款项的用途,司法部称,"以上各种收入,除县知事截留自用外,均经由各省高等厅,汇解本部,以补额定经费之不足"。至于司法收入的性质,司法部认为司法收入是"由整理所得,当作为新增之款",各省应按照财政部核定之额照数发给,而不能将司法收入"在额定经费内扣除",司法收入由司法部直接稽核并另订专章规制。[1]

北洋政府时期的司法收入,具体包括状纸费、诉讼费、罚金、没收所得、不动产登记费等,其中又以状纸费、诉讼费及罚金为主。

1. 状纸费

北洋政府成立之初,司法部对于状纸与状纸费是延续前清办法还是重新规制并无头绪,只好一面令各省查核状况,一面以"国体变更,司法尤宜统一"为由,要求各省继续使用前清印制状纸,并照旧额征收状纸费。[2] 不过,当时也有一些省份未按照司法部照旧额征收状纸费的要求,而是自行订立了状纸费的征收标准。如浙江省因各县"定价之外任意增加"状纸印刷费,而将状纸费统一定价为洋一角,并要求发售处在每件状纸中扣存洋一分五厘作为状纸印刷费[3];福建省在光复后则是"特别定价","比照前清加收几及一倍"的状纸费。[4]

1914年,司法部饬令各省开始整顿状纸费。在饬令中,司法部首先言明,各省高等审检厅应按照规定,将状纸费收入中的五成解送司法部,"作为刊印状面之资"。对于未将状纸费解部的省份,司法部提出了质责:"除山东一省,届清届款,已由部核奖外,余如直隶、奉天、河南、湖北、山西、广东、福建、陕西诸省,亦尚陆续报解。惟积欠甚

---

[1] 参见《财政总长周自齐司法总长章宗祥呈大总统整顿司法收入暂作为特别会计按期将收入支出汇报财政部及审计处以备查俟办理就绪再编入普通预算办理文并批》,载《政府公报》1914年第739期,"公文",第13—14页。

[2] 参见《都督蒋咨司法部据提法司呈诉讼状纸及征收状面费文》,载《浙江公报》1912年第193期,"文牍",第7页。另可参见《致武昌高审厅民事状纸暂照旧办理电》,载《司法公报》1914年第2年第4号,"公牍",第46页。

[3] 参见《浙江提法司通令规定诉讼状纸费文》,载《浙江公报》1912年第125期,"法令·文牍",第5—6页。

[4] 参见《状纸费实行照部定》,载《时报》1914年3月9日。

多,至江苏、浙江、江西、安徽以及其他各省,有历久未经领用者,即已领之状面,亦分文未解,长此拖欠,尚复成何事体",在责问的同时,司法部要求各省高等审检厅在领用状纸时,必须将状纸费按次汇解司法部。[1] 在司法部的催征之下,状纸费未解部省份不得不有所举动,如浙江高等审判厅厅长范贤方在司法部催促下,备洋 3 万元,作为浙江自独立以来截留的状纸费解送司法部。[2] 除各审检厅外,司法部规定未设审检厅各县也须使用诉讼状纸。1914 年 4 月《县知事审理诉讼暂行章程》颁行,该章程第 14 条规定:"前二条诉状及其他诉讼状纸,由各省高等检察厅准用推广,诉讼状纸通行章程颁发各县,一体照办。"[3] 同年 5 月,司法部训令各省高等审检厅,要求各县须用司法部发行状纸,不准自行仿造或使用非部颁各种状纸。[4] 对于司法部的训令,各省高等审检厅不敢怠慢,一面饬令各县销毁非司法部颁行的诉讼状纸[5],严禁私制诉讼状纸出售[6];一面严厉打击各县违反规定擅自使用自制诉讼状纸的行为。福建省就对莆田县知事宁云汉私用旧式状纸违章收费的行为,予以了惩戒[7];安徽省则对霍邱县知事不用司法部颁行状纸的行为予以了严行禁革的处分。[8] 在地方大力推行部颁状纸的同时,对于人民呈诉不用法定状

---

[1] 参见《饬各省高审检厅领用状面须将状费按次解部文》,载《司法公报》1914 年第 2 年第 11 号,"令饬"(部饬),第 12—13 页。

[2] 参见《杭州快信》,载《时报》1916 年 9 月 3 日。

[3] 《县知事审理诉讼暂行章程》,载《司法公报》1914 年第 2 年第 7 号,"法规",第 6 页。

[4] 参见《通饬各县缴毁非部颁状纸不准再行沿用》,载《江苏省公报》1914 年第 352 期,"饬",第 11 页。

[5] 同上注。

[6] 参见《遵照部咨不得私制状纸售用》,载《江苏省公报》1916 年第 821 期,"饬",第 3 页。

[7] 参见《咨福建巡按使将莆田县知事宁云汉私用旧式状纸违章收费一案依法惩戒文》,载《司法公报》1914 年第 11 期,"公牍(咨文)",第 11—15 页。

[8] 参见《饬据高等审判厅详请通饬各县遵用部颁状纸并解状费由》,载《安徽公报》1915 年第 103 期,"本省公文",第 10—11 页。

纸的情况,也进一步明确地方对于此类案件概不得受理。[1]

2. 诉讼费

民国成立之初,诉讼费征收,主要依据的是清末制定的《各级审判厅试办章程》。1913年11月北洋政府颁布了《民事诉讼费用征收规则》,该规则是在参考《各级审判厅试办章程》基础上制定而成。该规则第1条规定:"本规则依《审判厅试办章程》第八十七条、第八十八条、第九十条征收诉讼费用时适用之,各省诉讼费用依补订试办章程第六项有增减时,其征收程序,仍依本规则办理。"[2]《民事诉讼费用征收规则》是关于诉讼费用征收程序的规定,也是北洋政府为后期法律正式制定所做的铺垫,"法律由事实而生,必使现在事实与将来法律渐相接近,而后法规公布,始可便于实行,《诉讼费用征收规则》固审判厅会计规则之椎轮,亦半为民事诉讼用印纸法之先导"[3]。不过,《民事诉讼费用征收规则》对于一审以外其他审级是否征收诉讼费的问题,未作出明确规定。直到司法部在1913年11月给各省高等审判厅的训令中提出:"查民事裁判,各国均取有偿主义,日本征收诉讼费用,第二审较第一审加收半额,第三审较第一审加倍征收。现行《各级审判厅试办章程》第八十七、八十八条所定数目,不因审级而异,本极轻微,闻京外向来有只由第一审征收,余皆不问者,既长人民之滥诉,又损国家之岁入,殊属不合。此后无论何级上诉,均须照章,各别征收一次。"[4]但因无法可依,一审之外其他审级诉讼费的征收未能真正施行,直至1914年4月大理院颁布了《大理院民事诉讼费则例》。《大理院民事诉讼费则例》原本仅适用于大理院审理的案件[5],但司法部在1914年10月发布的《征收诉讼费用通

---

[1] 参见《呈诉须用法定状纸》,载《新闻报》1914年6月10日。
[2] 《民事诉讼费用征收规则》,《政府公报》1913年第544期,"命令",第15页。
[3] 《司法部训令第四百六十八号》,载《政府公报》1913年第544期,"命令",第14—15页。
[4] 同上注。
[5] 参见《大理院民事诉讼则例》,载司法部参事厅编:《司法例规》(上),司法部1917年版,第733页。

饬》中明确称:"凡有声请再审、声明抗告或再抗告、声明窒碍、声请回复原状者,均暂照《大理院民事讼费则例》第二条所定各款数目征收费用。"〔1〕由此,各省高等审判厅除第一审审理征收诉讼费外,第一审以外其他审级在办理声请再审、声明抗告或再抗告、声明窒碍、声请回复原状案件时,亦须依法征收诉讼费。

除民事案件外,北洋政府对刑事案件诉讼费的征收也有所规定。民国成立之初,各省经都督核准及临时省议会议定无论民刑案件一律收取钱 5,000 文。司法部对此于 1914 年下令各省称:"现行审判厅章程刑事无收费明文,所有临时省议会议定收费办法,均应取消。"自此,北洋政府不再对刑事案件征收审判费,但刑事案件证人日用、旅费等费用仍须由被告先行支付。〔2〕 1922 年司法部制定公布了《刑事诉讼费用负担准则》,该准则第 1 条规定,"谕知科刑之被告,应负担诉讼费用规则第十三条至第十六条规定之费用",即按照该规定,刑事被告人应承担登载官报新闻纸费、邮费、电信费、运送费、证人到庭费、鉴定人到庭费、通译到庭费以及法院推事和书记官外出调查证据旅费。〔3〕 1923 年,大理院在司法解释中亦再次表明,证人到庭费、鉴定人到庭费以及通译费均为刑事被告人应承担之诉讼费用。〔4〕

在诉讼费的征收上,除审判厅依法征收外,兼理司法县知事亦须依照《县知事审理诉讼暂行章程》规定征收,对于沿用旧习陋规不改者,司法部"随时严密查禁,以维法纪"〔5〕。其中,福建省莆田县知事

---

〔1〕《征收诉讼费用通饬》,载司法部参事厅编:《司法例规》(上),司法部 1917 年版,第 728 页。

〔2〕参见《复贵州高等审检厅刑事不收讼费及证人征收讼费办法电》,载《司法公报》1914 年第 2 年第 6 号,"公牍(公电)",第 28—29 页。

〔3〕参见《刑事诉讼费用负担准则》,载《政府公报》1922 年第 2342 期,"命令",第 5—6 页。

〔4〕参见《解释科刑被告负担讼费之界限函》,载《司法公报》1923 年第 180 期,"例规·会计",第 39—40 页。

〔5〕《司法部饬知事兼理司法其发售状纸征收讼费均应遵照定章文》,载《政府公报分类汇编》1915 年第 17 期,"司法下",第 5—6 页。

就因违章征收诉讼费,而被依法惩戒。1914年,福建巡按使接到福建公立法政专门学校学生莆田县关景龙上呈,关景龙在上呈中称:莆田县知事宁云汉"于部颁状纸概置不用,只用旧式呈纸,每张售卖八片",并收取"递呈费每张十二角、代书盖戳二角","讼费概不照章,差勇警队下乡,每人夫价三四元或一二元,委员则四五十元或二三十元。此外,复有跟人随封及棹房土勇开费;至委员差役禀复,则有禀复礼,其价不等;又堂讯礼,直堂房八角、堂事二爷七角、护勇四角、茶役四角、油烛二角、记供二角、书记生出票礼四角;若遇派委,加办文礼四角"。经福建省高等审判厅书记官刘书藜等前往该县查证,证实"莆田县学生关景龙控称该县知事宁云汉各节,除呈纸价目,据查稍有不同,又堂讯时,护勇等费未据详查报告外,其他各项大致相符",而"该县人民诉讼,除讼费另议外,其各项规费,少者须一二十元,而多者且数十百元不等"。对于莆田县知事宁云汉行为,司法部认为,"该知事何得私用旧式呈纸,并于定章之外巧立名目,任意需索,显干例禁","查照《县知事惩戒条例》第六条第四项及同条例第十条之规定,酌予惩戒"[1]。

关于诉讼费金额,北洋政府最初是按照清末《各级审判厅试办章程》规定的金额来征收的。根据《各级审判厅试办章程》第87条规定,民事因财产权起诉的案件,其诉讼费是依照诉讼标的物价值征收,诉讼费征收比例为诉讼标的物价值的3%。[2] 1913年颁行的《民事诉讼费用征收规则》延续了这一规定,其第4条规定:"诉讼物价值,原依铜币或银币起算者,依《审判厅试办章程》第八十七条,用比例算法征收之。"[3] 1921年2月公布的《修正诉讼费用规则》则对以

---

[1]《咨福建巡按使将莆田县知事宁云汉私用旧式状纸违章收费一案依法惩戒文》,载《司法公报》1914年第2年第11号,"公牍(咨文)",第11—15页。
[2] 参见《法部奏各级审判厅试办章程》,载《北洋法政学报》1907年第51期,第20—21页。
[3]《民事诉讼费用征收规则》,载《政府公报》1913年第544期,"命令",第15页。

往诉讼费征收规则作出了修正。该规则首先将诉讼费明确划分为审判费、执行费、抄录费以及送达费四种,并在第 2 条中规定了民事因财产权起诉案件应依据诉讼物金额或价额征收审判费,而其所定的征收比例与《各级审判厅试办章程》规定的基本相同。[1](参见表 2-5)至于民事非因财产起诉案件,《各级审判厅试办章程》第 88 条规定是"照百两以下之数目征收诉讼费用"[2],而《修正诉讼费用规则》第 3 条规定是按照 75 元以上 100 元未满来征收,对于"非财产权之诉并为财产权之请求"且请求金额在 100 元以上者,《修正诉讼费用规则》规定是按照诉讼标的物金额或价额征收审判费。[3] 此外,对于声请或声明,即声明抗告或再抗告、声明窒碍、声请回复原状等,按照《修正诉讼费用规则》第 7 条规定,征收审判费 1 元。[4]

表 2-5 《修正诉讼费用规则》审判费征收标准表(单位:元)

诉讼物标的额	征收额数	诉讼物标的额	征收额数	诉讼物标的额	征收额数
10 元未满	0.3	300 元以上 400 元未满	10	1,000 以上 2,000 元未满	25
10 元以上 25 元未满	0.6	400 元以上 500 元未满	12	2,000 元以上 4,000 元未满	32
25 元以上 50 元未满	1.5	500 元以上 600 元未满	14	4,000 元以上 6,000 元未满	42
50 元以上 75 元未满	2.2	600 元以上 700 元未满	16	6,000 元以上 8,000 元未满	55

---

[1] 参见《修正诉讼费用规则》,载《上海律师公会报告书》1921 年第 1 期,"法令",第 49—50 页。

[2] 《法部奏各级审判厅试办章程》,载《北洋法政学报》1907 年第 51 期,第 21—22 页。

[3] 参见《修正诉讼费用规则》,载《上海律师公会报告书》1921 年第 1 期,"法令",第 50 页。

[4] 同上书,第 50—51 页。

(单位:元)(续表)

诉讼物标的额	征收额数	诉讼物标的额	征收额数	诉讼物标的额	征收额数
75元以上100元未满	3	700元以上800元未满	18	8,000元以上10,000元以下	70
100元以上200元未满	6	800元以上900元未满	20	超过万元	每千元加3元,不满千元按千元计算
200元以上300元未满	8	900元以上1,000元未满	22		

除审判费外,《修正诉讼费用规则》规定的诉讼费还包括执行费、抄录费及送达费三种。执行费,是指民事强制执行所缴纳的费用。该费用征收以执行标的拍卖金额为依据,征收标准包括25元未满、25元以上50元未满、50元以上100元未满、100元以上250元未满、250元以上500元未满、500元以上1,000元以下以及超过1,000元7个等差。征收金额从最少0.3元,依次为0.5元、1元、1.8元、2.5元、3.5元,金额超过千元的按每千元加收1.5元,不满千元按千元计算。抄录费,为民事当事人或刑事被告人及诉讼利害关系人请求抄给案卷应征收的费用。抄录费是按照每百字连纸征收银币0.1元,不满百字按百字计算。送达费,为民事送达判词、传票及其他相关诉讼文书而向当事人收取的费用。送达费每件征收银币1角,但送达距离在10里以外的,每5里加收银币0.05元;不能在1日内往返者,每日再另收食宿费0.5元和舟车实费;由邮政送达的则按邮费征收。[1]

在诉讼费征收方式上,1913年《民事诉讼费用征收规则》第5条和第6条对此进行了规定。各审判厅收发处收诉状时,由书记官"依诉讼物价值,照章算定应收数目,发征收通知单,令起诉人自赴收费处照纳,收费处照收诉讼费用后,即交付领收证于纳费人,并发领收通知

---

[1] 参见《修正诉讼费用规则》,载《上海律师公会报告书》1921年第1期,"法令",第49—51页。

单交纳费人自送收发处",收发处收到领收通知单后,"于该诉状表面上端,钤盖收费戳记,记明所收数目,各项通知单,均须保存备查"〔1〕。1914年6月,北洋政府制定了《民事诉讼书状帖用印纸办法》,诉讼印纸经在京师试办数月无窒碍后,司法部于1915年又制定了《发售民事诉讼印纸章程》,以便全国推广。根据《发售民事诉讼印纸章程》第1条,即"凡民事诉讼当事人,除购买状纸外,依现行各规章,应另缴讼费者,均照应缴额数购买印纸,黏贴于状面或书面"以及第2条"诉讼印纸由司法部颁发"的规定可知〔2〕,1915年讼费征收由原来的各审判厅直接征收的方式改为了由当事人购买司法部颁发印纸的方式。司法部做此改变,目的是防止地方"经收隐匿之弊"〔3〕。为了将司法印纸售卖与司法衙门做进一步的分离,1922年6月司法部公布了《司法印纸规则施行细则》,其中第3条规定司法印纸"由司法部委托邮政总局发售"。对此,司法部在同年7月公布的《贴用司法印纸办法文》中解释道:"诉讼费用贴用诉讼印纸,数年来均由司法衙门发售。本年八月一日以后,诉讼印纸改称司法印纸,并改由距离司法衙门最近之邮政局发售……此项印纸,当事人可径赴距离司法衙门最近之邮局购用,并不必定须先经司法衙门核算,始能赴局购贴。惟当事人如于应贴之司法印纸额数有不明了时,亦可向该管司法衙门请求,按应贴数目核算注明,交由当事人自赴邮局购贴。"〔4〕然而,司法部将印纸改由邮局贩卖的举措,遭到了律师公会的抗议。律师公会称:"所有司法印纸,改归邮政局发售后,民刑诉讼当事人,颇感不便,因邮局距离地方厅甚远,购贴印纸往返需时,且现在夏令,两厅办

---

〔1〕《民事诉讼费用征收规则》,载《政府公报》1913年第544期,"命令",第15页。

〔2〕参见《推行民事诉讼印纸文》,载《司法公报》1915年第46期,"例规·会计",第107页。

〔3〕《关于推行诉讼印纸事项》,载《司法公报》1916年第61期(临时增刊:司法部四年度办事情形报告),第331页。

〔4〕《司法部快邮代电(第一四〇六号):令总检察厅长京师高等地方审检厅长贴用司法印纸布告》,载《政府公报》1922年第2304期,"公电",第21页。

公时间,仅止半日,至十二时即停止收状……现闻律师公会各会员,佥以此种办法,窒碍颇多,业已提出理由,要求会长呈请法庭报部,将该办法略予变更,以保当事人之权利,而谋诉讼之便利。"[1]事实上,邮局售卖司法印纸仅试办了3个月,即因"拨款困难诸多窒碍","遂于试办期满后停办"[2],北洋政府也于1922年10月下令全国,司法印纸暂缓由邮局代售[3],而仍由各审判厅继续征收。

3. 罚金

关于罚金,北洋政府时期是在判决确定时按照判词内依律所定罚金金额征收。[4] 因清末法部只规定每县以定额100两解部,未要求地方上报罚金数额,故清末各县罚金科处之多寡无从知晓。而"新刑律颁行,罚金刑范围更广,数额亦复加多",于是北洋政府一面制定月报和季报册式,要求地方报备罚金收入;一面"参酌外省情形,于整理司法收入规则中规定,凡由各级厅征收者,一律解部,由县知事征收者,一律准其留用"[5]。

不过,对于烟赌案件,其罚金征收有所不同。1914年内务部和司法部在联合给各省民政长下发的训令中称:"当兹严禁烟赌之时,各该员办事勤劳,自应酌给赏金,以资鼓励,乃以各处办法不一,致行政司法两界,辄因筹拨此项赏金,发生争议,纷纷呈部请示,不有专章,曷资遵守。"于是,就在同年颁布了《烟案罚金及赌案没收钱财充赏办法》。[6]《烟案罚金及赌案没收钱财充赏办法》第1条规定:"京外行

---

[1]《诉讼印纸新章之抗议声》,载《新闻报》1922年8月16日。

[2]《关于整理司法收入及核准各省区留用事项》,载《司法公报》1924年第196期[临时增刊:司法部十一年份办事情形报告(下册)],第347页。

[3] 参见《令司法次长暂行代理部务石志泉:呈拟将司法印纸暂缓由邮政局代售请鉴核由》,载《政府公报》1922年第2388期,"命令",第1页。

[4] 参见《批京师地检厅详定罚金银两办法由》,载《司法公报》1914年第3年第1号,"刑事",第6页。

[5]《关于整理司法收入事项》,载《司法公报》1915年第34期(临时增刊:司法部三年份办事情形报告),第227—228页。

[6] 参见《内务司法两部训令各省民政长顺天府尹各省规定烟案罚金及赌博没收钱财办法文》,载《政府公报分类汇编》1915年第39期,"禁烟"第33页。

政衙门破获烟案赌案,须将律应没收财物,随案送交该管司法衙门,各该行政衙门不得自行截留。"第2条规定:"烟案之处罚金者或赌案之有没收钱财者,得以该罚金之一部或该钱财之全部或一部,赏给发觉各该案之警察等行政人员。"[1]根据上述两条规定可知,烟赌罚金的一部是作为奖赏金奖励给警察等行政人员,并非全部纳入司法部或各县司法收入之中。

除烟赌案件罚金外,对于印花税罚金也有特殊规定。1915年颁行的《印花税法罚金执行规则》第2条规定,"不依法贴用印花之契约簿据,于警察官厅检查时发觉及巡官长警平时纠发或人民告发,应由警察官厅依照《修正印花税法》第六第八两条,处以相当之罚金;如于诉讼时发现者,由审检厅及兼理司法县知事,依法处罚";第5条规定,"警察官厅所收罚金,准其留用四成,补助该官厅公费,其由巡官长警纠发者,另以二成酬给巡官长警,由人告发者,另以五成奖给原告发人。审检厅及兼理司法县知事,于审理诉讼时,遇有告发不依法贴用印花事项,其奖给办法得照前条办理";至于第6条和第7条则是规定了印花税罚金的去向,即警察厅所收罚金,除扣提四成公费及酬奖数目外,解由财政厅汇解财政部,审检厅或兼理司法县知事所收罚金,则依据司法收入各规则解司法部或留用各县。[2] 依据上述规定可知,司法部和各县知事仅能在诉讼审理时,对当事人未贴印纸的行为施以印花税罚金的处罚,也只有此部分罚金才可纳入司法收入之中,至于警察厅征收的其他印花税罚金是归警察厅和财政部所有。

4. 其他司法收入

没收。没收是指没收款项与没收物品的卖得金。"赃物赃款旧律纂订綦详","自新刑律颁行,此项办法失所依据,此项钱物并归废

---

[1]《烟案罚金及赌案没收钱财充赏办法》,载《司法公报》1914年第2年第9号,"法规",第40页。

[2]参见《印花税法罚金执行规则》,载《司法公报》1915年第29期,"例规",第65—66页。

弃",于是1914年司法部颁布了《处分没收物品规则》。[1] 按照该规则规定,没收物品除违禁物应销毁或送主管衙门处分外,其余没收物品由各衙门每年拍卖一次,拍卖没收物品所得款项即赃款与罚金同一办法,由各审判厅没收的,归高等审判厅汇解至司法部,由县知事没收的则留用各县。[2]

不动产登记费。不动产登记费最先在奉天、吉林省试办[3],后逐渐于全国推广。但最初在全国推广过程中并不顺利,如四川在推行不动产登记费时,"人民多谓此次开办不动产登记,系公家括取民财之一种方法","并谓登记系调查民间财产手段,如果遵照登记,将来他事发生,即有全数充公之虑;或谓实行登记,嗣后政府筹募捐款,即便按产摊捐;又谓登记未经议会议决,万难实行,不久仍将停办"[4]。为了推广登记费,司法部遂"订有分期实行次序呈报,并编订各种规则通令,有案复严加考核",登记费征收数额才"渐见增加",有所起色。[5] 1922年,北洋政府颁布了《不动产登记条例》,各法院将该条例"编成白话,分给居民","于是社会上咸晓然于登记一项,与人民物权债权有莫大之利益,因之声请渐见踊跃"[6]。然而,对地方而言登记费收入仍难以缓解司法费困窘,山东省更有筹议增收房产登记费。"山东高检厅长邱任元,以各县对于房产登记,虽已实行,而按照司法部定章千分之五收费,未免太轻,且各县对于此事,亦多敷衍,故去岁

---

[1] 参见《关于整理司法收入事项》,载《司法公报》1915年第34期(临时增刊:司法部三年份办事情形报告),第229页。
[2] 参见《没收物品处分规则》,载《司法公报》1914年第2年第8号,"法规",第3页。
[3] 参见《关于整理司法收入及核准各省区留用事项》,载《司法公报》1922年第163期[临时增刊:司法部九年份办事情形报告(下册)],第223页。
[4] 《征收不动产登记费之阻力》,载《时报》1920年5月4日。
[5] 参见《关于整理司法收入及核准各省区留用事项》,载《司法公报》1924年第196期[临时增刊:司法部十一年份办事情形报告(下册)],第347页。
[6] 《关于整理司法收入及核准各省区留用事项》,载《司法公报》1925年第213期[临时增刊:司法部十二年份办事情形报告(下册)],第199页。

全年仅收洋三千余元,以之扩充模范监狱及改良司法,实甚不敷……兹闻司法界同人(仁)曾开会讨论进行办法,其讨论结果,拟将山东与各省之特别情形呈报司法部,将千分之五之登记费改为百分之二,并训令各县知事厅行登记办法,如有隐匿不报及价目不实者,即取消其法律保障,将来发生诉讼,即有旧红契者亦不足为凭,如此办法,不特可增收千分之十五,且在第一年内必可得一宗巨款。"[1]

(三) 司法收入增收

1. 状纸费的加征

1918年,时任司法总长朱深呈奏大总统,要求将京师民事诉讼费及各种状纸酌予加征,以筹建模范看守所。朱深在呈奏中称,"京师地面人口繁众,狱讼孔多",从前建有模范监狱一处,"惟监狱系收容已经判决人犯,其未经判决而尚待审讯及京兆所辖二十县之上诉控诉应讯人犯,必须设所管收。现在地方厅看守所,仅于厅内划出一隅,聊资备用,实有屋窄人稠之患,每届夏令疾疫传染,清洁无方,该所非监狱可比,而设备转有不周,殊非保护人权之道,改良建筑,实不容视为缓……但经费无着,筹措维艰,再四思维,只有就民事诉讼费及各种状纸费酌予加征"。其中,涉及状纸费加征的为民事和刑事各4种状纸,即诉状、辩诉状、上诉状及委任状,至于和解状、领状、交状、结状、限状及保状保持原价未变;就状纸费增加额度而言,民事3种状纸(诉状、辩诉状、上诉状)由原来定价铜元20枚增加至40枚,民事委任状由原来20枚增加至30枚,刑事4种状纸全部由原来定价的铜元16枚增加到20枚。[2] 不仅京师,江苏省因该省监狱"人犯日多,口粮支出有加无已,司法收入供不敷求",而呈请于状纸费之上额外加征。[3]

1923年,北洋政府颁布了《诉讼状纸规则》,该规定将诉讼状纸分

---

[1] 《增加房产登记费之筹议》,载《时报》1925年9月11日。

[2] 参见《司法总长朱深呈大总统为建筑模范看守所经费无着拟将京师民事诉讼费及各种状纸酌予加征文》,载《政府公报》1918年第1005期,"公文",第14—16页。

[3] 参见《状纸增价之照准》,载《时报》1918年10月29日。

为16种,分别是民事和刑事各5种状纸(诉状、辩诉状、上诉状、抗告状、委任状)以及限状、交状、领状、保状、结状、和解状。其中,民事5种状纸各为3角,刑事5种状纸各为2角,限状与交状各为1角,领状、保状、结状、和解状各为3角。[1] 在《诉讼状纸规则》公布不久,京师高等审检厅即呈请中央,请求准许其依照之前做法加征状纸费,司法部对于京师高等审检厅所请予以核准,"所拟状纸加征各办法,尚无不合,应予准行"。京师高等审检厅由此将民事5种状纸,在法定3角的基础上又增加了3角共为6角,将刑事5种状纸在法定2角之上又增加了1角共为3角,将和解状在法定3角之上增加了1角共为4角,其余的5种状纸则仍照法定原价未予以增加。[2] 继京师高等审检厅之后,山东高等审检厅也拟请加征状纸费,"鲁省财政甚形困难,省库收入除充作军费外,几无余款可作别用","此次梅检察长来京,闻以筹划司法经费为其主要任务之一,其所拟办法,在增加诉讼状纸费"[3]。加征状纸费最初只是京师、山东等一些省份为解决司法费支绌而采用的救济之方,但1924年总检察厅受命于司法部派员考察完各地司法费情况后,认为加征状纸费乃"取之当事人为数甚微,而于整顿司法、保障人权,收效甚巨",司法部由此决定将状纸费加征办法通行全国。[4]

2. 诉讼费的加征与征收

诉讼费与状纸费相同,北洋政府允许诉讼费在法定诉讼费金额之上额外加征,其加征额度为不超过法定诉讼费原额的5/10。将诉讼费加征额度限定在诉讼费原额的5/10,最早是规定在清末宣统元年(1909年)颁布的《各省城商埠各级审判厅筹办事宜》之中。[5] 民

---

[1] 参见《诉讼状纸规则》,载《政府公报》1923年第2620期,"命令",第6—8页。
[2] 参见《京师法院实行增加诉讼状纸价目》,载《法律周刊》1923年第8期,"国内法律及法院新闻",第12页。
[3] 《鲁省法院拟请增加诉讼状纸费》,载《法律评论》1923年第11期,第8页。
[4] 参见《令加征状纸费》,载《时报》1924年6月20日。
[5] 参见《重刊补订高等以下各级审判厅试办章程》,载《法政杂志(上海)》1915年第10期,"事件",第110页。

初，北洋政府延续了该规定，司法部于 1914 年最先批准江苏和奉天两省按照"法定价照章加收十分之四"先行试办[1]，湖北省于翌年亦获得批准按照 5/10 加征诉讼费。[2] 同上述三省相比，浙江省诉讼费加征额度最小，仅加征诉讼费原额的 2/10。[3] 可见，各省诉讼费加征比例，多是视地方情况而定，并非整齐划一。

1920 年北洋政府颁布的《诉讼费用规则》，延续了诉讼费加征不超过原额 5/10 的标准，同时规定上诉审即控告案件和上告案件是按照第一审征收数额征收审判费。[4] 不过，1921 年颁布的《修正诉讼费用规则》对这一规定做出了变更。《修正诉讼费用规则》第 5 条规定，"民事控告审判费用，应按第一审征收之数加征十分之四，上告应加征十分之六，于案件发还更审后，再行控告或上告者，亦同"，控告审和上告审案件自此开始了审判费的加征。[5]

除对诉讼费加征外，北洋政府还格外重视诉讼费的征收到位。司法部在 1914 年《征收诉讼费用通饬》中对诉讼费征收作用解释有二：一为"防人民之滥讼"；二为"政费之补助"[6]。不过，相比于"防人民之滥讼"，司法部更加重视诉讼费作为"政费之补助"的作用，这首先体现在诉讼费的预征与返还上。

北洋政府成立之初，诉讼费征收以清末颁布的《各级审判厅试办章程》为依据进行，该章程第 86 条规定："凡诉讼费用除随时征收者外，其余于本案完结宣示判词后，综覈其数，限期征收之，但实系无力

---

[1] 参见《江苏巡按使公署饬第四百八十四号：遵照司法会议拟定状费讼费加征办法先行试办》，载《江苏省公报》1914 年第 272 期，"本省省令·民政"，第 11 页。

[2] 参见《所拟增收讼费五成应准照行电》，载司法部参事厅编：《司法例规》（上），司法部 1917 年版，第 752—753 页。

[3] 参见《杭州快信》，载《时报》1918 年 1 月 19 日。

[4] 参见《司法总长朱深呈大总统厘订状费讼费各规则缮单呈请鉴核文》，载《政府公报》1920 年第 1587 期，"公文"，第 10—11 页。

[5] 参见《修正诉讼费用规则》，载《上海律师公会报告书》1921 年第 1 期，"法令"，第 50 页。

[6] 《征收诉讼费用通饬》，载司法部参事厅编：《司法例规》（上），司法部 1917 年版，第 728 页。

呈缴者,准其呈请审判厅酌量减免。"[1]按照该规定,当事人可在案件判决宣示后缴纳诉讼费,无须预先缴纳。然而,民初各省在征收诉讼费过程中却极感困难。这是因为案件当事人或是住址迁移[2],或是"借口于上诉尚未完结"[3],或是"以定章有因贫免缴之语"[4],而多不按期缴纳诉讼费用。如江苏省1915年1个月内的实际征收的诉讼费仅为应收数的2/10。[5] 地方诉讼费无法征收到位,直接影响到司法部的司法收入,故司法部在1913年10月饬令中将《各级审判厅试办章程》第86条解释为该条文"本有随时征收之规定",从而要求各省在收受诉状时即向起诉人征收诉讼费,并规定:"如未经缴纳或缴不足额,其诉讼毋庸受理。"[6]1913年11月,司法部颁布了《民事诉讼费用征收规则》,该规则第3条规定:"当事人递诉状时,不照章缴纳费用或缴不足额,该诉讼毋庸受理;录事抄案费非照章缴足,所抄案卷不得交付当事人。"[7]对于该条规定,云南省高等审判厅认为适用实有难处。云南省高等审判厅称:"此项办法,在第一审官厅,尚属可行,至第二三审,则有上诉期间为之限制,倘必令其缴足讼费,始予受理,在家资殷实者,不难措置裕如,而经济艰难者,恐非咄嗟立办,如因此而迁延贻误,致令损失期间利权,揆诸国家设立法院、维持保障人民之初心,恐亦无以自解。"于是,向司法部请求变通处理:"滇省各厅,现行章制,凡民事诉讼于批准票传后,由典簿所填发应征银数,单交原承发吏,通知两造。于本案传到之日,各预缴讼费一分,交由会计

---

[1] 《法部奏各级审判厅试办章程》,载《北洋法政学报》1907年第51期,第20页。
[2] 参见《征收讼费办法》,载《新闻报》1912年1月29日。
[3] 《令京师地方审判厅京外高等审判厅民事诉讼费征收办法饬遵文》,载《司法公报》1913年第2年第2号,"公牍",第11页。
[4] 《本省指令:指令第六百二十一号》,载《江苏司法汇报》1913年第9期,"本省指令",第6页。
[5] 同上书,第6页。
[6] 《令京师地方审判厅京外高等审判厅民事诉讼费征收办法饬遵文》,载《司法公报》1913年第2年第2号,"公牍",第11页。
[7] 《民事诉讼费用征收规则》,载《政府公报》1913年第544期,第15页。

主簿,暂为登记保存,如未能立缴者,即于簿内加盖未缴图章,俟结案时,分别胜败,胜者照数发还,败者照数实收,由两造分担者,各还其半。其无力完纳而又在应缴讼费之列者,经厅再三饬缴,查明确系赤贫,始照试办章程第八十六条之规定,由当事人呈明予以免征。"云南省高等审判厅认为,如此变通,"虽讼费未克立清",但"于民情实便"。对于云南省高等审判厅提出的变通之策,司法部予以了否决。司法部认为:"查民事与刑事不同,无料裁判主义为各国所否认,日本征收讼费,控告审较第一审加半,上告审较第一审加倍,且有上告预纳金十元,如被驳回或败诉,即行没收,此制上年始废,凡以防滥诉也。依现行章程,收费本极轻微,若虑穷民猝难筹费,或误上诉期间,不难因事变通,先行收状,责令补纳讼费,再予审理,该省现行章制核与诉讼通例不符,碍难照准。"[1]可见,在司法部看来,预先交付诉讼费是法院受理民事案件的前提,而这项规定也成为司法部获得稳定司法收入的重要保障。

诉讼费由原告预先缴纳,若原告胜诉,按照诉讼通例,"其已出费用,由审判厅合并本案,向败诉人执行后,再予偿还"[2]。1915 年,司法部在给各省高等审判厅的训令中也明示了,诉讼费预征于起诉人,而归于败诉人负担。[3] 另外,1920 年颁布的《诉讼费用征收细则》第 15 条亦明确规定:"诉讼费用规则(《修正诉讼费用规则》)第二条至第六条所定之审判费用,均归败诉人负担,但须由原告预行缴纳,迨本案判决确定,如系被告败诉,即由执行审判衙门向败诉人责缴。"[4]那么,原告胜诉后,原告预缴的诉讼费应如何偿还给原告呢?1913 年颁

---

[1] 《司法部指令第八百五十二号》,载《政府公报》1914 年第 703 期,"令告",第 7—11 页。

[2] 《司法部训令第二百三十一号》,载《政府公报》1914 年第 693 期,"令告",第 17 页。

[3] 参见《司法部训令京内外高等审判厅妥筹征收诉讼费用暂行办法文》,载《政府公报分类汇编》1915 年第 16 期,"司法中",第 71 页。

[4] 《颁发诉讼费用征收细则令》,载《司法公报》1922 年第 159 期,"例规·会计",第 40 页。

行的《民事诉讼费用征收规则》对此未做规定,于是就有审判厅将原告胜诉或自行撤回或被驳斥案件的诉讼费直接退还给了当事人。对于审判厅的这一做法,司法部在1914年发布的第231号通饬中明确进行了否定,并认为这一做法会导致"手续既觉繁难,收入多不确定"。在否定了审判厅做法的同时,司法部在饬令中对各审判厅提出了新的要求,即对于原告胜诉案件,审判厅在向败诉人执行后方可将诉讼费偿还给原告;对于原告自行撤回案件以及诉状被驳斥案件,诉讼费仍由原告负担并不予偿还;对于无管辖权且已收诉讼费案件的情况,则"于诉状面上,注明讼费若干已由某厅征收字样,交当事人转呈别厅受理"〔1〕。纵观第231号通饬,司法部真实用意不过是欲将诉讼费征收落空的风险转嫁给案件当事人,从而避免审判厅尤其是司法部诉讼费"收入多不确定"情况的出现。在第231号通饬下发的第2年即1915年,京师高等审判厅对该通饬提出了质疑,认为该通饬与《发售民事诉讼印纸章程》第15条规定存在矛盾之处。京师高等审判厅指出,逾越上诉期限案件以及无论管辖任意投递诉状案件明显属于不合法诉讼,按照第231号通饬,该类案件已缴诉讼费不必发还原告,而《发售民事诉讼印纸章程》第15条明确规定诉讼不合法案件诉讼费应退还原告,对此矛盾之处京师高等审判厅要求司法部作出批示。对于京师高等审判厅的质疑,司法部最终认为应按照《发售民事诉讼印纸章程》的规定,将逾越上诉期限案件和无管辖权案件排除在诉讼费不予返还的范围之外。〔2〕

司法部对于诉讼费收入的执着,还体现在未加调查即批准扣留本应退还给原告的诉讼费。1914年4月24日,大理院致函各省高等审判厅称:"凡上告于本院之民事案件,自民国三年四月十五日起一律征收讼费……惟本年四月十五日以前,在本院既无征收讼费之例,各

---

〔1〕 《司法部训令第二百三十一号》,载《政府公报》1914年第693期,"令告",第17—18页。

〔2〕 参见《核示发还讼费办法批》,载《司法公报》1916年第52期,"例规·民事",第35—36页。

高等审判厅如曾代收各项讼费者,自应一律退还,以昭信允。"[1]对于大理院电函,京师高等审判厅向司法部呈称:退费"手续过繁,易滋纷扰"。于是,司法部在未加调查的情况下,便以"该厅所呈一节,外省各厅当有同情",而函商大理院。大理院在司法部的要求下只得复称,"手续繁重,系属实在情形,本院自未便固执前议",同意各审判厅已收诉讼费无须退还原告。[2]

此外,司法部对于诉讼费作为政费补助作用的重视,还体现在对诉讼费保证制度的积极适用上。诉讼费保证制度,强调的是因经济原因无法缴纳诉讼费的当事人应提供诉讼费缴纳保证,而诉讼费缴纳保证的获取是案件被受理的前提。对于经济困难当事人群体,各国本有诉讼费救助制度,即为了保障当事人诉权而赋予经济困难当事人免缴诉讼费的特权。北洋政府时期,对于诉讼费救助制度也有所规定。如民初所适用的清末颁布的《各级审判厅试办章程》第86条规定:"凡诉讼费用,除随时征收者外,其余于本案完结宣示判词后,综覈其数,限期征收之,但实系无力呈缴者,准其呈请审判厅,酌量减免。"[3]1915年颁布的《发售民事诉讼印纸章程》第10条规定:"当事人无力缴纳讼费,照章得酌予减免者,应由该管推事于状面记明理由,并署名签章。"[4]1922年颁布的《民事诉讼条例》第130条规定:"当事人若因支出诉讼费用,致自己或其家族窘于生活者,法院应依声请,以裁决准予诉讼救助,但其伸张或防卫权利显非必要或难望收效者,不在此限。"第133条规定:"准予诉讼救助有左列各款之效力:一审判费用暂行免交;二承发吏规费及垫款暂行免交;三免供诉讼费用之担保;四法院得依声请或依职权,为受救助人选任

---

〔1〕《大理院致各省高等审判厅函:拟定《民事讼费则例》并征收讼费起收日期》,载《政府公报分类汇编》1915年第18期,"大理院",第20页。

〔2〕参见《饬京外高审厅已收上告讼费无须退还文》,载《司法公报》1914年第2年第9号,"公牍(饬)",第26页。

〔3〕《法部奏各级審判厅试办章程》,载《北洋法政学报》1907年第51期,第20页。

〔4〕《推行民事诉讼印纸文》,载《司法公报》1915年第46期,"例规·会计",第109页。

律师,代理诉讼,暂行免付酬金。"[1]诉讼费保证制度不同于诉讼费救助制度之处在于,诉讼费保证制度的目的不是在于减免诉讼费,而是在于令诉讼人预先提供保证金或保证人,以确保其诉讼费能够如数缴纳。在1912年至1924年相当长的一段时间里,北洋政府不仅将诉讼费保证制度与诉讼费救助制度混同适用,还将诉讼费保证制度明确规定在法律中。如1913年《民事诉讼费用征收规则》第17条规定:"诉讼费用起诉人无力缴纳,请求免收时,须另具声请救助状,加取铺保或户邻切结,呈由该衙门核准后,方予免收。请求免收诉讼费之起诉人,如或败诉,其费用仍向具保结人征收,如胜诉,则向被告人征收。"[2]对于起诉人败诉由具保人承担诉讼费的规定,云南省高等审判厅认为应酌加修改并称:"惟起诉人无力缴纳,始饬令另具声请救助状,既经该管衙门核准后,当然予以免收。是此项免收条例,其惠及于诉讼当事人,实协乎哀矜恻怛之意,乃直接者竟得援免,而间接之铺保户邻反受波,似非持平之道,且此风一开,闻者生畏,恐将来无力诉讼之人,欲求一保人,而不可得,经费既属无补,事实仍多障碍。"对于云南省高等审判厅的提议,司法部未加认可,而是解释道:"诉讼救助,只以保护理直之当事人,各国通例声请救助者,应添具该管吏员各项书状,以资证明,现在登记户籍警察及土地清册税务征收机关均未完备,应否准予救助,无法调查,是以酌令具保,又恐理屈者,任意逞刁,具保者,扶同袒庇,是以败诉后,令具保人任责。盖理屈者无庸保护,知其曲而出结帮讼,亦不能无责。若声请人果系理直公论,自在就习惯论,常有户邻代怀不平,出庭作证者,断无不能觅保之理,且原告既须救助,则诉讼物价额必极轻微,应收讼费有限,似不至如该厅所云,望而生畏,来呈纯从理屈者一方面着想,未免过计。"[3]对于北洋

---

[1] 陶汇曾编订:《诉讼法规》,商务印书馆1925年版,第32—33页。

[2] 《民事诉讼费用征收规则》,载《政府公报》1913年第544期,"命令",第17页。

[3] 《司法部指令第八百五十二号》,载《政府公报》1914年第703期,"令告",第7—11页。

政府时期诉讼费救助制度与诉讼费保证制度混同适用的情况,有学者指出:二者在中国被混淆后的结果便是,贫穷的当事人必须提供将来能缴纳讼费的保证,方可实现诉权。[1] 而这恐怕是北洋政府尤其司法部对于诉讼费收缴一味追求的体现,或者说是其追求的结果吧。

司法部对于诉讼费征收的执着,甚至是"锱铢必较",于民取利,与民争利,究其原因实与《整理司法收入规则》第2条即各级审判厅及县知事征收诉讼费一律解部的规定脱离不了关系[2],但归根结底北洋政府国家与地方司法费的入不敷出才是症结之真正所在。

北京司法部门前

(图片来源:《司法公报》1912年第2期,第5页)

三 经费流用

所谓"流用",是指将一项事业规定之经费,因不得已事故,或由

---

[1] 参见邓建鹏:《清末民初法律移植的困境:以讼费法规为视角》,法律出版社2017年版,第132页。

[2] 参见《整理司法收入规则》,载《司法公报》1914年第3年第1号,"法令",第30页。

于物价之腾涨,或由于新生事故,导致原来规定之经费不够用,于是将他项或他数项经费之支出,或节省下来,或停止他项经费支出,以弥补此项事业经费之不足,并使一机关或一事业之总经费数额不超过预算数的做法。[1] 换言之,"流用"一般是在核定(法定)预算与执行预算不一致时,甲项目经费有余,而乙项目经费不足,于是以甲之有余流用乙之不足,从而使总预算维持平衡的方法。

就北洋政府时期司法费收支而言,在"求收支之适合,以符减政之要旨"宗旨之下,如前所述司法费预算远远少于地方司法费的实际支出,虽然整理后的司法收入确有弥补司法费不足之效用,但对于各省审检厅以及处于基层的县知事兼理司法各县而言,司法费不敷的情况仍然存在。就县知事兼理司法各县司法费而言,按照1914年北洋政府公布的《县知事兼理司法事务暂行条例》,各县均需设立承审员以辅佐县知事处理司法事务,各省对此以县署行政费不充而承审员经费无着为由纷纷上呈司法部,请求免设承审员。针对各省上呈,司法部在对《县知事兼理司法事务暂行条例》作出变通解释的同时,对于各省言及的县知事司法费无着问题进一步强调道:"至经费一节,本部查核此次财政部核定各省行政经费,独于各县署公费多未核减,原虑兼理司法,特为宽定,则以挹注当自不难。如实有不敷,始准于本部指定司法收入项下,酌量贴补。"[2]然而,在地方看来,司法部对于县知事司法费的看法过于乐观。1914年7月,吉林省巡按使齐耀琳上呈称,"吉省原定各县署公费,本未充裕,已觉时形竭蹶",吉林省高等审判厅亦言:"吉省各县行政费,原订之额,本不甚充,若令挹注司法,或恐难行,势将仰给于补贴,不得不熟为筹计。"[3]不仅吉林省,湖南省各县兼理司法费亦是严重不敷。1919年,湖南省湘潭县县

---

[1] 参见胡善恒:《财务行政论》,商务印书馆1935年,第278页。
[2]《司法部咨各省巡按使各县设置承审员务望通筹兼顾力图撙节以期核实而纾财力文》,载《政府公报》1914年第750期,"咨",第7页。
[3]《吉林巡按使齐耀琳呈规定吉省各县兼理司法经费并各县应设免设承审员名额列表呈请鉴核文并批令》,载《司法公报》1914年第2年第11号,"杂录",第1—2页。

知事田士懿称,湘潭县"司法费,按月预算额支一百八十元,收入之款,仅有加收四成讼费及留用三成纸价,加收一倍纸价等项,平均计算每月约六七十元,不敷甚巨"[1]。湖南省高等审判厅亦称:"查湘省自军兴以来,财源告竭,所有各县七年度承审经费预算,虽经核减,仍系竭蹶异常,现计年度告终,各县不敷经费为数甚巨,其呈报亏挪来厅请款者,纷至沓来,日不暇给。"[2]各县兼理司法费的不敷,按照司法部的说法,可以从司法收入酌量补贴。然而在吉林省巡按使齐耀琳看来此法难以实现:"司法以保护人民生命财产为原则,当断息讼安民,初不利其罚金没收之多寡,如果法治得臻上,理则讼庭清简,所指为辅助司法经费之诉讼罚金没收状纸费等项,必因之减少,若指此以资补助,仍难视同的款,惟际兹财政奇绌之时,暂筹补救之策。"齐耀琳甚至认为过分依赖司法收入有可能招致弊端:"若就罚金没收为辅助之计划,势必因司法机关无计维持,一意取偿于罚金,例如赌博一类,以一元至一千元为罚额,则司谳者从可略少科多,增益收入,转致顾公而剥民,其害实无异于饮鸩止渴。"[3]虽然齐耀琳在该上呈中未直接言及经费流用,但改任为江苏巡按使的齐耀琳在1916年3月的上奏中明确提出:"江苏各县司法经费收不敷支,拟请流用各县行政经费,并请将司法收入各款,全数仍归特别会计,以济要需。"[4] 1916年2月,浙江巡按使屈映光则是批准了汤溪县将违警罚金盈余"移补司法经费"[5]。

---

[1]《准以钞录费弥补司法费之不足令》,载《司法公报》1919年第113期,"例规·会计",第73页。

[2] 同上注。

[3]《吉林巡按使齐耀琳呈规定吉省各县兼理司法经费并各县应设免设承审员名额列表呈请鉴核文并批令》,载《司法公报》1914年第2年第11号,"杂录",第1页。

[4]《江苏巡按使齐耀琳奏为江苏各县司法经费收不敷支拟请流用各县行政经费并请将司法收入各款全数仍归特别会计以济要需祈训示由》,载《政府公报》1916年第69期,"命令",第8页。

[5]《浙江巡按使屈批:汤溪县警所详请将违警罚金盈余拨作司法经费由》,载《浙江公报》1916年第70期,"批牍",第14页。

除各县兼理司法费外,奉天、直隶、广西、陕西等省高等审检厅亦上呈总统袁世凯,声言司法费入不敷出,请求流用定额经费。

1915年7月,奉天省高等审检厅上呈称[1]:

> 奉省司法经费,二年度叠经裁减,尚有七十五万元,本年度骤减为三十五万元,内监狱费十三万元,审检厅费二十二万元,较上年度额数,尚不及二分之一。经前任两厅长支配概算,削足适履,于事实上本有不符,厅长等视事之时,年度开始已阅半月,概算既亟待执行,而定额复不敢超越,仓促之间,复就原案略加匀拨,通饬遵办去后,旋据各属纷纷详请,佥称颁定概算过于刻苦,事实不克,顾全厅长等初亦谨守定章,严词驳斥,嗣见本厅实际有与各属困难情事相同者,无怪其纷纷渎陈,查原定概算,除俸给一项,尚可支持外,其办公杂费两项,实有窒碍。

1915年12月,直隶高等审检厅上呈亦称:

> 直省法院创设最早,从前年需经费六十万元左右,迨预算经部核定呈准,除监狱经费外,其完全为审检厅所用者,较之民国初元,尚不及半,是以编制三年及四年半年度预算,均照二年度数目勉强分配,削足适履,动感不便。如俸薪办公杂费各项,最不敷者莫如薪水邮电纸张簿册调查煤火等费,综其重要原因,良以民国初年秩序未复,案件清简。自上年裁并法院之后,力加整顿积案为清,加之司法行政事项文书表册日益严密,缮校复核,似不得不酌量添雇人员,以资助理,且须将部颁表册印发各县,是以纸张簿册需用倍蓰,邮费既随与俱增,而薪津亦因之溢出。再就调查等费而言,直省幅员广漠,交通未尽利便,往往调查一案,需费动超出概算以外,尚有其他官厅嘱托调查之件,若以额定经费相绳,实难支应。至若冬季煤火费用,历年预算均以无款腾挪,遂未编列,本恃各项余款及司法收入,以为挹注,此均系不敷实在情形。

---

[1] 《奉天巡按使张元奇呈为司法经费困难援照会计法请将概算各项定额彼此流用恭呈祈鉴文并批令》,载《政府公报》1915年第1161期,"呈",第32页。

为了解决直隶省司法费之不敷，直隶省高等审检厅认为可仿照奉天、广西、湖北等省，"将各厅各项目定额，彼此留用，通融挹注，总期不轶出总预算范围"，从而使得"公务公款两有裨益"[1]。

在奉天和直隶两省上呈前后，广西、湖北、安徽、河南、江西、湖南、江苏、陕西、浙江、山东等省也纷纷呈袁世凯称本省司法费不敷，请求中央按照《会计法》第16条规定即"各官署因特别情事，有流用各项定额之必要时，应声叙事由，呈请大总统核办"[2]，允许本省（审判厅或各县）司法费与监狱费[3]、行政费[4]，甚至是预算额内司法费以外的其他各项经费[5]之间进行流用。对于广西和奉天省要求流用的请求，袁世凯仅批令"呈悉交司法部查照此批"[6]及"交财政司法两部暨审计院查照此批"[7]，并未立即允诺。直至直隶省上呈，袁世凯才批令道："批令准其酌量流用，交司法部查照此批"[8]。至安徽省奏请时，袁世凯更是将"酌量"二字删去，批令"准其变通流用，交司法财政两部查照此令"[9]。自此以后，经费流用成为北洋政府弥补

---

[1] 《司法经费支绌援案恳请流用奏并批令》，载《司法公报》1915年第49期，"例规·会计"，第60页。

[2] 《会计法》，载《政府公报》1914年第867期，"法律"，第19页。

[3] 参见《赣省财政司法经费困难条就本类定额流用呈并批令》，载《司法公报》1916年第62期，"例规·会计"，第89—90页。

[4] 参见《江苏巡按使齐耀琳奏为江苏各县司法经费收不敷支拟请流用各县行政经费并请将司法收入各款全数仍归特别会计以济需要祈训示由》，载《政府公报》1916年第69期，"命令"，第8页。

[5] 参见《豫省司法经费拟请援案流用折并批令》，载《司法公报》1916年第57期，第49页。

[6] 《广西巡按使王祖同呈广西司法经费支绌依法流用各项定额请训示文并批令》，载《政府公报》1915年第1248期，"呈"，第26页。

[7] 《奉天巡按使张元奇呈为司法经费困难援照会计法请将概算各项定额彼此流用恭呈祈鉴文并批令》，载《政府公报》1915年第1161期，"呈"，第33页。

[8] 《司法经费支绌援案恳请流用奏并批令》，载《司法公报》1915年第49期，"例规·会计"，第60页。

[9] 《安徽巡抚使李兆珍奏援例拟将皖省司法经费准予流用请示遵由》，载《政府公报》1915年第1304期，"命令"，第30页。

司法费不足的解决之策。

经费流用足以破坏预算,非不得已不宜使用。当时的欧美各国在经费流用上基本持限制与否定的态度,英国政务费不许流用,仅军务费各子项间可相互流用;法国为救财务行政困难于1861年允许各项目间甚至上下年度间经费流用,但因弊端丛生而于1871年废止;美国对于经费流用则是绝对禁止。[1] 1914年,北洋政府颁行了《会计法》。为了限制经费流用,该法第4条规定:"各年度岁出定额,不得移充他年度之经费";第16条前半部分亦明确规定,"各官署长官不得于预算所定用途外使用定额,或将各项定额彼此流用",不过在第16条后半部分,即"但各官署因特别情事,有流用各项定额之必要时,应声叙事由呈请大总统核办,经大总统认为必要,准其流用者,不在此限"的规定,为经费流用留下了可能。[2] 因此,至北洋政府结束时,在国家财政困窘与削足适履式的司法费预算之下,地方司法费在"拆东墙补西墙"的经费流用死循环中不断往复。

民初"整理财政之手段"
(图片来源:《新闻报》1913年3月10日)

---

[1] 参见李超英:《比较财政制度》,商务印书馆1947年,第125—126页。
[2] 参见《会计法》,载《政府公报》1914年第867期,"法律",第17、19页。

第三章 清朝末年的司法人员

第一节 司法人员之必要人数

"行政兼理司法"的基本特征,是地方行政长官在管理地方行政事务的同时兼任地方司法事务。因此,在清末,基本不存在独立于行政之外专门负责司法审判的近代化的专业司法人员。但随着全国各级审检厅的筹建,审检厅所必需的近代专业化司法人员数量也在逐渐增多。那么,清末各审检厅到底需要多少近代专业化司法人员尤其是司法官呢?

一 京师各司法机关

(一)大理院与总检察厅

光绪三十二年(1906年),清廷宣布预备立宪,开始中央官制改革,其中改大理寺为大理院,作为中央最高审判机关专任司法审判。关于大理院编制,法部和大理院在上奏清廷的奏折中称:"民刑讼案自应酌量分庭,亦足以专责成而杜诿卸",大理院"刑事本视民事为繁,以管理全国上控之区,兼有自理诉讼",故应在大理院内设刑事4庭及民事2庭,每庭中应设"分辨民刑审判事项"之"推事"、"分办文牍及庶务事项"之"书记录事"以及"办检察案证及调度司法警察事项"之"检察官"。具体而言,推事于民事和刑事庭每庭应各设5人,其中刑事庭20人,民事庭10人;书记录事不分民事和刑事庭应共设41人;总检察厅设于大理院内,设检察厅丞1人、检察官6人、书记录事5人。[1] 综上,大理院和总检察厅共设司法官37人、书记录事46人。

(二)京师各级审检厅

京师自光绪三十三年(1907年)设立各级审检厅以来,共设有高等审检厅各1所、地方审检厅各2所、初级审检厅各5所。按照京师《各级审判检察厅职官补缺轮次表》,京师高等审检厅,应设推事12人、检察官4人、书记录事14人;初级审检厅各5所,应设推事10人、检察官5人、书记录事15人。[2] 至于京师地方审检厅,本应在内城和外城分别设立,内、外城共应设民事和刑事各2庭,每庭设推事6人共计48人。但因司法费不足,京师仅完成了内城地方审检厅的筹设。因此,宣统元年(1909年),法部上奏清廷,提议增设内城地方审检厅民刑事审判庭数量,"该厅(京师内城地方审判厅)自开办以来,每月承审之案不下二百余起,其间管辖区域之广,受理词讼之多,不独视初级审判厅为最繁剧,即较之高等审判厅与最高裁判之大理院,亦实有日不暇给之势。臣等统筹全局,深惧案牍繁多,致滋贻误,自以添设外城一厅为要义,顾筹款维艰,一时究难猝办。臣等公同商酌,窃以案件既日增而月益,设厅又事巨而费难,拟请仍遵前奏,略增庭数办法,即

---

[1] 参见《法部大理院奏核议大理院官制折》,载《大清法规大全》(二),考正出版社1972年版,第759—763页。

[2] 参见《法部奏酌拟各级审判检察厅人员升补轮次片》,载《大清法规大全》(四),考正出版社1972年版,第1879—1880页。

于内城地方审判厅内增设民刑各一庭"[1]。对于法部的提议,清廷予以认可,允许在内城地方审判厅内增设民刑事各1庭,每庭设推事3人、检察官1人。因此,京师地方审检厅即京师内城地方审检厅,各设有民刑事3庭,推事共计30人,检察官合计6人,书记录事为20人。

综上,京师各审检厅共设司法官67人(推事52人、检察官15人)、书记录事49人,司法人员总计116人。

二 地方各省审检厅

关于地方所需司法人员数,在此以浙江省和江西省为例说明。

宣统元年(1909年),浙江巡抚增韫在关于浙江省审检厅筹备情况的上奏中称,浙江为2厅、1州、75县,根据法部奏定各级审检厅制度,除省城已设高等审检厅各1所外,浙江全省还应共设地方审检厅各78所,"每一地方审判厅之下,酌量地域之繁简,道里之远近,平均各城治乡镇,至少应共设初级审判厅三所",合计为234所。[2] 根据《法院编制法》,并参照宣统二年(1910年)制定的《直省高等审判检察厅员额表》《直省省城商埠地方审判检察厅员额表》《直省省城商埠初级审判检察厅员额表》,地方各级审检厅所需司法人员数可推算如下:省高等审检厅共须设司法官10人(厅丞1人、检察长1人、庭长2人、推事4人、检察官2人)、书记录事11人,司法人员共计21人;地方审检厅共需设司法官9人(推事5人、审判厅长1人、检察官2人、检察长1人)、书记录事11人,司法人员共计20人;初级审检厅共需设司法官2人(推事1人、检察官1人)、书记录事3人,司法人员总计5人。[3]

---

〔1〕 《法部奏地方审判厅内增设民刑两庭折》,载《大清法规大全》(四),考正出版社1972年版,第1870页。

〔2〕 参见《浙江巡抚增韫奏浙江筹办各级审判厅情形折》,载故宫博物院明清档案部编:《清末筹备立宪档案史料》(下册),中华书局1979年版,第876—877页。

〔3〕 参见《直省高等审判检察厅员额表》《直省省城商埠地方审判检察厅员额表》《直省省城商埠初级审判检察厅员额表》,载《吉林司法官报》1911年第2期,"附刊",第1—3页。

据此推算,浙江一省所需司法官人数,高等审检厅为10人、78所地方审检厅为702人、234所初级审检厅为468人,司法官人数共计1,180人,司法人员总数在2,751人。可见,浙江巡抚增韫在上奏中所言,浙江全省应设审检厅300余所,300余所审检厅共需推事检察等职2,000余名的说法是可信的。

广西省与浙江省相比,所需司法官和司法人员人数差别不太大。宣统元年(1909年),广西巡抚张鸣岐将广西省审检厅筹设情况上奏清廷,张鸣岐称广西一省共管辖州县75处,依照法部规定并按照距离省城远近,除设高等审检厅各1所外,广西省还应设地方审检厅各75所及初级审检厅各200余所。[1] 根据上述地方各审检厅所需司法官与司法人员人数推算,广西省所需司法官人数,高等审检厅为10人、地方审检厅为675人、初级审检厅为400余人,司法官人数共计1,085人,司法人员共计2,521人。

不过,就审检厅厅数而言,浙江省和广西省督抚对于本省筹设审检厅厅数的预估高于清廷的要求。这是因为,宣统二年(1910年)颁行的《司法区域分划暂行章程》规定各省省城应设高等审检厅各1所,各省府直隶州应设地方审检厅各1所,各省厅州县应设初级审检厅各1所以上。[2] 在高等审检厅和地方审检厅的筹设上,浙江省和广西省与规定并无出入,不同之处主要在于初级审检厅上,浙江省和广西省是按照每州县各设立2—3所初级审检厅来计算的,这远远高于《司法区域分划暂行章程》关于初级审检厅厅数的最低规定。因此,若按照各省厅州县仅各设1所初级审检厅计算的话,浙江和广西两省初级审检厅所需司法官人数和司法人员人数至少减少1/2。

---

〔1〕 参见《广西巡抚奏为筹办审判情形由》,档案号:177630,台北"故宫博物院"馆藏。

〔2〕 参见《宪政编查馆奏核定法院编制法并另拟各项暂行章程折》,载《四川官报》1910年第4期,"奏议",第16页。

三 省城及商埠审检厅

光绪三十四年(1908年),清廷为实施预备立宪,颁布了《九年预备立宪逐年筹备事宜清单》,清单明确了各年度应完成事项。其中,光绪三十四年(1908年)应完成新刑律修订以及民事和商事等法律的制定,宣统元年(1909年)应颁布《法院编制法》并准备筹设省城及商埠各级审判厅,宣统二年(1910年)应颁布新刑律并完成省城及商埠各级审判厅的筹设。[1] 为了能按期完成各省省城及商埠各审检厅的筹设,宣统二年(1910年)宪政编查馆就省城及商埠各审检厅司法人员人数上奏清廷,并要求法部对地方各省审检厅所需司法人员数进行调查。[2] 宣统二年(1910年)十一月,在地方各省上报的基础上,法部制定完成了《直省省城商埠各级厅厅数表》《直省高等审判检察厅员额表》《直省省城商埠地方审判检察厅员额表》以及《直省省城商埠初级审判检察厅员额表》。根据上述各表可知,至宣统二年(1910年),各省省城及商埠应设高等及高等以下各审判厅和分厅数量为173所,其中高等审判厅22所、高等分厅2所、地方审判厅56所、地方分厅5所、初级审判厅88所,各级检察厅厅数与审判厅相同。就上述各省省城及商埠各审检厅所需司法人员而言,高等审判厅共需审判厅厅丞22人、推事144人、书记录事168人,高等检察厅共需检察长22人、检察官48人、书记录事96人,合计各省高等审检厅的司法官人数为236人,司法人员总数为500人。地方审判厅共需设厅长56人、推事322人、书记录事427人,地方检察厅共需设检察长56人、检察官122人、书记录事244人,合计各省地方审检厅的司法官人数为556人,司法人员总数为1,227人。此外,初级审判厅共需设推事

---

〔1〕 参见《宪政编查馆资政院会奏宪法大纲暨议院法选举法要领及逐年筹备事宜折》,载故宫博物院明清档案部编:《清末筹备立宪档案史料》中华书局1979年版,第61—67页。

〔2〕 参见《法部奏酌定直省省城商埠审判检察厅厅数员额分别列表折》,载《政治官报》第1155期,"奏折类",第8—9页。

114人、书记录事176人,初级检察厅共需检察官88人、书记录事88人,合计各省初级审检厅的司法官人数为202人,司法人员总数为466人。[1]

综上,若全国各省省城及商埠各级审检厅全部筹设完成,共需司法官994人、书记录事1,199人,两者合计在2,193人。这一数字与浙江或广西一省所需司法人员人数相比有所减少。但是,对于一向采行政兼理司法的清代而言,就算清末只筹设各省省城、商埠以及京师各级审检厅,如何有效地选拔出千余名近代专业司法官并加以合理任用,仍是一个不小的课题。

厅丞改装巡察审检

(图片来源:《新闻报》1911年7月30日)

---

[1] 参见《直省省城商埠各级厅厅数表》,载《吉林司法官报》1911年第1期,"附刊",第1页;《直省高等审判检察厅员额表》《直省省城商埠地方审判检察厅员额表》《直省省城商埠初级审判检察厅员额表》,载《吉林司法官报》1911年第2期,"附刊",第1—3页。

第二节　司法人员选拔与任用

一　司法官考试实施前人员选任

光绪三十三年(1907年)京师开始按照四级三审制筹设各级审检厅,宣统元年(1909年)地方各省也陆续开始筹设审检厅。审检厅的筹设,首先面临的是近代专业司法人员选拔与任用的问题。光绪三十四年(1908年),法部关于各级审检厅筹设情况上奏清廷,其中涉及京师各级审检厅司法人员的选任。"司法机关,于人民之利害安危关系最重,故任用法官较之别项人才倍宜审慎,其有熟谙新旧法律及于审判事理确有经验者,自应酌加遴选,以备临事之用。除由臣部各司择其素称得力品秩相当之员,分派各厅外,其余或系奏咨调用,或由臣等札委,此项人员不分京外实缺及候补候选,均经采访确实,并次第传见,详细甄择,拟由臣等量能器使,先行派厅委任,仍分别办事行走,俟一月后,果能勤慎尽职,再行开列衔名,奏请予限试署,并咨明吏部立案,以昭慎重。"[1]根据该上奏可知,京师各级审检厅司法人员选任主要采用下面三种方式:一是从法部内部选出具有相当能力和官品的人员派往各审检厅;二是采用"调用",即由其他部门调用人员的方式;三是"札委",即由法部颁发公文书任命人员的方式。上述三种方式均属内部推荐,其中"调用"和"札委"无论是京师还是地方,被推荐之人不论是实缺、候补还是候选,一律选派至审检厅,一月间若能尽职尽责,则正式任用。

至于各省城及商埠各级审检厅司法人员的选任,法部在宣统元年

---

〔1〕《法部奏各级审判厅定期开办情形折》,载《东方杂志》1908年第5卷第3期,"内务",第191页。

(1909年)上奏的《各省城商埠各级审判厅筹办事宜折》中称:"高等审判厅厅丞、高等检察厅检察长,由本部择员预保,临时请简,各督抚亦得就近遴选,或指调部员先行咨部派署,不得径行请简;推事检察官各员,由督抚督同按察使或提法使,认真遴选品秩相当之员,或专门法政毕业者,或旧系法曹出身者,或曾任正印各官者,或曾历充刑幕者、抑或指调部员,具咨部先行派署;典簿主簿所官录事各员,由督抚督饬按察使司或提法使,认真考试,就现任候补各员及刑幕人等,拔取资格程度相当者,分别咨部派署委用。"[1]根据该上奏,高等审判厅厅长和高等检察厅检察长是由法部或各省督抚遴选并由法部任命;推事和检察官是由各省督抚和按察使或提法使从法政学堂毕业者、法曹出身者、曾任正印各行政官、曾充任刑幕,或各部部员中进行推荐遴选;书记录事则是由受督抚之命的按察使或提法使从候补官和刑幕中选择。至于被选为审判厅厅长、检察长、推事、检察官以及书记录事的人应具备何种法律文凭和司法经验,此奏折中未作详细规定。

如前节所述,京师及各省省城商埠所需司法人员人数约在2,300人左右,如果说清廷通过推荐选拔的方式还有可能在全国现任官、候补官、法曹出身者以及刑幕等人员中遴选出这必需的2,300名司法人员的话,则绝无可能通过同样的选任方式遴选出全国22省各级审检厅必需的司法人员。这是因为,如果以所需司法人员数相对较少的广西省为标准即以司法人员数2,500人计算的话,清末全国22省各级审检厅所需司法人员总数在5.5万人左右,司法官至少也要在2.2万人左右,如此庞大的司法人员、司法官人数显而易见是无法从现任官、候补官、法曹出身者以及刑幕等人员中选任出的。因此,伴随着全国审检厅的筹设,清廷在推荐选任司法人员的同时,还在全国范围内急速展开了培育司法人员的事业。

---

[1]《法部奏定各省城商埠各级审判厅筹办事宜》,载《新闻报》1909年9月10日。

二 司法人员的培育

(一)法政学堂的开设

自光绪二十一年(1895年)至光绪二十五年(1899年),中国掀起了学习西方知识技术等洋学的高潮,在这5年间共设立了各类西式学堂约150所。[1] 不过,在光绪三十二年(1906年)京师法律学堂成立前,除天津中西学堂、京师大学堂等大学的法政科教授法律外,并无专门教授法律的学校。光绪二十七年(1901年)清廷与11国缔结了"辛丑条约",清末变法修律自此全面开启。光绪二十八年(1902年),被任命为修律大臣的伍廷芳认识到"法律成而无讲求法律之人,施行必多阻阂",从而提议"专设学堂培养人才"[2]。光绪三十年(1904年),清廷颁布了《奏定大学堂章程》,规定大学堂应设"政法科大学"。光绪三十一年(1905年)四月,伍廷芳与沈家本联名上奏清廷,提议在京师设立法律学堂,"新律修定,亟应储备裁判人才,宜在京师设一法律学堂,考取各部属员入堂肄习,毕业后派往各省,为佐理新政分治地方之用"[3]。学务大臣孙家鼐在对伍、沈议案审议后认为:"伍廷芳等所请专设法律学堂,实为当务之急,自应准如所请。"[4] 最终,经清廷同意,中国建立了最早的法律专门学校——京师法律学堂。

根据伍廷芳和沈家本上奏的议案,京师法律学堂学制3年。在3年中,学员将学习法律原理学、大清律例要议、中国历代刑律、各国法制比较、各国宪法、各国民法和民事诉讼法、各国刑法和刑事诉讼法等科目。学习期满,经法部大臣考察合格,按照学习成绩任命为各道府

---

[1] 参见桑兵:《晚清学堂学生与社会变迁》,广西师范大学出版社2007年版,第40页。
[2] 沈家本:《法学通论讲义序》,载《寄簃文存》(卷6),商务印书馆2015年版,第203页。
[3] 朱寿朋编:《光绪朝东华录》,张静庐等点校,中华书局1958年版,第5383页。
[4] 《孙家鼐等议复专设法律学堂折》,载《时报》1905年9月6日。

州县官职。[1]

除京师外,地方各省也奏请清廷要求设立法律学校——侍学速成科。"各省冗员繁多,而办理交涉事宜及举行各种新政,时有乏才之患,督抚身历其境,知之最真,以故先后资遣官绅前赴日本就学法政速成科,冀其学成回国可资任用,用意甚善。惟出洋留学,所费较巨,人数断不能多。拟请在各省已办之课吏馆内,添造讲堂,专设侍学速成科。"[2]根据伍廷芳与沈家本的议案,道府上至候补官下至杂役,凡四十岁以内人员均需进入侍学速成科(后改为法政学堂)学习,当地乡绅亦可在堂旁听,侍学速成科以6个月为1学期,学毕3学期即可毕业。[3]侍学速成科主要教授大清律例、历代法制沿革、宪法、民法要论、商法要论、裁判所构成法、国际法、监狱学、裁判实习等科目。[4] 以侍学速成科为代表的速成科,其目的是在极短时间内培育出具有近代法律知识的地方司法官,故教授的科目多以法律概论为主。法政学堂在地方的推行上,多得力于各方面的推动。孙家鼐在议复伍廷芳和沈家本奏议的奏折中,曾奏请清廷下令各省按照直隶政法学堂章程并参酌地方情形认真办理法政学堂。[5] 光绪三十一年(1905年)中央通咨各省设立法政学堂;光绪三十二年(1906年)学部又再次咨令各省添设法政学堂,"凡未经设立此项学堂之省分,应即一体设立,其业经设立者,亦应酌量扩充"。[6]光绪三十三年(1907年),宪政编查馆则是会同吏部拟定了《切实考验外官章程》,该章程

---

[1] 参见朱有瓛编:《中国近代学制史料》第2辑(下册),华东师范大学出版社1989年版,第469页—475页。

[2] 同上注。

[3] 参见朱寿朋编:《光绪朝东华录》,张静庐等点校,中华书局1958年版,第5384页。

[4] 参见朱有瓛编:《中国近代学制史料》(第2辑)(下册),华东师范大学出版社1989年版,第469—475页。

[5] 参见《孙家鼐等议复专设法律学堂折》,载《时报》1905年9月6日。

[6] 朱有瓛编:《中国近代学制史料》(第2辑)(下册),华东师范大学出版社1989年版,第476页。

亦要求未设法政学堂省份在3个月内一律开设。[1] 在各方全面地推动下,地方各省掀起了设立法政学堂的高潮。

京师法律学堂和地方法政学堂是作为公费学堂设立的法律学校,为了解决司法人才不足的问题,地方同时开始筹设私立法律学校。宣统二年(1910年)四月,浙江省巡抚增韫关于设立法律学校上奏清廷,提议删除《奏定学堂章程》中"学务纲要""私学堂禁专习政治法律"的规定,请求允许地方各省设立私立法律学校。"查管学大臣《奏定学堂章程学务纲要》内载,私学堂禁专习政治法律一条,其时尚在预备立宪以前,又切望士子一意科学,戒虚崇实,防患未然,在立法之初何尝不斟酌尽善,具有苦心。惟政体既更,时事亦异,因时制宜,殆不可缓,请旨饬部将前定学务纲要禁止私立学堂专习法政一条全行删去,并由部通行各省准予私立法政学堂。"[2]对于浙江巡抚增韫的上奏,清廷交与学部审议,学部赞同增韫的意见并提议:"凡繁盛商埠及交通便利之地,经费充裕课程完备者,一律准于呈请设立法政学堂,以广造就"[3]。自此,清政府解除了地方设立私立法政学堂的禁令,各省私立法政学堂相继设立,私立法政学堂的放开进而推动了全国法律学校的普设。

光绪三十二年(1906年)奏定的《京师法政学堂章程》,不仅是光绪三十二年(1906年)成立的京师法政学堂[4]的制度规范,也成为地方各省法政学堂的标准。根据该章程的规定,学堂学制为5年,其中前2年为预科,后3年为正科。预科毕业后,学员分别进入正科中的政治门或法律门学习,以求培育法政通才。在预科和正科之外,学堂

---

[1] 参见《宪政编查馆奏酌拟切实考验外官章程折》,载《北洋法政学报》1908年第54期,"附录",第8页。

[2] 朱有瓛编:《中国近代学制史料》(第2辑)(下册),华东师范大学出版社1989年版,第489—490页。

[3] 同上书,第491—492页。

[4] 京师法政学堂成立于光绪三十二年(1906年),晚于京师法律学堂的设立,京师法政学堂、京师法律学堂及财政学堂于1912年合并为北京法政专门学校。参见姜朋:《中国近代法学教育的源起》,载《中国法律评论》2014年第4期,第118—130页。

还设有别科,学制 3 年,目的为培育从政人才,以应急需。此外,学堂还附设讲习科,年限为 1 年半,仅讲授政法理财各门概要,以备吏部新分及裁缺人员入学肄业。至于学员资格,预科学员年龄须在 20—25 岁,品行端正、体质坚实、中学具有根底者,经考试录取后,始准入学;正科所收学员,须预科毕业生及有相当之学力,经考试录取者,始准入学;别科学员须为各部院人员及举贡生监,年龄在 35 岁以下,经考试录取后,始准入学;讲习科学员则由学部咨送。[1]

就清末法政学堂培育的学生人数而言,根据学者研究显示,至宣统三年(1911 年)清朝结束时,全国公私立法政学堂共设有 47 所,培育法政学生人数在 12,282 人左右。[2] 另有学者通过对清末光绪三十三年(1907 年)、三十四年(1908 年)、宣统元年(1909 年)全国教育统计数字研究认为,自光绪三十三年(1907 年)至宣统元年(1909 年)为止的 3 年间,全国法政学堂毕业学生人数在 2,977 人以上,宣统二年(1910 年)至三年(1911 年)全国法政学堂毕业人数预估约在 10,166 人,二者合计全国法政学堂培育的法政学生人数约在 13,000 人以上。[3]

(二)留学生的派遣

为了培育司法人员,除了设立法律学校外,清政府还向海外派遣留学生专习法政。在清政府派遣的留学生中,与留学欧美的学生相比,留学日本的学生人数较多。据学者研究显示,清末留学欧美学习法政的中国留学生为 60 多人[4],而清末仅日本法政大学法政速成科 4 年间就培育了一千多名法政专业的中国留学生。留日法政学生之所以较多,从下面的记载中或许可窥得一二:"观近日我国

---

〔1〕 参见《学部奏筹设京师法政学堂酌拟章程折》,载《东方杂志》1907 年第 11 期,"教育",第 241—256 页。

〔2〕 参见周予同:《中国现代教育史》,良友图书公司 1934 年版,第 219 页。

〔3〕 参见唐仕春:《北洋时期的基层司法》,社会科学文献出版社 2013 年版,第 266—270 页。

〔4〕 参见程燎原:《清末法政人的世界》,法律出版社 2003 年版,第 27—36 页。

所派之学生,以至日本之数独居其多,揣在上者多派学生至日之意,岂不谓日本之去中国道里最近,用费最省,日本又与我同文,学生至彼身受教育,可得速成之效乎。又岂不谓日本与我唇齿相依,假教育以通情愫,可收彼此亲交之益乎。"[1]

光绪二十二年(1896年)自清政府向日本派遣了13名公费留学生开始,至光绪三十一年(1905年)为止,在日本留学的中国留学生已逾3,000人[2],不过其中专习法律者甚少。中国驻日中国公使杨枢在上奏中称:留日中国学生中"习普通科者居多,习法政专门者尚少,缘日本各学校,授此等专门之学,皆用本邦语言文字,中国学生从事于斯者,须先习东语东文,方能听受讲义,约计毕业之期,总须六、七年。夫以六、七年之久,非立志坚定者,鲜克成功,所以多畏其困难而不愿学"[3]。东京法政大学校长梅谦次郎亦称:"今清国锐意维新,知新学之不可缓,爰遣学生,来学我邦,数年以来,数以千计,洵盛事也。顾目下之来于我邦者虽多,而修业于法律政治之学者尚少。诚以我邦之官私立学校之授斯学者,其讲述皆以邦语,其课程皆须三四年而毕。清国学子之有志于斯者,不得不先从事于本邦语言,从而入专门各学校,综计前后须得六、七年。夫以六、七年岁月之久,是非立志坚定者,鲜克见厥成功。即成矣,而其数必又居于最少,是可惜也。"[4]可见,语言障碍和学制较长是留日中国学生多不选择法政专业的原因所在。

---

[1]《论国家以后宜慎选留学生》,载国家图书馆编分馆编选:《清末时事采新汇选》(第17册),北京图书馆出版社2003年版,第8747页。

[2] 参见朱寿朋编:《光绪朝东华录》,张静庐等点校,中华书局1958年版,第5286—5287页。

[3] 同上书,第5287页。

[4]《清国留学生法政速成科设置趣意书》,载日本法政大学大学史资料委员会编:《清国留学生法政速成科纪事》,裴敬伟译,广西师范大学出版社2015年版,第3页。[注:《清国留学生法政速成科纪事》是日本法政大学史资料委员会编『法政大学史资料集』第11集『法政大学清国留学生法政速成科特集』(法政大学内部刊1988年版)的中译本]

然而,鉴于当时中国亟须培育司法人才的情势,中日两国开始为设置法政速成科而进行交涉。光绪三十年(1904年),公爵近卫笃麿、子爵长冈护美与时任日本留学生监督汪大燮会谈,协议为留日中国官绅设立法政速成科。但在会谈后不久,汪大燮离任,近卫笃麿去世,法政速成科也仅制定了章程。光绪二十九年(1903年),杨枢就任驻日中国公使,上任后的杨枢有继续筹设法政速成科的打算,在他看来,"今中国时事多艰,需才孔亟,各省所派游学生,虽属众多,然待其学成致用,为期尚远,非设法政速成科,不足以济目前之急"[1]。杨枢的想法得到了东京法政大学校长梅谦次郎的支持,梅谦次郎在《清国留学生法政速成科设置趣意书》中表明了自己支持的态度,并阐明了设立法政速成科对于中国的意义。梅谦次郎称:"夫清国而欲与各国抗衡也,固非厘革其立法行政不为功,而欲着手于立法行政之厘革,又非先储人才不为功,然则养成应用人才,谓非清国今日先务之尤者乎?本大学有见于此,爰与清国留学生之有志者谋,又得清国公使之赞成,特设法政速成科,授以法律政治经济必要之学科,以华语通译教授,俾清国朝野有志之士,联袂而来,不习邦语,即可进讲专门之学,归而见诸施行,以扶成清国厘革之事业。夫以清国时势之蹙,需才之亟,有若今日,欲养成多数新人物,舍斯其奚由哉!昔我邦明治维新之初,亦尝聘欧美学者,设速成科,以邦语通译,而教在位者及有志者矣。今日居枢要之位,其出于当年速成科者,盖不尠。然则本大学此速成科之设,其有补于清国变法之前途者,必非浅鲜也。"[2]

在梅谦次郎的支持下,光绪三十年(1904年)法政大学设立了以留日中国官吏和乡绅为对象的法政速成科。法政大学法政速成科以日语作为授课语言,同时配备了"华语通译";讲授内容涉及法律、政

---

[1] 《清国留学生法政速成科开学式·清国公使杨枢氏演说》,载日本法政大学大学史资料委员会编:《清国留学生法政速成科纪事》,裴敬伟译,广西师范大学出版社2015年版,第25页。

[2] 《清国留学生法政速成科设置趣意书》,载日本法政大学大学史资料委员会编:《清国留学生法政速成科纪事》,裴敬伟译,广西师范大学出版社2015年版,第3—4页。

治、经济等学科,分别为法学通论、民法、商法、宪法、刑法、行政法、国际公法、国际私法、民事刑事诉讼法、经济学、财政学、政治学等科目。修业年限最初规定为 1 年,分成 2 个学期,但因"(速成科)开办至半年之久,已满先初豫定期间之半,则所授之学科,亦不得不达其半,然进行甚难如意"[1],于是将修业年限延长至 1 年半,分成 3 个学期,完成全部课程者方可毕业。[2] 法政大学法政速成科各科的担当教员,是由以梅谦次郎为首的东京大学法科教授以及实务界人士组成,其中担任刑法、商法、监狱学教员的冈田朝太郎、志田钾太郎以及小河滋次郎还曾是中国清末变法修律时的法律顾问。法政大学法政速成科开班后,"愿入校学习者远超预想,课堂人满,几不能容"[3]。因修学年限过短,法政速成科遂取消了夏季假期,"学员皆冒酷暑,每日来校学习,诸位讲师,亦深为所感,梅总理暨其他讲师,亦暂弃地方避暑,专心教学"[4]。光绪三十年(1904 年)六月法政速成科第一期开办,按照原定计划一年后即光绪三十一年(1905 年)如期毕业,该期最初入学人数为 73 人,"其中具有进士学位者居多,甚有状元,才学俊秀者实多"[5],最终有 68 人考试合格并取得了毕业证书,对此梅谦次郎深感惊喜道:"初不意试验之成绩,竟如此优异。"[6]第二期法政

---

[1] 《法政速成科第一班卒业证书授予式·梅总理告别之辞》,载日本法政大学大学史资料委员会编:《清国留学生法政速成科纪事》,裴敬伟译,广西师范大学出版社 2015 年版,第 31—32 页。

[2] 参见朱寿朋编:《光绪朝东华录》,张静庐等点校,中华书局 1958 年版,第 5287 页;《法政速成科规则》,载日本法政大学大学史资料委员会编:《清国留学生法政速成科纪事》,裴敬伟译,广西师范大学出版社 2015 年版,第 8—9 页。

[3] 《法政大学之过去及现在》,载日本法政大学大学史资料委员会编:《清国留学生法政速成科纪事》,裴敬伟译,广西师范大学出版社 2015 年版,第 20 页。

[4] 《法政速成科无休假》,载日本法政大学大学史资料委员会编:《清国留学生法政速成科纪事》,裴敬伟译,广西师范大学出版社 2015 年版,第 5 页。

[5] 梅总理:《法政速成科之雪冤》,载日本法政大学大学史资料委员会编:《清国留学生法政速成科纪事》,裴敬伟译,广西师范大学出版社 2015 年版,第 95 页。

[6] 《法政速成科第一班卒业证书授予式》《法政大学第二十一回卒业证书授予式》,载日本法政大学大学史资料委员会编:《清国留学生法政速成科纪事》,裴敬伟译,广西师范大学出版社 2015 年版,第 32 页。

速成科的学制由第一期的 1 年延长至 1 年半,该期最初入学人数为 336 人,毕业考试通过并被授予毕业证书人数为 230 名,后又追认毕业 12 人,共计 242 人,可谓盛况空前。[1] 光绪三十二年(1906 年)第三期法政速成科毕业时,在最初入学的 336 人中最终有 66 人毕业并被授予了毕业证书。[2] 光绪三十三年(1907 年)第四期法政速成科毕业时,在最初入学的 388 人中最终有 238 人通过了速成科毕业考试,有 19 人通过了速成科特别考试,有 70 人通过了速成科补习科考试,随后又有 6 人被追认毕业,上述各项共计 333 人获准毕业。[3] 光绪三十四年(1908 年)是第五期法政速成科毕业,该期法政速成科分为法律部和政治部,最初入学法律和政治部的共有 844 人,最终毕业并被授予毕业证书的有 385 人,加上之后被追认毕业的 47 人,共计 432 人获准毕业,其中法律部毕业人数为 194 人。[4] 自光绪三十年(1904 年)第一期法政速成科开办至光绪三十四年(1908 年)第五期法政速成科学员如期毕业,法政大学共举办了 5 期法政速成科,保守估算共培育了 1,141 名法政方向的中国留学生。[5] 在法政大学法政速成科培育的这些中国留学生中,不乏居正、程树德、沈钧儒等近代知名人物。随着清末司法改革的推进以及审检厅在全国范围的筹设,对于具有近代法律知识的司法人员的需求与日俱增,欲习法政之人也随之增多起来,至法政大学第五期法政速成科招生时,"招收学员虽限

---

[1] 参见日本法政大学大学史资料委员会编:《清国留学生法政速成科纪事》,裴敬伟译,广西师范大学出版社 2015 年版,第 43、151 页。

[2] 同上书,第 51—52 页。

[3] 同上书,第 153—160 页。

[4] 同上书,第 74—75 页、第 166—167 页。

[5] 关于法政大学法政速成科一至五期毕业并被授予毕业证书人数,是来源于法政速成科各年度毕业证书授予式及毕业生名单的统计数据。不过需要注意的是,梅谦次郎在法政速成科第四、五期毕业证书授予式告别词中提及的一至五期法政速成科毕业证书取得人数(一至五期分别为 69 人、241 人、76 人、444 人、385 人)与各年度毕业证书授予式及毕业生名单统计有所出入,是因为计算错误还是其他原因造成,受史料所限无法知晓,但至少可知法政大学法政速成科一至五期最终毕业并被授予毕业证书人数在 1141—1215 人之间。

四百名,但希望入学者踵至,开课当日,业已满额,大有难容之盛况"[1]。

虽然法政大学法政速成科入学人数日益增多,但如期毕业并被授予毕业证的人数却未因此而呈现出大幅增长的态势。对此,法政大学学务在报告中认为:"清国留学生中,努力学习者成绩较好,但亦有不努力者,此或为后来入学者多不及格之原因。"[2]在留学日本专习法政的中国学生中多数接受的是1年至1年半的速成教育而非大学或专门教育,学制过短再加上自身勤勉不足,极易造成因知识掌握不牢而专业素质不高的情况,事实上这也是梅谦次郎在创办法政速成科之初担心所在。除了法政速成科学制过短以外,更让人忧虑的是,清政府在痛感清末新政无人可用,又限于能力无法在全国推广学校普及基础教育的境况下,将培育新政亟需人才的期待寄托于留学生的大量派遣上。于是,为了实现留学生的大量派遣,清廷对留学生资格未作严格限制,最终招致留日学生质量不保。对此,清末《中外日报》评论道:"东西各国之选派留学生,多取大学毕业之才,前往他国修明专科之学,以故于文明之输入,国政社习之改良,皆能有所裨益。今中国则不然,所选之生,类多未受普通教育,性行不谨之辈,此其失一也。即曰中国今日如欲自立学校,以期教育普及,既虞成效之难期,又苦办法之不善,河清难俟,不如多选留学生,或尚可得奇才异能之选,是言也。良亦诚然,然非常之才,必须精为选择,乃能得之,今中国所选学生,但取多数,果皆合格与否,正未可比,是其失二也。有是二失,欲求留学界之无遗议,留学诸生之日进无疆,固亦难矣。记者言此,非谓以后留学生不可再选也,亦非谓所选之留学生尽皆不肖也,惟所望者,以后选派学生,务宜用意审慎,勿取不学无行之人,滥竽以充数,勿图学界欢

---

[1]《法政速成科第五班开讲》,载日本法政大学大学史资料委员会编:《清国留学生法政速成科纪事》,裴敬伟译,广西师范大学出版社2015年版,第50页。

[2]《法政大学第二十四回卒业证书授予式》,载日本法政大学大学史资料委员会编:《清国留学生法政速成科纪事》,裴敬伟译,广西师范大学出版社2015年版,第81页。

迎之虚荣委蛇,以取悦所选之官费生。"[1]

光绪三十二年(1906年),梅谦次郎访问中国,在与张之洞、袁世凯等人会见时,听取了清政府关于法政速成科的意见,并"对张之洞、袁世凯、肃亲王恳切劝说,言速成非国家长久之计,年轻者仍应遵循相当顺序,修习法政之学乃可",双方会谈的结果是终止了法政大学法政速成科的招生。梅谦次郎回国后在光绪三十三年(1907年)于法政大学内为中国留学生开设了学制3年的法学普通科,以取代之前的法政速成科,另外还设立了补习科,"以补速成科不足"[2]。至此,法政大学法政速成科宣告结束。

除法政大学外,东京大学、早稻田大学、明治大学等大学也设立了法政速成科,为清末司法改革培育了众多司法人才。其中,作为明治大学前身的明治法律学校在光绪二十七年(1901年)就录取了第一位来自安徽省的清朝留学生吕烈煌。光绪三十年(1904年),在法政大学设立法政速成科4个月后,明治大学也为来自中国和韩国的留学生设立了"经纬学堂"。该学堂设置有2年制普通科、1年制高等科以及速成科。其中,速成科设有法学、日本语、警务等科,各科经过最长2年、最短10个月的学习后即可毕业。同普通科相比,速成科在最初3年间入学人数为1,030人,占入学总人数的80%。受《清国留学生取缔规则》影响,光绪三十三年(1907年)中国留日学生开始锐减,导致经纬学堂经营困难,最终于宣统二年(1910年)宣布闭校。经纬学堂闭校后,明治大学在校本部设置了"清国留学生部",负责中国留学生事务管理,并鼓励在明治大学学习的中国留学生根据自身能力分别进入本校大学预科、学部及专门部学习。[3] 据研究显示,至宣统三年

---

[1] 《论国家以后宜慎选留学生》,载国家图书馆分馆编选:《清末时事采新汇选》(第17册),北京图书馆出版社2003年版,第8747页。

[2] 《法政大学之过去及现在》,载日本法政大学大学史资料委员会编:《清国留学生法政速成科纪事》,裴敬伟译,广西师范大学出版社2015年版,第20页。

[3] 参见明治大学百年史编纂委员会编:『明治大学百年史』(第1卷史料编Ⅰ)、明治大学内部刊1986年版,第831—862页;明治大学史资料センター:『明治大学小史』、学文社2011年版、第70—80页。

(1911年)清朝结束时,无论留学日本,抑或留学欧美,专习法政的中国留学生约至3,100人。[1]

公私立法政学校的设立以及留学生的派遣,为清末积蓄司法后备人才提供了保障。司法机关与人民利益关系重大,这意味着司法人员的选任须慎之又慎。在此认识之下,清政府于宣统元年(1909年)开始着手制定司法官考试章程,同年十二月颁布了《法院编制法》和《法官考试任用暂行章程》,章程的制定昭示着司法官选拔由推荐选拔向考试选拔转换。

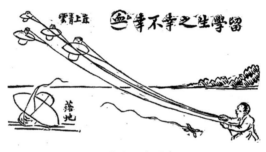

留学生之幸不幸

(图片来源:《新闻报》1915年3月23日)

第三节 司法官考试与录取

宣统元年(1909年)十二月,在《法院编制法》与《法官考试任用暂行章程》颁布的同时,宪政编查馆还上奏了《核定法院编制法并另拟各项暂行章程折》。该奏折对法官考试选拔司法官的重要性作出了说明:"审判得失为人民生命财产所关,亦为将来改正条约所系,任

---

[1] 参见郝铁川:《中国近代法学留学生与法制近代化》,载《法学研究》1997年第6期,第4页。

用苟不得其人,则上足以损法令之威严,下适以召闾阎之藐玩,众心散失,贻患无穷。现在财政困难,各直省不惜增加数百万之负担,以筹设数十百之审判衙门,原为清理讼狱,保持公安起见,倘以庸暗陋劣之员滥竽充数,则经费掷之于无用,各该厅且将为酿祸之媒。拟请饬下法部,嗣后于考试任用各项法官时,务须钦遵颁定暂行章程,严切奉行,不得稍存宽假。"〔1〕在该上奏中,宪政编查馆要求各省审检厅按照《法官考试任用暂行章程》,对来年举行的第一次法官考试选拔出的司法人员进行考察,并强调法官考试是司法官任用的先决条件,"凡非推事及检察官者,未经照章考试,无论何项实缺人员,不得奏请补署法官各缺"〔2〕。

除宪政编查馆外,法部在宣统二年(1910年)二月上奏的《各省筹办审判各厅拟请俟考试法官后一律成立折》中也再次重申了司法官非经考试不得任用的原则,"各省高等审判厅厅丞、高等检察厅检察长系属请简之官,且于司法官中兼掌有行政职务,自非深通法律、富于经验者不能胜任,拟仍由臣部择员预保,临时请简……其余推事检察各官,仍照馆臣原奏,非经考试,不得任用,以符定章而归划一"〔3〕。此外,《法院编制法》第106条规定"推事及检察官应照法官考试任用章程,经二次考试合格者始准任用,《法官考试任用章程》另定之"〔4〕,这也为通过法官考试选拔司法官提供了明确的法律依据。因此,自宣统年间开始,法官考试成为司法官选任的前提条件。关于法官考试,《法官考试任用暂行章程》对考试资格、考试方式以及考试科目等进行了详细的规定。

---

〔1〕 《宪政编查馆奏核定法院编制法并另拟各项暂行章程折》,载《四川官报》1910年第4期,"奏议",第3页。
〔2〕 同上书,第3—4页。
〔3〕 《法部奏各省筹办审判各厅拟请俟考试法官后一律成立折》,载《东方杂志》1910年第7卷第4期,"论说",第131页。
〔4〕 《宪政编查馆奏核定法院编制法并另拟各项暂行章程折》,载《四川官报》1910年第4期,"奏议",第11页。

(一)法官考试资格

《法官考试任用暂行章程》规定,考试资格以下列人员为限,"凡在法政法律学堂三年以上领有文凭者","举人及副拔优贡以上出身者","文职七品以上者""旧充刑幕确系品端学裕者"[1]。

在法部看来,考试资格中包含传统旧文人并非是一时权宜之计,"所定与考资格,以三年毕业人员为断,定章已有明文,其更推及于举贡出身及文职七品以上并曾充刑幕者,诚以此项人员或已有出身或业登仕版或素有经验,故亦宽其途而准予一试,盖于兼收并蓄之中,仍寓慎重区别之意,非仅谓一时权宜计也"[2]。

然而,对于《法官考试任用暂行章程》应试资格范围,内阁侍读学士延昌提出了质疑。延昌认为,法官考试资格"不免流弊",故"地方审判检察厅长宜令一律与考","与考之举贡文职刑幕宜分别加以限制",举贡应限两年修业凭照,刑幕应以历十年以上为断。对于延昌的质疑,宪政编查馆与法部表示异议,在其联名奏折开头处即明确表示:关于法官考试资格"臣等先后奏定章程及奏准成案,有范围已明,而并不滋疑义者,有限制已定,而更毋庸加严者"。随后,宪政编查馆与法部在奏折中解释道:依照《法院编制法》第106条规定,包括地方审判检察厅长在内的地方审判检察人员"皆由考试录取而进",之前上奏亦已言明"除高等审判厅厅丞暨检察长系请简之官,暂由臣部及各督抚择员预保外,其余推事检察各官非经考试不得任用";至于与考人员资格,"部奏定施行细则,于开验则以实官为限,于刑幕则以历五年以上而现充者为限,既令将各员生履历详叙,又须有出结官为之证明,其限制已不为不严",若依延昌所言办法,"查举贡一途,多年长暗修之士,而入学堂者较少,若必以此为限,正恐应考者益隘其途,必至取材者立穷于用","刑幕拟取十年

---

[1]《宪政编查馆奏核定法院编制法并另拟各项暂行章程折》,载《四川官报》1910年第4期,"奏议",第15页。

[2]《法部奏议复浙抚奏考试法官请将审判研究所毕业学员一体与试折》,载《时报》1910年7月30日。

以上,与部章所定五年以上者,不过均以办事成绩为准,其用意正复相同,拟仍以五年为限"[1]。

从宪政编查馆与法部对延昌的回复中可见,宪政编查馆与法部对于法官考试资格范围是经过慎重而细致的考量的,即在严格考试资格范围的同时还考量到了应考人数多少,在选择新学识司法新人的同时还兼顾到传统学问旧文人。"法官与考资格,外国本以法律科三年以上毕业者为限,中国此项合格人才,于新律研究,诚有所得,然现行法律及诉讼手续,亦尚因文习惯,不得谓旧学中竟无可用之人,故臣馆奏准定章,特于毕业生外,推广及仍举贡文职刑幕各途,俾令一体与考,于多其选以备甄择之用,非宽其格,以盖冒滥之门。"[2]

虽然宪政编查馆与法部所定法官考试资格范围相比延昌提案有所宽松,但在当时看来仍属相当严格。这体现在,考试资格范围内的新学识司法新人,仅包括在法政学堂学习3年以上且领有文凭的毕业生,而当时大批毕业于日本各类法政速成科的中国留学生群体被排除在外。此外,即使是法政学堂毕业生,从前述法政学堂毕业人数统计来看,宣统元年(1909年)全国法政学堂在堂学生人数虽在12,600以上,但光绪三十三年(1907年)至宣统元年(1909年)全国法政学堂毕业学生人数仅有2,977人[3],再加上各法政学堂学制有6个月、18个月、2年及3年之分[4],故真正能够满足"法政法律学堂三年以上领有文凭者"这一应试资格规定的人员必然不会太多。

符合考试资格规定的人员的不充足,导致了全国法官考试报名人数的不足。例如,先期举行法官考试的广西省,最初报名参加法官考

---

[1] 《宪政编查馆法部会奏议复内阁侍读学士延昌奏行法官考试请饬改定规则折》,载《国风报》1910年第1卷第20期,"文牍",第6—10页。

[2] 同上注。

[3] 参见唐仕春:《北洋时期的基层司法》,社会科学文献出版社2013年版,第266—270页。

[4] 参见《清末各省督抚奏设省城法政学堂一览表》,载朱有瓛:《中国近代学制史料》(第2辑下册),华东师范大学出版社1989年版,第499—502页。

试且满足考试资格的人数仅有 18 人,为此广西省不得不将法官考试延期 1 个月举行,"始得于五月十五日举行试事,计投考百数十人,录取三十二名,仅敷省城之用","办理不易,已见一斑"[1]。此外,贵州巡抚庞鸿书也因报名合格者无多,而奏请放宽考试资格,"法官考试期在八月举行,黔省应考人员合格者无多,将来恐不敷考选,查有本省法政毕业人员,有二年以上程度、又留学日本法政速成毕业、在本省充当法政教员三年者,此数项可否通融,准其一律与考?"对于贵州巡抚的上奏,法部虽认为"法学精深,判检任重,非浅尝者所能胜任",但也不得不承认就目前考试资格而言,确实难以保证应考人数,"法官考试今年为创始之端,审判设厅各省,实待人而理,苟悬格过高,则其途转隘。就目前而论,各省法政等学堂或开办未届三年,或原定毕业之期本非以三年为限,则三年毕业人员自不多觏;至举贡出身等项,合格虽多,而入学堂者较少,是此项三年以下毕业人员,若仍加以限制,不令与考,恐将来应考者多不中程,而毕业者反形观望,似非振励人才之道"[2]。于是,在与宪政编查馆咨商后,法部最终以"黔省地处偏僻,风气未开"为由,同意"该省凡留学外国法政速成毕业、在本省充当法政教员三年以上者,及本省法政二年以上毕业、领有优等文凭者,均与第一次考试",但同时指明"仅以此次为限,将来仍照定章办理"。

虽贵州地处偏僻,但就算是在当时"风气早开,交通便利"的江苏省也声称"招考以来,报名无几"[3]。最终,鉴于各省法官考试报名人数过少,法部不得不在宣统二年(1910 年)全国法官考试举行在即之时,奏请清廷对法官考试资格范围重新进行调整。调整之一,是将仅适用于贵州一省的考试资格标准推广至京外各省;调整之二,是将

---

[1]《各省筹办法院与馆部往来各电汇录》,载《法政杂志(上海)》1911 年第 1 卷第 6 期,"附录",第 21 页。

[2]《法部奏本届举行法官考试暂拟推广与考资格折》,载《四川官报》1910 年第 24 期,"奏议",第 2—3 页。

[3] 同上书,第 3—4 页。

各省"审判研究所接续有二年程度毕业、领有优等文凭者"纳入法官考试资格范围之内。[1] 最早提出将审判研究所毕业者纳入法官考试资格范围的是浙江巡抚增韫。增韫认为浙江省审判研究所毕业学员专习法律长则2年半，短则1年半，"毕业后又加三个月实地练习"，"虽比之三年毕业者时间稍差，而较之仅有举贡出身文职七品以上及曾充刑幕三项人员，其学问历练尚属优裕"。对于增韫的奏请，法部认为审判研究所毕业学员可纳入考试资格范围，但应有所分别，即"将该所甲乙两班，除合于法定资格之员绅，准其给咨来京与试外，其不满三年之佐贰杂职或生监，悉令专心向学，俟毕业时，如该抚认为成绩尚优者，仍准暂照该所章程第六条，分别派充典簿主簿所官录事等职"[2]。

虽然法官考试资格范围在法定范围基础上有所扩大，但仍然无法达到考试报名人数，故法部于宣统二年(1910年)七月对考试资格范围再次作出了调整，即"通咨各省，变通考试章程，所有速成科法政毕业生一律准其与试"[3]。而从法部最终通咨各省电报来看，外国法政法律学堂毕业生是"比照本国法政二年毕业之例"以"二年毕业领有优等文凭者"为限。[4] 经过法官考试资格范围的不断扩大，京师报名参加法官考试最终人数达到了3,000余人。[5]

(二)法官考试方式与科目

关于法官考试方式，《法官考试任用暂行章程》规定须经过笔试和口试考试。第一次笔试考试合格者必须要经过"实地练习"，即在初级审检厅内进行为期2年的法律实习，实习期满后才可参加第二次

---

[1] 《法部奏本届举行法官考试暂拟推广与考资格折》，载《四川官报》1910年第24期，"奏议"，第4页。

[2] 《法部奏议复浙抚奏考法官请将审判研究所毕业学员一体与试折》，载《时报》1910年7月30日。

[3] 《专电》，载《时报》1910年8月22日。

[4] 参见《电示法官考试日期》，载《新闻报》1910年9月9日。

[5] 参见《法部奏法官考试请派襄校官折》，载《政治官报》1910年第1049期，"折奏类"，第9—10页。

口试考试。第二次口试考试合格者还不能立即被任命为司法官,而须"作为候补先补各初级审判厅检察厅之缺"〔1〕。清末法官考试采用的"考试 2 次+司法实务实习"的方式实仿自日本。

　　日本在明治 13 年(1880 年)以前,司法官任用实行的是自由任用制(即对任用资格无要求,具有任命权者可自由任命任何人的制度)。明治政府成立后,按照自由任用方式选任的司法官,多为武士出身,且未接受过近代法律知识及司法技能的系统教育和训练。因此,为了培育和选拔近代司法官,明治政府除兴建法律学校外,还在明治 20 年(1887 年)颁行了《文官试验试补及见习规则》,该规则规定作为文官的判事(法官)、检事(检察官)以及书记须通过高等文官考试。明治 23 年(1890 年)颁行的《日本裁判所构成法》则规定,司法官必须通过学术(专业知识)和实务 2 次考试,2 次考试合格后还须经过为期 3 年的实地研修,全部通过者才能最终被认定为取得了司法官任用资格。明治 24 年(1891 年)《判事检事登用试验规则》颁行,根据该规则司法官考试为 2 次,初试合格者被任命为"司法官试补",须进行为期 1 年半的实地实习,实习结束后参加第二次考试,只有第二次考试合格者才能被任命为司法官。〔2〕

　　自清末法官考试采用"考试 2 次+司法实务实习"模式以来,这一考试模式也为北洋政府与国民政府所延续。北洋政府于 1917 年修订的《司法官考试令》规定,司法考试分为初试(笔试和口试)、实习及再试,初试合格者须被分发至各审判检察厅或司法讲习所实习,实习期满后才可参加以考查司法实践能力为内容的再试。〔3〕南京国民

---

　　〔1〕 《宪政编查馆奏核定法院编制法并另拟各项暂行章程折》,载《四川官报》1910 年第 4 期,"奏议",第 15—16 页。

　　〔2〕 参见「文官試験試補及見習規則」,『法令全書』(明治 20 年)、内閣官報局 1912 年版,第 20—21 頁;「裁判所構成法」,『法令全書』(明治 23 年)、内閣官報局 1912 年版,第 124—125 頁;「判事検事登用試験規則」,『官報』1891 年第 2360 号(明治 24 年 5 月 15 日)、第 169—170 頁。

　　〔3〕 参见《司法官考试令》,载《司法公报》1917 年第 84 期,"例规·官规",第 23—24 页。

政府在 1938 年公布的《司法官考试条例》中规定,司法官考试分为初试和再试,初试合格者须由司法行政部分发至各地方法院学习审判检察事务 2 年,完成实务学习后方可参加再试,再试是对实务实习成果的考查。[1]

关于法官考试科目,《法官考试任用暂行章程》第 5 条规定,第一次考试科目为 5 项,即(1)奏定宪法纲要、(2)现行刑律、(3)现行各项法律及暂行章程、(4)各国民法商法刑法及诉讼法、(5)国际法,其中以(2)(3)(4)作为主要科目。宣统二年(1910 年)三月,清廷颁行了《法官考试任用暂行章程施行细则》,该细则是《法官考试任用暂行章程》的补足规定。该细则规定,法官考试第一次第一场考试宪法纲要为 1 题,现行刑律为 2 题,现行各项法律及暂行章程为 2 题;在第二场考试中各国民商刑法及诉讼法各为 1 题,国际法为 1 题,论说为 1 题。为了应对法官考试,法部还为应考人员和命题考官编订了法律条文汇编作为参考书,以帮助应考人员明确考试范围,并作为命题考官出题时的"遵用之本"[2]。

关于法官考试地点,主要是以京师为主,除个别偏远省份考生可在本省应试外,其余各省考生均须由本省选派,赶赴京师应考。至于那些偏远省份,《法官考试任用暂行章程》第 1 条规定:"距京较远、交通未便省份,由法部将通习法律人员,开单奏请简派,前往各省,会同提法使考试。"[3]《法官考试任用暂行章程施行细则》第 3 条则规定,除京师考场外,在距离京师较远且不便往来的广西、四川、云南、贵州、甘肃以及新疆 6 省分别设立京外法官考试考场。在这 6 省考场中,"四川广西云南贵州等省共为一路,甘肃新疆共为一路",各路考

---

[1] 参见《司法官考试条例》,载《政府公报(北平)》1938 年第 31 期,"法规",第 8—9 页。

[2] 《法部奏定考试法官指定主要各科应用法律章程折》,载《国风报》1910 年第 1 卷第 14 期,"法令",第 1—3 页。

[3] 《宪政编查馆奏核定法院编制法并另拟各项暂行章程折》,载《四川官报》1910 年第 4 期,"奏议",第 15 页。

官由法部于"专门法律学有根柢者、并据各衙门开送通习法律五品以上实缺人员内,慎加遴选",遴选出的人员"简派每省二员,前往会同考试"〔1〕。

(三)法官考试与录取

宣统二年(1910年)八月二十四日,中国举行了历史上第一次全国范围的法官考试。其中,最先举行的是笔试,笔试时间自宣统二年(1910年)八月二十四日开始一直延续至九月十二日。在法官考试中,京师考场是按照学生籍贯所在地分批分时进行,考试自八月二十四日起至九月初九日止。为了防止遗漏,法部在九月初十日和十一日还分别安排了补考,参加补考的主要是未能在八月十七日前按期报名投考及册送者和考试时生病未能参加者。

而在京外6个考场中,川、滇、贵、甘5个考场是在九月间考试,广西省则为例外。宣统二年(1910年)广西巡抚电请法部称"本省各审判厅奏明,自三月起,依次开办,所有法官若待试毕,始行委用,恐来不及,可否仍照贵部颁发筹备事宜,用人规条,遴员派署,咨明办理?"法部再三筹商后认为:"与其令各该省任便用人,有碍始基,何如使成立之期,稍缓须臾,尚可收得人之效",于是拟定"审判厅现未成立各省,无论曾否奏报有期,一律令其于此次考试法官后再行成立,仍以不误本年期限为准",并将其拟定办法咨商宪政编查馆。对于法部所拟办法,宪政编查馆却认为:"至遴员派署一节,系筹办(审判厅)既毕,开庭方始之事,贵部既正筹画考试事宜,但先将施行细则规定,京外即可次第举行,不必同时办理,如各省有已筹办就绪者,即由该督抚咨报贵部,提前奏派人员前往会考,其未筹办就绪者,亦应由贵部行文督催,均须于考试后再行开庭,既可收得人之效,仍不误成立之期,斯为正当办法。"〔2〕最终,宪政编查馆的办法被采用,作为变通,特批广

---

〔1〕《初九日派员往四川云南贵州甘肃新疆等省考试法官》,载《东方杂志》1910年第7卷第7期,"记载第一·中国大事记",第94页。

〔2〕《宪政编查馆咨复法部考试任用法官各事宜应遵章举办专案奏明通行各省文》,载《时报》1910年4月11日。

西省考官就近简派及试期提前。宣统二年(1910年)五月十五日,广西省在全国法官考试开考前举行了法官考试。[1] 此外,新疆考场于九月举行考试,原定由甘肃考官转往新疆,但因道路遥远,法部同意援照广西办法,由省提学使会同镇迪道尹兼提法使单独在新疆举行考试。[2]

宣统二年(1910年)九月,法部公布了这次法官考试的录取名单。在这次法官考试中,京师考场共有561名被录取,最优等83名,优等193名。此外,在京外的5个考场中,甘肃录取了42名[3],云南录取了26名[4],贵州录取了42名[5],四川录取了130名,[6]广西录取了32名[7],新疆录取了8名。[8] 综上,宣统二年(1910年)全国法官考试录取总人数为841名。

在全国法官考试之后,法部又针对京师以及各省已设各审检厅内"实缺候补调用各员"进行了补行考试,"上年宪政编查馆奏进法院编制法折内开,已设各级审判厅衙门,应于明年举行第一次考试后,定期将各该衙门所有实缺候补调用各员,认真甄别,按照此次章程所定各科目补行考验,分别汰留"。补行考试的举行"原为审判得人起见",而已设各审检厅推检各有专司,故考验办法"似未可与初试为吏

---

[1] 参见《询问法官考试章程电》,载《时报》1910年6月2日。

[2] 参见《法部奏新疆法官考试实多窒碍拟请援照广西成案量予变通折》,载《政治官报》1910年第1025期,"折奏类",第7—8页。

[3] 参见《法部复核甘肃考试法官录取各员名单》,载《北洋官报》1911年第2724期,第8页。

[4] 参见《法部奏甘新滇三省考试法官授职任用折》,载《政治官报》1911年第1208期,"奏折类",第6页。

[5] 参见《法部奏贵州考试法官录取各员拟请授职任用折》,载《吉林司法官报》1911年第3期,"章奏",第11页。

[6] 参见《法部奏四川考试法官录取各员拟请照章授职任用折》,载《吉林司法官报》1911年第3期,"章奏",第11页。

[7] 参见《广西录取法官咨部核准》,载《申报》1910年9月25日。

[8] 参见《法部复核新疆考试法官录取各员名单》,载《北洋官报》1911年第2723期,第8页。

者，相提并论"。于是，法部在与宪政编查馆会商后制定出了补行考试标准：一类为免考人员，即"由部院调用、通计历资十年以上、或法政科举人以上出身、或合于法官考试任用章程第二条所定襄校官之资格者，以及进士出身或以举人而曾习法政毕业者"；除上述人员以外的其他各员均须参加补行考试。[1] 宣统二年（1910年）十二月，法部针对大理院和京师各级审检厅司法官举行了补行考试。此次考试分为笔试和口试，是"以品行成绩较供差之优绌，平均计算"，与全国法官考试相同法官补行考试也是分2次进行，第一次考试合格者为22人，第二次考试合格者为102人。[2] 除京师外，奉天和天津也举行了法官补行考试。天津法官补行考试举行于宣统三年（1911年）三月，由法部派员前往主持考试，考试共举行2次，第一次考试录取了10人，第二次考试录取了49人。[3]

暂且不论法官补行考试，就宣统二年（1910年）全国法官考试而言，据史料记载，当时在京报考人数为2,880余人，除去"各直省咨送员生未投到者尚有260余名"以外[4]，在京报名并最终参加法官考试人数为2,620余人，在这2,620余人中通过法官考试一次试验的有561人，如果再加上其他6省考场一次试验合格人数，法官考试合格总人数在841人。那么，清末全国各级审检厅到底需要多少司法官呢？据前文所述，清末已设各级审检厅共需司法官（推事与检察官），大理院和总检察厅为37人，京师各级审检厅为67人，各省省城商埠各级审检厅为994人，共计1,098人。因此，法官考试合格人数

---

〔1〕 参见《法部奏考验京外已设各审判检察衙门人员酌拟办法折》，载《政治官报》1911年第1153期，"奏折类"，第6—7页。

〔2〕 参见《法部会奏补行考验大理院及各厅法官录取各员分数等折》，载《政治官报》1911年第1215期，"奏折类"，第4—9页。

〔3〕 参见《法部奏天津各级审检衙门人员补行考验等分数折》，载《政治官报》1911年1341期，"奏折类"，第4—5页。关于奉天法官补行考试录取人数，受资料所限，具体人数还有待查证。

〔4〕 参见《法部奏法官考试请简监试御史折》，载《政治官报》1910年第1049期，"奏折类"，第10页。

大致可以满足全国所需司法官人数的80%,如果再加上法官补行考试合格人数的话,则基本可以满足全国所需司法官人数。而宣统二年(1910年)司法官考试的合格人数,事实上也是处于法部掌控之中的,"查直省本年开办省城商埠各级审判检察厅,约需推检不过六百余员,似此则应考人数多于员额数倍,法部各堂特公同商议,拟就应需员数,于考生内酌取十成之二,以为本届录取名额之标准,若优卷过多,所录员额亦不得过十成之三,经已具奏,奉旨允准矣"[1]。当然,若全国所有审检厅全部成立,而不只是京师和各省省城商埠审检厅成立的话,以前述浙江和广西两省情况来看,宣统二年(1910年)法官考试合格人数是浙江(1,180人)或广西(1,085人)一省所需司法官人数的70%左右,是浙江和广西两省所需司法官人数的40%左右。可见,清末法官考试选拔出的合格司法官,最多只能满足京师及各省省城商埠各级审检厅必需之司法官人数;京师及各省省城商埠审检厅之外的各级审检厅,则只能继续采用推荐选拔的方式从各部部员、原有官吏等人员中选录司法官。此外,宣统二年(1910年)的法官考试主要是用于选拔司法官即审判厅推事和检察厅检察官,并不涉及书记录事的选拔,故书记录事仍是采用推荐选拔方式从候补官和刑幕中选任。因此,就司法人员总体构成而言,清末京师及各省省城商埠各级审检厅尚未具备近代法律知识的旧式官吏仍占据了司法人员人数的半数以上。

---

[1] 《奏定考试法官取中员额》,载《国风报》1910年第1卷第24期,"中国纪事",第7—8页。

(图片来源:《时报》1910年9月7日)

考试法官临场利器法部审定法制汇编出版

(图片来源:《时报》1906年4月30日)

宁波法政学堂招考广告

第四章 北洋政府时期的司法人员

第一节 中华民国成立与司法人员改组

一 中华民国成立与清末留任司法旧员

1912年3月10日,袁世凯就任中华民国临时大总统,翌日颁布了《临时大总统宣告暂行援用前清法律及〈暂行新刑律〉令》,向全国通告:"现在民国法律未经议定颁布,所有从前施行之法律及新刑律,除与民国国体抵触各条应失效力外,余均暂行援用,以资遵守。"[1]不仅在法律上,而且在人员上,出于国家正常运转之需,北洋政府继续留任了前清各机

---

[1] 谢振民编著:《中华民国立法史》(上册),中国政法大学出版社2000年版,第54页。

构中旧员,其中就包括司法人员。

1912年3月,王宠惠被任命为司法总长,4月徐谦被任命为司法次长。在王宠惠赴京到任前,司法部工作暂由徐谦主持。对于当时司法系统中的清末留任旧员,徐谦曾向总统袁世凯提议,"酌裁无法政毕业出身之法官","所有旧日法部并外省司法各署差役茶役所丁一律驱逐,永不准进署当差","定期先行考试法部旧有之司员,以定去留"〔1〕。在旧法部人员的裁留上,王宠惠曾发函电"主张新旧参半",但徐谦却主张舍旧从新,"徐次长独痛诋旧员,至指为亡清奴隶,拟全数解散,尽用新员,所有旧欠津贴,亦概不发给"〔2〕。徐谦的做法遂引发风潮,4月29日旧法部全体人员向总统府递呈二件,一为全体辞职,二请补发欠薪。袁世凯当即交国务院调和此事,国务院最终议定"王总长未来京之先,旧司员不容令其辞职,从前欠薪理应照数设法补发",总统总理还同时"责成徐谦一力维持",并紧急补发欠薪,以求事端平息。〔3〕5月2日,王宠惠抵京就任司法总长〔4〕,随即发布司法部令称:"自共和宣布以来,全国统一,在北在南,凡经服务之人,均属尽力民国,本总长同深敬佩,毫无歧视。兹经本总长派员接收前法部事务,无论新旧各员,未经指派者,均暂缓进署,听候另行组织。"〔5〕然而,在组织标准尚未确定时,大理院正卿刘若曾等清末留任旧员纷纷提出辞呈。司法部对此认为,"现在统一政府既经成立,各项机关均须从新组织,前大理院正卿刘若曾等呈请辞职,自系慎重司法,尊崇体制之意,应请大总统准如所请,即由本部将该院另行组织",但因法院组织必须依据法律,而"前清时代之编制法,又与民国国体多有不合,自应先行修正"。故司法部提议,一方面将法院编制

---

〔1〕《司法次长之政见》,载《新闻报》1912年4月19日。
〔2〕《新旧各部近状况》,载《申报》1912年5月5日。
〔3〕同上注。
〔4〕参见《王总长呈报就职文》,载《司法公报》1912年第1期,"公牍",第5页。
〔5〕《司法部令派员接收前法部事务文》,载《政府公报分类汇编》1915年第15期,"司法上",第35页。

法修正案提交参议院,一方面选派素谙法律人员接收大理院。至于大理院留任各推事检察官及其他职员等司法旧员,司法部则认为应"暂不解散,俟编制法修正案通过后,再行组织",如此一来"司法机关既无间断之虞,而该前院卿等亦不致久负责任"[1]。

王宠惠及其领导下的司法部虽在清末留任司法旧员裁留问题上态度温和,但在1912年5月参议院大会上,王宠惠针对清末民初的司法官却提出了尖锐的批评:"前清时代各省自为风气,因陋就简,流弊无穷,法庭既不完全,法官亦无学识,贻害闾阎,久为诟病","欲求司法独立,必须有独立之司法官,使司法官无高尚之道德、完全之学识、裁判之经验,则人民之自由生命财产,将受无穷之危险","我国之倾向,固已趋重于近今世界最文明之制度,对内对外,犹不能有绝大之信用者,即患无合格之司法官,而滥竽充数者,比比皆是"[2]。

二 京师司法人员改组

1912年7月,王宠惠因总理唐绍仪辞任而辞去司法总长一职,许世英继其后任。许世英属前清旧员,大理院正卿刘若曾辞职后由其接任大理院院长。由大理院院长调任司法总长的许世英,上任后面临的首要任务是司法人员的改组,而最先入手改组的即是大理院和京师各级审检厅。8月22日,许世英向总统袁世凯呈请任命大理院、总检察厅、京师各审检厅司法官。许世英在呈请中称,"从前官吏资格既已当然取消,一般人民诉讼不容一日停滞",法官改组"各省情形骤难整理,中央规画首系观瞻,法院编制法提议通过尚无决定时期,各级审判检察厅现有人员又多不能适用,徘徊观望人之常情,若责以勉力维持,实难收美满之效果,再四筹维,惟有速选学识经验能合法定资格者,任为各厅司法官,必使编制法实行之日,无纷更抵触之虞,庶于司

---

[1] 《呈请准大理院正卿刘若曾等辞职拟派员接收文》,载《司法公报》1912年第1期,"公牍",第6页。

[2] 《王总长发表政见书》,载《司法公报》1912年第1期,"杂录",第1—3页。

法前途,有所裨补"[1]。

在其选任名单中,拟任命大理院推事的有廉隅、胡贻穀、沈家彝、朱献文、林行规、高种、潘昌煦、张孝栘、徐维震、黄德章10人,拟任命总检察厅检察官的有朱深和李杭文2人,拟任命京师高等审判厅推事的有李祖虞、朱学曾、郁华、陈经、张式彝5人,拟任命京师高等检察厅检察官的有匡一和蒋菜2人,拟任命署理京师地方审判厅推事的有刘豫瑶、张兰、张宗儒、潘恩培、赵从彝、胡为楷、陈彰寿、徐焕、王克忠、李在瀛、李文蓥、叶任钧、林鼎章、冯毓德14人,拟任命署理京师地方检察厅检察官的有尹朝桢、蒋邦彦、龙骞、林尊鼎4人。[2] 此外,拟任命罗文干为总检察厅检察长、江庸为京师高等审判厅长、刘蕃为京师高等检察厅检察长、朱深为暂行署理京师地方检察厅检察长、姚震和汪燨芝为大理院推事兼庭长。[3] 罗文干、江庸、刘蕃、朱深均曾留学海外,除在英国牛津取得博士学位的罗文干外,江庸、刘蕃、朱深三人均毕业于日本的大学法律科。[4] 8月26日,司法部又呈请荐任了署理京师初级审判厅推事检察官12人。[5] 8月30日,司法部部令称,大理院及各级审判检察厅业已改组完成,"所有简任荐任各司法官暨办事员均系法律或法政毕业人员",新任司法人员须将毕业凭证送交司法部查验。[6]

对于此次司法人员改组,许世英就其改组宗旨进行了解释:"查

---

[1] 《司法总长许世英呈:大总统请任命大理院总检察厅高等地方各审判检察厅司法官文》,载《政府公报》1912年第120期,"公文",第3—4页。

[2] 参见《呈请任命大理院及各级厅荐任司法官文》,载《司法公报》1912年第1期,"公牍",第10—12页。

[3] 参见《呈请简任各厅长官履历并考语文》,载《司法公报》1912年第1期,"公牍",第9—10页。

[4] 同上书,第10页。

[5] 参见《呈请荐任署理京师初级审判厅推事检察厅检察官文》,载《司法公报》1912年第1期,"公牍",第12—13页。

[6] 参见《司法部部令:元年总壹字第二十号》,载《政府公报》1912年第124期,"命令",第4页。

法官资格法定綦严,必须以法律毕业而富于经验者为合格,倘非法律专门,则所谓经验者,不过如从前资深之说,恐究非有本之学也。民国肇始,首重建设,司法改良,当务之急,欲推行之尽利,在法官之得人,矧各种新法陆续颁布,决(绝)非素未讲求者所能执行,是以此后,法官须用学者。"[1]关于旧法官出路问题,许世英称:本部现在改组各级审判检察厅办法,"以为统一进行之预备,固非有舍旧从新之见,亦决(绝)无丝毫偏私之心","惟前在大理院以下各署,未经法律毕业各员,实不乏贤劳之选,若不择尤录用,一任其投闲置散,既不足以表彰公道,即揆诸爱惜人才之意,亦有未安",因此将"办事多年勤劳尤著之员,酌量调部办事,并分派各厅充当书记官"并向国务院会议提案举行旧法官特别考试,以免"致有遗才"。在许世英看来,旧法官特别考试为"权宜办法","盖专为此次解散各员而设,果其学识经验确有可凭,则将来考试合格,自应分别部厅登用,以为过渡时代救济之方"[2]。而据《申报》报道,旧法官特别考试的设立乃是许世英迫于压力的结果,"司法部司法总长将各级审判厅人员从新组织后,旧时各项人员多未录用,各人以闲散废弃大为不服,公举代表要求许世英分别位置,许不得已勉应,以拟设考试之法择尤委任"[3]。为了寻求司法界对司法人员改组的支持,许世英在呈请最后还表述道:"本总长区区维持苦衷,曾于本月数十日前,于延见地方厅员时推诚相告,固为时势之所必然,亦与情理并无不合,想司法界同人当能共谅者也。"[4]

在此次京师审检厅司法人员改组中,汪忠杰等 14 名来自大理院、总检察厅及京师地方审检厅的清末留任司法官被调任至司法部任职;

---

〔1〕《批国务院交奉大总统发下京师各级审检厅呈请任命法官须学识与经验并重由》,载《司法公报》1912 年第 1 期,"公牍",第 50—51 页。
〔2〕同上注。
〔3〕《各部用人风潮汇记》,载《申报》1912 年 9 月 14 日。
〔4〕《批国务院交奉大总统发下京师各级审检厅呈请任命法官须学识与经验并重由》,载《司法公报》1912 年第 1 期,"公牍",第 50—51 页。

陈延年等16名法律或法政毕业并曾任职于总检察厅或京师地方审检厅的司法人员,依照许世英命令转任或继续留任京师地方审检厅工作[1];涂熙雯等8名法政法律或警监各校毕业并曾任职于京师初级审检厅的司法人员,被"分别调部留厅办事,以资策励"[2]。1912年10月,在京师审检厅改组基本完成时,因之前任命的司法官不足所需,司法部故在总检察厅及京师高等以下各级审检厅中"续行遴选合格人员",添任至京师各审检厅中。[3] 经过司法部对京师审检厅司法人员的改组,京师司法官职位绝大多数被新式法政人员占据,仅在政务性质岗位依然存有旧式人员。[4]

三　地方司法人员改组

京师各审检厅人员改组只是全国司法人员改组的第一步。1913年2月19日,司法部发布命令,令"各省司法筹备处处长及高等两厅厅长,将已设而未完备之法院,妥商改组,毋稍延误"[5]。2月20日,司法部再次下发第53号训令即《令各省高等两厅长将高等以下各厅员文凭成绩认真考验文》,要求各省依照京师改组办法对本省司法人员进行改组。"现在各省高等长官多系任命,则对于所属各厅司法行政应负完全责任,本总长前定司法计画书,以民国二年为改良时期,特此令饬该厅长检察长,即就各该高等以下审判检察厅现有人员,按照京师改组办法,将各该员毕业文凭及其办事成绩认真考验,出具切实考语,详细报部,由本总长核定后,分别呈请任命,以符约法而昭划一。"在

---

〔1〕　参见《司法部部令》,载《政府公报》1912年第119期,"命令",第1页。
〔2〕　同上注。
〔3〕　参见《司法总长许世英呈大总统拟将总检察厅暨京师高等以下审检各厅应添任司法官续行遴选合格人员分别开单请迅赐任命文》,载《政府公报》1912年第159期,"公文",第21—22页。
〔4〕　参见李在全:《民国初年司法官群体的分流与重组》,载《近代史研究》2016年第5期,第49页。
〔5〕　《令各省司法筹备处长及高等两厅长迅将已设未完备之法院妥商改组文》,载《司法公报》1913年第7期,"公牍",第9页。

命令的最后,为使各省对司法人员改组重视起来,许世英表明了决心:"此举为改良司法之始基,各该长官务须矢以公诚之心,持以坚毅之力,幸勿瞻徇顾虑,放弃职权,倘系人才难得,宁可废止机关,毋令滥竽充数。总之,此次组织必使设一厅得一厅之利益,用一人收一人之效果,而后乃为称职。各长官须知为法官者必学识经验道德三者具备,乃能保持法律之尊严,增长人民之幸福。民国初立,改良司法,凡属司法人员与本总长同负其责,如再因循敷衍,仍蹈前清覆辙,其何以勉副国民期望之深心,而共跻世界大同之文化,愿各长官其共勉之。"[1]

但地方司法人员改组并非一帆风顺。1913年3月司法总长许世英在向各省司法筹备处(由各省司法司、提法司等改组而来)处长及高等审检厅长下发的司法部训令中称:"组织法院任命法官各办法,已见本部第五十三号训令,乃迭据各省旧充推检各员函电交驰,或登报纸或印传单,纷纷反对,借口阻挠。"对于地方风潮,许世英早已预料,"此等风潮,本部于发令之初即已逆料及此"。在许世英看来,国体已变,法院组织自应改组,"民国成立,国体变更,各行政机关具已从新另组,京师法院亦早已改弦更张,法院组织为约法所规定,改组法院为事实所当然"。面对地方风潮,许世英无意让步,更是坚决表示要继续改组:"在职一日,即一日负其责任","南山可移,此案决不可改"[2]。

在地方反对人员改组者中,"奉天尤为激烈"。"奉天法官公推代表梁寿相等来京具呈大总统,以司法部改组法廷案属违法",并称"民国尚无平政院,请指定法廷,以便诉讼云云"[3]。对于奉天省关于司法人员改组的质疑,司法部等多次予以回应。1913年3月1日,司法部回复奉天高等审判厅法官代表谢桐森等人的质疑,表明各省司法人员改组是有法可依的,"民国成立,凡属官厅具已改组,司法何能独异?且查从前《法院编制法》法官资格规定綦严,前清法官多未依法

---

[1] 《令各省高等两厅长将高等以下各厅员文凭成绩认真考验文》,载《司法公报》1913年第7期,"公牍",第9—10页。
[2] 《司法部训令第九十号》,载《浙江公报》1913年399期,"命令",第16页。
[3] 《奉天法官反对司法部之激烈》,载《时报》1913年4月25日。

任用,此次组织正系遵照约法及元年三月十日大总统令援用旧法切实办理"[1]。至于前清考试任用章程效力如何,奉天省代表与司法部产生分歧。对此,3月5日,司法部再次电函奉天,明确表示奉天代表所依据的清末《法官考试任用暂行章程》已丧失法律效力,"查《法院编制法》法官任用各条,均以法政法律三年以上毕业者为衡,东电所称旧法,即系指此,至前清适用之《法官考试任用暂行章程》多属变通办理,与编制法第一百六条所谓另定之考试任用章程不同,且既曰暂行,即非永久之法,其中资格尤多与国体抵触,应失效力,不得借口援用"[2]。5月10日,国务院发布批文,在反驳奉天法官代表梁寿相等人说辞的同时,再次明确表示京外改组法院办法不能执行前清法官任用章程,司法总长并无违法行为。国务院在批文中称:该代表"以前清《法官考试任用暂行章程》第四条各款之资格为词,试问国体变易,政局一新,前清机关无不改组,岂司法界之文职举贡独能继续有效,习大清律之刑幕,亦得号称法学家乎?况此次改组并非将前清任用之法官一概取消,其有合于现行法第百七条第二项之资格者,仍予分别任用,其不合格者,在理不能充数"。接着,国务院对奉天法官代表援引《临时约法》第52条以为保障的行为批评道:"抑知约法五十二条之规定,系对于入民国后曾经任命为法官而言,与前清任用之法官了无关系,该代表等自称法官按照约法第四十八条之规定,究竟何时奉大总统及司法总长之任命?若未经约法第四十八条之任命,则其所谓法官者又岂能受约法上第五十二条之保障?总之,该代表等既不合现行《法院编制法》之资格,此时即不去职,恐新法颁布,仍无幸存之理。司法总长既无违法之行为,该代表等援引约法第十条之权利,当然不能取得。"[3]

---

〔1〕《致奉天高等审判厅转法官谢桐森等此次改组遵照约法办理电》,载《司法公报》1913年第8期,"公牍",第32页。

〔2〕《复奉天司法筹备处高等审判厅前清适用之法官考试任用章程应失效力不得借口援用电》,载《司法公报》1913年第8期,"公牍",第33页。

〔3〕《国务院批奉天法官代表梁寿相等关于京外改组法院办法不能执前清法官任用章程引为保障文》,载《政府公报分类汇编》1915年第16期,"司法中",第11—12页。

与京师相同,各省司法人员改组同样造成部分清末留任司法人员的失业,对于他们失业后的安排,许世英提出了解决方案。一是,许世英提案从被免职的清末留任司法人员中择优改任法院书记官或担任未设法院之地方承审员,"至于旧有法官,现时投闲置散,未免不近人情,世英事前计划亦曾及,此刻已命令处长及审检长择其办事认真声誉素著者,改充书记官及未设法院之帮审员"[1]。二是,设立"旧法官特别考试",其余未能改任的清末留任司法人员可参加考试,考试合格可再次任职法院。关于旧法官特别考试,许世英在致各省都督民政长的电函中称:"此次京师改组法院任用法官,首以法律或法政三年毕业而又富于经验者为标准,此非悬格太苛,实为将来法定之预备,其有不合资格而现充法官者,复经拟订旧法官特别考试法,送经国务会议提交院议,如果通过即可举行,果其考试合格仍应登用,但虑各省在厅人员未知底蕴,闻风疑虑,观望越趄,厅务稍弛,影响极大,不知本部对于新旧人才视同一体,惟求适当,绝无偏私,窃愿各该厅员善体此意,在职一日均有一日之责任,且可及此筹备期内勤务之暇,殚心研究,以资深造,希饬司转行厅员,勉力维持,勿滋误会。"[2]然而,许世英提案的旧法官特别考试,因参议院决议未能通过,而就此停滞。

第二节 司法官考试严格化

一 甄拔司法人员考试

清末自预备立宪以来,随着司法改革的推进,京师及各省省城商

---

[1]《复直隶冯都督请维持司法改组变通办法函》,载《司法公报》1913年第7期,"公牍",第45页。
[2]《司法总长致各省都督民政长规定任用法官资格暨拟订旧法官特别考试法期于新旧人才一体登用希饬司转行现任厅员勿滋误会函》,载《政府公报》1912年第142期,"公文",第15—16页。

埠审检厅在短时间内得以筹设完成,但由于具备近代法律知识司法人员的缺乏,使得各审检厅司法人员仍以旧式官吏为主。于是,在法官考试之外,清末针对京师及各省审检厅内实缺、候补、调用各员又举行了补行考试。民国肇建,司法人员尤其是司法官的素质与专业性备受重视,除了对京师和地方审检厅清末留任司法人员改组外,北洋政府也通过考试对有司法官资格者进行了甄拔。[1] 1913年,替代许世英就任司法总长的梁启超,在给总统袁世凯的上呈中,对民初司法官素质提出了严厉批评:"朝出学校,暮为法官,学理既未深明,经验尤非宏富,故论事多无常识,判决每缺公平,则登庸太滥之所致也。"梁启超认为若要慎重任官,"其方法则用考试以观其学力,行甄拔以选其优良,非特无法律智识者,不许滥竽"[2]。事实上,在梁启超呈请之前,袁世凯对于司法官素质低下的问题已深有认识,"司法官办事迁延,而审决案情又不能切合事理"[3];"民闻设一审判厅,原期事平讼理,乃该司法官既无审判之学识,又无社会之经验,一案发生,曲直殊难剖决,而含冤自不能免"[4];"司法官不得其人,往往滥用法律以殃民"[5]。正是在此认识下,袁世凯依据梁启超的条陈下令开始整顿

---

[1] 根据下列两则史料可知,甄拔考试是以有司法官资格且未经任用的人员为对象。《司法部批第五百九十八号》,"本部所定《甄拔司法人员准则》系为慎重司法人员之任用起见,专就现认为有司法官资格者加以考验,以定用人之标准而已"(《司法部批第五百九十八号》,载《政府公报》1913年第567期,"呈批",第16页);《司法部训令第五百十二号》:"本部制定《甄拔司法人员准则》业于第十七号布告公布在案,查此项甄拔专为未经任用之司法人员而设,其现在各该厅候补或练习各员,如志愿甄拔,准其就近呈明各该厅长官,即由各该厅查取。"(《司法部训令第五百十二号》,载《政府公报》1913年第561期,"命令",第2—3页)。

[2] 梁启超:《呈大总统详论司法急宜独立文》,载《司法公报》1914年第2年第4号,"公牍",第1—3页。

[3] 《在国务会议上谈司法之政见》,载骆宝善、刘路生主编:《袁世凯全集》(第24卷),河南大学出版社2013年版,第556页。

[4] 《在总统府居仁堂召集政治会议委员训词》,载骆宝善、刘路生主编:《袁世凯全集》(第24卷),河南大学出版社2013年版,第1403页。

[5] 《对某政治家谈当前中国三大弊害》,载骆宝善、刘路生主编:《袁世凯全集》(第24卷),河南大学出版社2013年版,第1757页。

司法。在整顿司法令中,袁世凯称:"今京外法官,其富有学养,忠勤举职者,固不乏人,而昏庸尸位,操守难信者,亦所在多有,往往显拂舆情,玩视民瘼……岂国家严行司法独立之本意哉?"究其原因,袁世凯认为在于"法官之养成者既乏,其择用之也又不精",而若力图整顿,"意在厉行试验,以杜倖进,严定考绩,以汰不职"〔1〕。

在梁启超的提案与袁世凯的支持下,用于甄拔未经任用司法人员的措施被切实推行。1913年11月,司法部颁布了《甄拔司法人员准则》。在颁布该准则的同时,司法部还发布了《制定甄拔司法人员准则布告》,在该布告中司法部对《甄拔司法人员准则》颁行意义进行了说明,"法官为人民生命财产名誉自由之所寄,责任既宏,任用自不得不慎",自改组京外法院以来,"任命法官仅就《法院编制法施行法草案》所定任用司法官各项资格为暂行任用之标准",而并无其他正式标准可凭,"惟资格与人才究属二事,具有法官之资格者,未必即胜法官之任,若长此因循,漫无考验,当兹羣流竞进之时,实无以辨别真才,以重法权而餍民望",故特制定《甄拔司法人员准则》〔2〕。换言之,甄拔司法考试的目的在于要"将以前各省毫无资格之法官悉行撤换"〔3〕。

按照《甄拔司法人员准则》第1条的规定,具有参加甄拔考试资格的人员以下列条件为限:(1)在外国大学或专门学校修法律或法政之学3年以上,得有毕业文凭者;(2)在国立或经司法总长、教育总长认可之公立大学或专门学校修法律之学3年以上,得有毕业文凭者;(3)在国立或经司法总长、教育总长认可之公立私立大学或专门学校充司法官考试法内主要科目之教授3年以上者;(4)在外国专门学校学习速成法政1年半以上,得有毕业文凭,并曾充推事、检察官,或在

---

〔1〕《令整顿司法事宜》,载《东方杂志》1914年第10卷第8期,"中国大事记",第15—16页。

〔2〕参见《制定甄拔司法人员准则布告》,载《司法公报》1913年第2年第3号,"公牍",第25页。

〔3〕《司法甄拔后之余闻》,载《顺天时报》1914年3月18日。

国立公立大学或专门学校充司法官考试法内主要科目之教授 1 年以上者。就甄拔考试资格范围而言,私立法政学校毕业生以及公立法政学校别科毕业生未被包含在内。[1]

甄拔司法人员考试由设在司法部内的甄拔司法人员会组织,根据准则第 4 条规定,甄拔方法为:(1)就学校讲义考试答案及考列等次,考察其学业之程度并逐年及卒业时之成绩;(2)就卒业后之经历及其主办事务之内容,考察最近之学况并事务上之成绩及能力,但入学前经历有足备考者,并应调查之;(3)就向来之言行状况,考察品学性格才能及体质能否为司法官,并宜充何种职务之司法官;(4)举行甄拔考验,以测知学问之程度并运用能力为宗旨。[2] 关于甄拔司法人员考试,该准则第 10 条还规定,甄拔司法人员考试依笔述行之,但典试员认为虽经笔述考试仍未能贯彻以测知学问程度并运用能力宗旨时,应指定科目得甄拔司法人员会会长同意续行口述考试;此外指定考试科目分别为现行新刑律、民法、商法、民事诉讼法以及刑事诉讼法。[3]

由上述司法官甄拔考试的考试宗旨来看,甄拔考试不仅仅是追求学历背景,还进一步对被甄拔司法官的真才实学与实务能力提出了要求,其目的是"在拔用合格而能胜任之人才",以为现时司法官素质低下之"救济方法",进而"谋司法事业之进步"[4]。这与许世英在任时强调学历背景的方针多有转向。许世英在改组京师和地方审检厅清

---

[1] 参见《司法部批第五百九十八号》,载《政府公报》1913 年第 567 期,"呈批",第 16 页;《司法部致教育总长法院编制法施行法草案未经修正以前甄拔司法人员准则拟仍查照该法草案所定资格办理请查照函》,载《政府公报》1913 年第 571 期,"公文",第 20 页;《令湖南兼民政长湖南第一法政各学校代表等请准予私立各校毕业生一律得与甄拔未便照准文》,载《司法公报》1914 年第 2 年第 5 号,"公牍",第 32 页。

[2] 参见《甄拔司法人员准则》,载《司法公报》1913 年第 2 年第 3 号,"法规",第 7—8 页。

[3] 同上书,第 8—9 页。

[4] 《制定甄拔司法人员准则布告》,载《司法公报》1913 年第 2 年第 3 号,"公牍",第 25 页。

末留任司法旧员时,极重学历背景,主张"法官须用学者"[1],甚至仅具有法政文凭者也可担任司法官。这不禁引发了时人尖锐的批评:"依现行法院编制法规定,法律法政三年毕业者,非经过第二次考试不为合格,许世英乃不行考试,遽行任用,试问是否违法?""法官当兼有学识经验及道德,许世英亦既知之,乃未经到厅学习之毕业者,任为法官,试问其经验二字作何解释?"[2]

1914年1月23日,司法人员甄拔考试在北京宣武门象坊桥众议院旧址举行。甄拔考试共分两场,考试时间自上午8时至下午5时;甄拔考场场规"颇为严肃",考生"一不得离坐(座),二不得与他人接谈,三不得任意高声朗诵,四不得有妨害他人之举动,五不得有强暴之举动",若违反纪律严重者将被立令退场。[3] 在甄拔考试结果公布前,梁启超因熊希龄内阁结束而辞任司法总长,章宗祥继其后任。1914年3月,司法部公布了甄拔司法人员考试合格者名单,在1,100余名报名考试者中共录取了171名。[4] 在这171名合格者中,由笔述试验确定合格的有134名,先笔述试验后口述试验确定合格的有32名,补考合格的有5名。[5] 考试结束后,171名考试合格者分别被派往京师、直隶、奉天、山东、江苏等审检机关进行司法实务实习。其中,有20名被派往京师,12名被派往直隶,11名被派往江苏,10名被派往广东,此外山东、浙江及湖北各有9名,奉天、吉林、山西、河南、福建、江西、湖南及四川各有8名,安徽和广西各有6名,黑龙江、陕西及

---

[1] 《批国务院交奉大总统发下京师各级审检厅呈请任命法官须学识与经验并重由》,载《司法公报》1912年第1期,"公牍",第50—51页。
[2] 《许世英破坏法律之罪状》,载《大公报》(天津版)1913年4月25日。
[3] 参见冰若:《民国第一次司法甄拔纪详》,载《时报》1914年1月31日。
[4] 参见《关于法官任免惩奖事项》,载《司法公报》1915年第34期(临时增刊:司法部三年份办事情形报告),第3页。
[5] 参见《法官甄拔之揭晓》,载《时报》1914年3月10日;《甄拔法官之榜示》,载《新闻报》1914年3月27日。

云南各有 4 名,贵州和甘肃分别是 2 名和 1 名。[1] 上述人员在分派实习过程中,准用"司法官回避办法",其派往实习地与其来源地均属不同;实习期中所在高等/地方厅长"每半年就实习推检之职务上及职务外行状并关于执务之成绩做成履历书,呈报司法总长"。"实习推检实习一年以上,成绩优良者,由司法总长存记,俟各地方厅推检缺出,得尽先荐任",或者"实习半年以上,执务勤慎者,由该管高等厅长存记,俟管内各地方厅推检缺出,得呈请尽先荐任",又或者实习未满前两项期限,但无懈怠职务上之义务、于职务上职务外无不合身份之行为以及无其他较重大事由情形者,"遇有本厅推检缺出,得由该管高等厅长择优呈请荐任",但本厅为高等厅时除外。[2]

1914 年 6 月,司法部颁布了《甄拔司法人员规则》,以取代之前颁布的《甄拔司法人员准则》。《甄拔司法人员规则》第 1 条规定甄拔者以下列人员为限:(1)由司法总长特送者[3];(2)依司法部 1913 年第 567 号训令得补行甄拔者。[4] 其中,对于"由司法总长特送者",《甄拔司法人员规则》第 2 条详细规定为:(1)在外国大学或专门学校修法律法政之学 3 年以上毕业者;(2)在国立大学或专门学校修法律之学 3 年以上毕业者;(3)在外国专门学校学习速成法政 1 年半以上得有毕业文

---

[1] 参见《分发甄拔合格人员一览》,载《司法公报》1914 年第 2 年第 8 号,"杂录",第 19—20 页。

[2] 参见《甄拔合格人员实习规则》,载《司法公报》1914 年第 2 年第 7 号,"法规",第 26—28 页。

[3] 所谓"司法总长特送",是指司法总长就《甄拔司法人员规则》第 2 条规定人员中认为学问、经验、品行足胜司法官之任者,连同证明资格书及甄拔方法中各项考核文件提交甄拔司法人员会决议的方式。(参见《甄拔司法人员规则》,载《司法公报》1914 年第 2 年第 10 号,"法规",第 5—7 页。)

[4] 根据司法部 567 号训令,下列人员为补行甄拔者:(1)京外各厅呈请任命文件,在本年 12 月 31 日以前到部者;(2)京外各厅在本年 12 月 31 日以前,呈报先行派员署理某缺,曾经声明,俟有成绩或俟数月后,再行呈请荐任者;(3)曾经简任荐任原有本缺之司法官,现拟调补或调署他缺者;(4)曾经简任荐任之司法官辞职或裁缺者。(《令京外各级审判检察厅长官颁布甄拔法官办法文》,载《司法公报》1914 年第 2 年第 4 号,"公牍",第 15—16 页。)

凭,曾充推事检察官办理审判检察事务半年以上,或在国立大学或专门学校充司法官考试法内主要科目之教授1年以上者;(4)在国内经司法总长教育总长认可之公立私立大学或专门学校修法律之学3年以上得有毕业文凭者;(5)在国立或经司法总长教育总长认可之公立私立大学或专门学校,充司法官考试法内主要科目之教授3年以上者;(6)曾充推事或检察官继续办理审判或检察事务3年以上者;(7)曾充警察官吏继续办理司法警察事务3年以上者。上述人员中司法总长"认其学问经验品行足胜司法官之任者,得连同证明资格书及第五条(甄拔方法中各项考核)之关系文件提交甄拔司法人员会决议"[1]。

暂且不论补行甄拔者,从"由司法总长特送者"的相关规定来看,《甄拔司法人员规则》在《甄拔司法人员准则》基础上,对甄拔考试资格范围作了进一步的调整。调整之一,将私立法政学校毕业生纳入甄拔考试人员范围内,不过公立法政学校别科毕业生仍被排除在外;调整之二,更加重视和强调参考人员的实务经验。如《甄拔司法人员准则》第2条第4款只规定"在外国专门学校学习速成法政1年半以上得有毕业文凭并曾充推事、检察官者"可参加甄拔考试,而未对推事检察官充任时间长短进行限制,而《甄拔司法人员规则》对此作了修正,规定"曾充推事检察官办理审判检察事务半年以上"才可参加考试。此外,将"曾充推事或检察官继续办理审判或检察事务三年以上者"以及"曾充警察官吏继续办理司法警察事务三年以上者"新增加进甄拔考试人员范围内。就考试方式而言,《甄拔司法人员规则》与《甄拔司法人员准则》并无不同,以笔述试验为主,口述试验为补充,但在考试科目上,《甄拔司法人员规则》在《甄拔司法人员准则》规定的现行新刑律、民法、商法、民事诉讼法及刑事诉讼法基础上,又增加了"关于司法之现行重要法令"的科目。此外,《甄拔司法人员规则》第11条还规定了考试免考的情况,即甄拔补行者和司法总长特送

---

[1]《甄拔司法人员规则》,载《司法公报》1914年第2年第10号,"法规",第5—7页。

者经第 5 条规定的甄拔方法中的各项调查后,被认为充任司法官适当,且查有现行新刑律、民法、商法、民事诉讼法、刑事诉讼法及司法现行重要法令相关之法律著述或其他显著之学绩者,得提交甄拔司法人员会议决免除甄拔考试。1915 年,北洋政府颁行了《司法官考试令》,《甄拔司法人员规则》自此废止。[1]

最紧要之广告大总统令将实行文官甄别及
文官考试司法部令准下月甄拔司法人员
(图片来源:《生活日报》1913 年 11 月 21 日)

---

〔1〕 参见《甄拔司法人员规则》,载《司法公报》1914 年第 2 年第 10 号,"法规",第 5—9 页。

二 司法官考试

1915年6月,北洋政府对清末《法院编制法》在民国成立后"条文字句间有失效者","特依照现行法例,重为刊正"。刊正后的《法院编制法》明确规定:"推事及检察官应照《法官考试任用章程》,经二次考试合格者,始准任用。"[1] 同年9月,北洋政府正式颁布了《司法官考试令》以及作为《司法官考试令》追加规定的《关于司法官考试令第三条甄录规则》,对司法官考试资格、考试方式、科目、内容、程序等作出了具体规定。

就司法官考试资格而言,因司法官考试与文官高等考试合并举行,故《文官高等考试令》第3条第1项第1、2、3款同适用于司法官考试。具言之,中华民国男子,年满25岁以上,在本国国立大学或高等专门学校、经教育部指定外国大学或高等专门学校、经教育部认可本国私立大学或高等专门学校修习三年以上毕业得有文凭,且修习学科为法律专科者,均可参加考试;此外"经司法部甄录试验认以为与法律专科三年毕业学生有同等之学力堪应司法官之考试者"由司法总长咨送亦可参加考试。[2] 这里的司法部甄录试验,主要是为与法律专科3年毕业生有同等学力者举行的考试。作为前清旧式官吏的原法部秋审要差与曾充督抚臬司等署幕僚亦被新增进甄录考试人员范围内。[3]

---

[1]《重刊法院编制法等》,载《法政杂志(上海)》1915年第5卷第9期,"专件",第87页、第95页。

[2] 参见《司法官考试令》,载《司法公报》1915年第42期,"例规·官规",第19—20页;《文官高等考试令》,载《东方杂志》1915年第12卷第11期,"法令",第6—7页。

[3] 司法官考试之甄录试验适用资格,包括:(1)在国立或经司法教育总长认可之私立大学或高等专门学校教授法律之学三年以上,经报告教育部有案者;(2)在外国专门学校学习速成法政1年半以上,得有毕业文凭,曾充推事检察官办理审判检察事务1年以上,或在国立大学或高等专门学校教授法律之学1年以上,经报告教育部有案者;(3)曾充推事或检察官继续办理审判或检察事务3年以上者;(4)曾充法部秋审要差,确有成绩者;(5)曾充督抚臬司等署幕5年以上,品学夙著,经该署官或荐任以上京官证明者。(参见《关于司法官考试令第三条甄录规则》,载《江苏省公报》1915年第667期,"中央法令",第5页)

在考试方式上,司法官考试共分为第一试、第二试、第三试及第四试,前3次考试为笔试,第四次考试为口试,成绩取4次考试之平均分数。司法官考试科目,第一试为经义、史论、法学通论;第二试为宪法、刑法、民法、商法;第三试为刑事诉讼法、民事诉讼法、法院编制法、行政法规、国际公法、国际私法、监狱学、历代法制大要;第四试是从前3试曾考科目中另设问题口试。经4次考试,考试合格者,还须分发至京外各官署学习,学习期限为2年,2年期满且成绩优良者经甄别考试后,可作为候补,按照程序任用。[1]

1916年《司法官考试令施行细则》颁布,该细则对考试内容、考试报名、考试分数等予以了更为具体化的规定,细化了司法官考试实施办法。[2] 随后,在1917年、1919年及1923年,北洋政府又先后对《司法官考试令》进行了修正。在1917年修正案中,修正如下:在考试资格中新增加了"经教育部或司法部认可之公立私立大学或高等专门学校修法政学科3年以上毕业得有毕业证书者";甄录试验不再仅仅针对同等学力者,凡司法官考试应试者均应参加;考试资格中的原法部秋审要差与曾充督抚臬司等署幕僚被严格化为"曾应前清法官考试及格者"。此外,在1917年修正案中还规定了免试资格的要件,"凡具有本条各款资格之一者,经司法官再试典试委员会过半数之议决,得免应考试:(1)在国立大学或专门学校本科修法律之学三年以上毕业,得有毕业证书,而成绩卓著,并精通外国语者;(2)在外国大学修法律之学三年以上毕业成绩卓著者,在日本毕业者并须精通欧洲一国语言;(3)曾在国立大学或专门学校教授司法官考试主要科目,任职五年以上,并精通外国语者"。在考试方式上,司法官考试由原来的4次改为2次,即口试和笔试,统称为初试;修改了之前成绩取4次考试平均分的做法,并采用淘汰赛的办法,即只有甄录试合格

---

[1] 参见《司法官考试令》,载《司法公报》1915年第42期,"例规·官规",第20—21页。

[2] 参见《司法官考试令施行细则》,载《司法公报》1916年第53期,"例规·官规",第14页。

者才可参加初试中的笔试,只有初试笔试合格者才能参加初试口试,只有口试合格者才被授予司法官初试及格证书,并分发至各审检厅或司法讲习所学习,学习期满才可参加再试。再试以考验司法实务实习成绩为主,先口试再笔试,只有再试合格者才能被授以司法官再试及格证书并取得司法官资格。[1] 层层淘汰式的选拔方式,是北洋政府对于司法官人才要求严格化的体现。

1919年修正案是在1917年修正案基础上的再修正,主要是对不得参与考试情形、考试地点、典试与襄校委员遴选等部分的修正。[2] 1923年修正案也是在1917年修正案基础上的再修正。1923年修正案,主要是对免试资格的修正,律师在这次修正中被纳入免考资格范围内,即执行律师职务5年以上、历办重大案件而有《司法官考试令》第2条第1款或第2款资格者可免除司法官考试。[3] 对此,司法部解释道:《法院编制法》第112条规定法官免试资格"本系法校教授与律师资格并列",而1917年《司法官考试令》第3条免试资格未包含律师,究其原因,乃由于"改革之初律师免试资格失之太宽",而对司法官任用不得不严行限制,但律师制度迄今行之已十余年,"默察律师界各人员非无可用之才,经验学识并不亚于法官,不为设法擢用,深觉可惜"。此外,在1923年修正案中,司法部佥事被赋予了甄录试和初试之典试与襄校委员的资格。[4]

---

[1] 参见《司法官考试令》,载《司法公报》1917年第84期,"例规·官规",第21—29页。

[2] 参见《修正司法官考试令各条》,载《司法公报》1919年第106期,"例规·官规",第4—7页。

[3] 1917年《司法官考试令》第2条第1款和第2款规定如下:"一在本国国立大学或高等专门学校,修法政学科三年以上毕业,得有毕业证书者;二在外国大学或高等专门学校,修法政学科三年以上毕业,得有毕业证书者。"

[4] 参见《修正司法官考试令各条款呈并指令》,载《司法公报》1923年第180期,"例规·官规",第3—4页。

第三节　审检厅裁撤与司法人员供需

1914年,时任司法总长的梁启超先后向总统袁世凯上呈了《呈大总统详论司法急宜独立文》与《司法计划十端》,提议在目前司法经费和司法人员缺乏之下,应裁撤审检厅,并将县级司法审判事务交由县知事负责。同年3月,各省都督和民政长也以地方财政困难为由,提请将除交通省份和通商口岸外的各边远省份和地区审检厅裁撤,由该当行政机关处理地方诉讼审判,以节省经费。继任梁启超成为司法总长的章宗祥亦提出《各省设厅办法》,该办法虽认为应基本维持现有尤其是省城、商埠及重要地方之各级审检厅,但也承认县知事兼理司法是解决国库空虚及人才缺乏的救济之方。关于审检厅裁撤的讨论,为司法界人士所耳闻,其"恐审检两厅将实行裁撤,皆大起恐慌"[1]。1914年4月,北洋政府召开全国政治会议,政治会议议员围绕着梁启超《司法计划十端》、各省都督民政长裁撤审判厅提案以及章宗祥《各省设厅办法》进行了审议。审议最终以司法经费和司法人员匮乏为由,决定裁并全国所有初级审检厅和部分地方审检厅。1914年5月,京师审检厅被裁并,自此全国审检厅开始被陆续裁并。根据司法统计,在这次裁并审检厅的行动中,京师共裁撤了内外城4所初级审检厅,全国共裁撤了135所初级审检厅和80所地方审检厅,各县司法审判自此改由县知事负责。[2]

依照前述宣统二年(1910年)所定各省城商埠审检厅配置司法人员数额,以地方审检厅司法官9人和书记录事11人以及初级审检厅

---

〔1〕《此间司法界中人恐审检两厅将实行裁撤皆大起恐慌》,载《时报》1914年3月2日。

〔2〕参见《京外裁撤初级审检厅一览表》《各省裁并地方审检厅一览表》,载《司法公报》1915年第34期(临时增刊:司法部三年份办事情形报告),第19—21页。

司法官 2 人和书记录事 3 人来计算的话,预估地方审检厅约有 720 名司法官和 880 名书记录事被解职,初级审检厅约有 270 名司法官和 405 名书记录事被解职,二者合计司法官约有 990 名、书记录事约有 1,285 名需要被重新安置。除初级审检厅裁并导致司法官解职外,回避制度的实施也造成一部分司法官被免职。1914 年,梁启超向袁世凯上呈称,"各省自光复以来,省界划若鸿沟,政席类皆本籍,而法官之任用亦遂因之","各该厅法官以本地人士充任者十之八九","而流弊辄以百出",故请求实施《司法官回避办法四条》。[1] 司法官回避办法施行后,一些省份确有部分司法官被免职,如署任江西南昌地方审判厅推事曹俊因应行回避而被免职。[2]

对于因审检厅裁并或回避本籍而免官的司法官,司法部一面出于慎重,要求各该高等审检厅长将免职"各该员履历缮册,加具考语",交由司法部考核[3];一面为免职司法官寻找出路而设立了司法讲习所,"各省审检衙门裁并之后,回避裁缺之员,既积几许经验,投闲亦殊可惜,十月间呈准设立司法讲习所,集回避裁缺等员,授以教科,课以实习,冀收事半功倍之效,并为风同道一之谋要"[4]。1914 年 10 月,《司法讲习所规程》颁行。在《司法讲习所规程》呈文中,司法部称:"自此次司法改组以来,高等以下各级审检厅员,或因裁并厅区而裁缺,或因回避本籍而免职,此项人员与因事去官者不同,自不乏优良

---

[1] 参见《司法官回避办法四条》规定如下:(1)各省高等审判检察厅司法官不得以本省人士充之;(2)各省地方初级审判检察厅司法官不得以该地方厅管辖区域内人士充之;(3)各省各级审判检察厅司法官与本厅或该管上级厅长官有四亲等内血族或三亲等内姻族之关系者应自行声请回避;(4)各省任用在前之司法官有不合前三项办法者,由司法总长以次分别酌量调用,其现任实缺司法官在未经调用以前,一律暂改为署任。《司法总长梁启超呈大总统拟具司法官回避办法四条缮单请鉴核施行文并批》,载《政府公报》1914 年第 610 期,"公文",第 23—24 页。

[2] 参见《命令》,载《申报》1917 年 3 月 13 日。

[3] 参见《通告此次司法改组被裁人员毋得率行陈请文》,载《司法公报》1914 年第 2 年第 11 号,"公牍(布告)",第 16 页。

[4] 《关于法官任免惩奖事项》,载《司法公报》1915 年第 34 期(临时增刊:司法部三年份办事情形报告),第 3 页。

之选,授以教科,课以实习,多足蔚为有用之材,而现任司法官沙汰未净,以及甄拔合格员留候署补者,亦尽有更应加勉之人,综上数端,似非设立讲习所,不足以宏造就之途,而定登庸之序。"[1]

从《司法讲习所规程》规定来看,司法讲习所学员在学期间,可享有一定优待,如在职学员可领取原薪金一半的补助;学习期间不会影响其进官、进等及进级;修习完了获得成绩优良证明的,署缺者可优先补缺,无缺者可优先署缺,从此回归司法官序列。[2] 虽有优待,但获取这些优待并非容易。首先,想要进入司法讲习所学习,必须满足学员资格并参加学员选拔考试[3];其次,在司法讲习所修习须在 1 年半以上,并且要获得成绩优良证明,即全部科目课程成绩和实务实习成绩平均分数在 70 分以上,而平均成绩 70 分也是从讲习所毕业的最低要求。上述限制条件,无疑意味着免职人员想要通过司法讲习所回归司法界恢复司法官身份的困难性,而讲习所学员选拔考试报名人数不足带来的考试资格放宽以及不少学员未能坚持肄业等情况,也说明免职人员对司法讲习所热情并不高昂。[4] 不过,在司法讲习所自 1915 年开办至 1921 年存续的 7 年间,共举办了 4 期,培育了 437 名毕业学员。这些毕业学员年龄多在 30—40 岁间,除极少数被分发至司法部

---

〔1〕《司法讲习所规程(附呈文并批令)》,载《司法公报》1914 年第 3 年第 1 号,"法令",第 11 页。

〔2〕 参见《司法讲习所规程(附呈文并批令)》,载《司法公报》1914 年第 3 年第 1 期,"法令",第 4—10 页。

〔3〕 司法讲习所学员限于下列人员:(1)司法官甄拔合格未经署缺或补缺人员;(2)有受司法官甄拔资格,曾在民国高等以下审判厅或检察厅习办司法官事务历半年以上者;(3)有受司法官甄拔资格,曾署补高等以下审判厅或检察厅司法官而辞职或裁缺或因回避开去缺者;(4)司法官甄拔合格人员,曾署补高等以下审判厅或检察厅司法官而辞职或裁缺或因回避开缺,经本人声请或受司法总长之指定者;(5)高等以下审判厅或检察厅现任署缺或实缺司法官,经本人声请或受司法总长之指定者;(6)法院书记官有受司法官甄拔资格,经本人声请或受司法总长之指定者;(7)司法部佥事主事有受司法官甄拔资格,经本人声请或司法总长指定者。

〔4〕 关于司法讲习所学员选拔考试情况,参见李启成:《司法讲习所考论——中国近代司法官培训制度的产生》,载《比较法研究》2007 年第 2 期。

和大理院外,大多数在地方各审检厅中担任推事或检察官,其中不少人成为民国司法的中坚力量。[1]

除了司法讲习所培育的司法官外,作为司法官主要来源的司法官考试结果又是怎样的呢?如前所述,从《甄拔司法人员准则》《甄拔司法人员规则》,至《司法官考试令》,再至《司法官考试令》各修正案,北洋政府时期关于司法官考试规定日趋精细化和严格化,而严格化的司法官考录必然不会产生数量庞大的司法官群体,这也为民初历届司法官考试录取结果所印证。民初,北洋政府共举行了司法人员甄拔考试1次和司法官考试5次。其中,1914年司法官甄拔考试录取了171人;1916年北洋政府举行的第一次司法官考试,录取了38人;在之后举行的4次司法官考试中,1918年录取了143人,1919年录取了189人,1921年录取了113人,1926年最后一次司法官考试录取了135人。[2]综上,自1914年至1926年13年间,北洋政府在6次考试中共计录取合格者789人,同清末宣统二年(1910年)法官考试合格人数1,024人相比少了235人,不过若加上司法讲习所毕业学员437人,民初北洋政府时期预备司法官人数在1,226人。那么当时地方各省审检厅又需要多少司法官呢?

根据《京外现设各法院一览表》统计可知,经过1914年全国审检厅裁并后,地方各省仅留有高等审检厅和地方审检厅,其中高等审检厅为21所,地方审检厅为38所。[3]若按照前述宣统二年(1910年)所定各省城商埠审检厅配置司法人员数额,以高等审检厅司法官10人、书记录事11人以及地方审检厅司法官9人、书记录事11人计算的话,全国高等审检厅所需司法官人数在210人,书记录事人数在

---

[1] 参见李启成:《司法讲习所考论——中国近代司法官培训制度的产生》,载《比较法研究》2007年第2期,第41页。

[2] 参见汪楫宝:《民国司法志》,商务印书馆2013年版,第49页;胡震:《民国前期(1912—1936)司法官考试的模型设计》,载《法学》2005年第12期;李在全:《梁启超与司法储才官》,载《历史研究》2020年第5期。

[3] 参见《关于法院改组及暂设特别司法机关各事项》,载《司法公报》1915年第34期(临时增刊:司法部三年份办事情形报告),第23—27页。

231人;地方审检厅所需司法官人数在342人,书记录事人数在418人;二者合计司法官总人数为552人,书记录事总人数为649人。自1914年之后,高等审检厅厅数虽无变化,但地方审检厅以及高等/地方审检厅支部数量在增加,故全国所需司法官人数也随之增加。根据《民国六年全国法官现任人数统计表》可知,1917年全国法官人数为579人,检察官人数为316人,合计司法官总人数为895人。[1] 根据《调查法权委员会报告书》记载,1926年全国司法官总人数为1,200人。如果将1914年、1917年以及1926年各年度司法官人数,与北洋政府时期预备司法官人数(司法官考试合格人数+司法讲习所培育毕业人数)相比较的话,可知北洋政府时期司法官考试选拔出的合格者以及司法讲习所培育出的毕业生是足以应对全国审检厅司法官之需的。司法部在1918年《七年度办事情形报告》中称:"各省法院现有候补学习人员足供目前任使"[2];而1925年时,全国955名法官和检察官中有211人毕业于国外的法律院校,770人在国内接受过高等教育。[3] 此外,全国《调查法权委员会报告书》亦言:现在中国新式法院及特别法院共有各级推事及检察官约1,200人,"推事及检察官皆由考试合格人员充任"[4]。

  事实上,自清末培育司法人员尤其是司法官群体开始,经过法政法律学堂毕业生以及法政留学毕业生的积累,至民初北洋政府时,纵使司法官考试资格日趋严格,但在留存的各级审检厅中司法官不足已不再成为问题。换言之,民初司法官考试的严格化不太可能是北洋政

---

[1] 参见《民国六年全国法官现任人数统计表(其一)》,载《统计月刊》1918年第8期,"司法类",第41—46页;《民国六年全国法官现任人数统计表(其二)》,载《统计月刊》1918年第9期,"司法类",第48—53页。

[2] 《关于厅监职员任免奖惩事项》,载《司法公报》1919年第108期(临时增刊:司法部七年度办事情形报告),第6页。

[3] 参见徐小群:《现代性的磨难:20世纪初期中国司法改革(1901—1937年)》,杨明、冯申译,中国大百科全书出版社2018年版,第68页。

[4] 《调查法权委员会报告书》,载《法律评论(北京)》1926年第182期增刊,第131页。

府一厢情愿的决定,而必然是以一定数量的司法人员尤其是司法官群体作为后盾才敢为之,否则北洋政府时期的司法审判将可能陷入困境。当然,司法官不足问题的解决是与民初全国全部初级审检厅以及近7成地方审检厅的裁并有着必然关系,正是因为审检厅裁并所带来的司法官需求量的大幅缩减才有了司法官人数的相对"富余"。对此,时人也有所印证:"最近京中二大考试同时发现(应为"榜"),一司法考试,二知事考试。司法考试,于月前举行,至日昨始行揭晓,取录者只一百余名","以与应试一千余人之原额相比较,殆只十分之一,再经口试,则被取者当不过数十人,其去取不可谓不严。昨据司法界某君谈话,谓此次司法试考取人之少,与梁任公司法计画案有密切关系,以司法计画,拟将各省审检两厅分别归并停办,司法机关既少,司法人员当然无须过多。计画案提交政治会议后,虽未审查完竣,而审查会员多数赞成。任公原议,益以前赵都督之通电以及日昨浙民政长之主张,司法独立岌岌可危,司法甄拔委员会见风使帆,其去取司法人员遂持极端的严格主义。"〔1〕

然而,民初司法官不足问题的解决,并不意味着北洋政府的任务就此完成,随着初级审检厅的裁撤与县知事兼理司法的实施,基层司法人员尤其是县一级司法人员的司法专业化愈发显得紧迫。1914年4月,司法部颁布了《县知事兼理司法事务暂行条例》,规定凡未设法院各县司法事务委任县知事处理,县知事审理案件时由承审员助理之。随后,作为配套制度,司法部还颁行了《县知事审理诉讼暂行章程》。1914年5月,京师初级审检厅开始裁撤,随后全国各省初级审检厅被纷纷裁撤,各县改为县知事兼理司法。根据《县知事兼理司法事务暂行条例》第3条规定,助理县知事司法审判的承审员以下列人员充任:一在高等审判厅所管区域内之候补或学习司法官;二在民政长所管区域内之候补县知事;三曾充推事或检察官半年以上者;四经

---

〔1〕《司法考试余闻》,载《申报》1914年3月12日。

承审员考试合格者。[1] 从承审员资格来看,对承审员在法学教育经历与司法实务经验上的要求远远不及司法官,甚至还不及审检所帮审员的资格。[2] 但即便如此,合格的承审员仍是寥寥无几,地方因此而多有变通。"(各县)承审员,依《县知事兼理司法实务暂行条例》规定,限制颇严,合格人员不多,僻远省份尤难其选";"据贵州高审厅详,黔省司法乏才,现充各县承审员,如系办案得力而资格间有未符者,但经该县知事于详请加委时,优予保荐,即准作为暂行代理";"江西高审厅详,仅具帮审员免试资格,如认为人地相宜者,得由厅详请巡按使查核变通";"京兆尹及各省巡按使都统,遇有承审员缺,暂准以考试及格分发到省之候补县知事充任,以期就地取材,一举两得"[3]。但承审员毕竟为县知事兼理司法之辅助,"自与普通委任文职不同",故司法部在 1916 年 4 月给江西省高等审判厅的批示中,要求承审员须"具有法政学识或经验者方得委充"[4]。1917 年 4 月,司法部总长张耀曾上呈总统袁世凯要求进一步严格承审员资格,即请求对承审员任职资格第 2 款"在民政长所管区域内之候补县知事"加以限制性规定。张耀曾在该上呈中称:"各省候补县知事之中,法律法政毕业者固不乏人,而从未学习者,亦时有之,承审员既职司审判,若

---

〔1〕 参见《县知事兼理司法事务暂行条例》,载《司法公报》1914 年第 2 年第 7 号,"法规",第 2 页。

〔2〕 关于审检所帮审员任职资格,《各县帮审员办事暂行章程》第 7 条规定:"帮审员以左列各项人员充之:一考试合格者;二曾充或学习推事检察官一年以上者";《各县地方帮审员考试暂行章程》第 5 条规定:"凡年满二十一岁以上,有左列资格之一者得应帮审员考试:一在法政学堂或法政讲习所一年以上领有修业文凭者,二曾充推事检察官未满一年者,三曾充暂时行使司法权省官,四历办司法行政事务或行政事务满一年以上有成绩者。"《各县地方帮审员考试暂行章程》第 6 条规定:"除依帮审员办事章程第七条第二款规定得免考试外,有左列资格之一者,不经考试得为帮审员:一在法政法律学堂一年半以上得有毕业文凭者,二曾经法司考取为帮审员者。"

〔3〕《关于司法官暨监狱官任免惩奖各事项》,载《司法公报》1916 年第 60 期(临时增刊:法部四年度办事情形报告),第 16 页。

〔4〕《委用承审员须具有法政学识或经验者批》,载《司法公报》1916 年第 63 期,"官规",第 3 页。

用非所习,恐审理诉讼必多出入,虽误谬之判决,上级审仍有救济之方,而人民之权利财产终蒙其害,揆之目前各省财政状况,县知事兼理司法既未能骤言废止,则承审员资格须严为规定。"经袁世凯批准,承审员任职资格第 2 款最终被变更为"嗣后在省长所管区域内之候补县知事,须系曾在国内外法律法政学校一年半以上毕业得有文凭者,方得任为承审员"[1]。此外,在承审员的设立上,因承审员所需俸给公费概由县署支给[2],故不少省份以司法费不足为由拒设承审员,对此司法部解释称,"承审员系酌量各县情形分别设置",并非必须设置。[3] 在承审员任命上,承审员是先经县知事推荐,再由高等审判厅正式任命,而县知事通常会推荐其朋友甚至是亲戚出任该县承审员,虽然 1922 年前后承审员任命变更为考试选拔任命,但这并不能保证承审员一定会秉公审理。[4]

承审员制度本是县知事兼理司法的配套制度,目的是以设立承审员来弥补县知事缺乏法律训练和不具备近代法律知识的缺陷,通过承审员专业审判予以县知事司法审判一定制约,从而使县知事审决的案件不至于过分离谱。然而,民初北洋政府时期合格的承审员的有限性、承审员设置的非强制性、承审员受制于县知事等诸多因素均意味着承审员制度构想的失败。因此,通过审判程序,而非经由"人"(即设立帮审员或承审员)制约县知事司法审判,成为清末民初政府的选择。

---

[1] 《司法总长张耀曾呈大总统拟限定承审员资格以严任用而重诉讼文》,载《政府公报》1917 年第 460 期,"公文",第 16 页;《大总统令》,载《政府公报》1917 年第 458 期,"命令",第 7 页。

[2] 参见《致财政、内务部电覆福建许民政长电询承审员经费归县署统编函》,载《司法公报》1914 年第 2 年第 9 号,"公牍(公函)",第 40—41 页。

[3] 参见《咨各省巡按使各县设置承审员务望节费文》,载《司法公报》1914 年第 2 年第 9 号,"公牍(咨文)",第 11—12 页。

[4] 参见徐小群:《现代性的磨难:20 世纪初期中国司法改革(1901—1937 年)》,杨明、冯申译,中国大百科全书出版社 2018 年版,第 237—238 页。

"前任司法总长王宠惠"

(图片来源:《司法公报》1912 年第 1 期,第 4 页)

"司法总长梁启超"

(图片来源:《司法公报》1914 年第 4 期,第 7 页)

"现任大理院长章宗祥"

(图片来源:《司法公报》1912年第2期,第4页)

司法官考试委员及职员撮影

(图片来源:《司法公报》1918年第87期,第12页)

第五章 清朝末年的审判制度

第一节 清代审判制度

一 清代常规审判制度——逐级审转复核制

在清代,基本刑事审判制度是逐级审转复核制。郑秦对"逐级审转复核制"的定义是:"每一级都将不属于自己权限的案件主动上报,层层审转,直至有权作出判决的审级批准后才终审。"[1]滋贺秀三在《清代中国的法与裁判》一书中,将逐级审转复核制称为"必要的覆审制",并指出"必要的覆审制"是根据案件裁决权的重要性程度不同而归属于不同层级的统治机关所有,在到达具有案件裁决权的层级之前,案件是以未决的形式不

---

[1] 郑秦:《中国法制史纲要》,法律出版社2001年版,第235页。

断地被送往上级机关接受反复复审。[1]

根据郑秦与滋贺秀三对逐级审转复核制的理解,按照案件裁决权限的不同,清朝各级审判机关常规审判程序如下:首先,在地方,处于官僚机关末端的州县是地方第一审审判机关。州县对案件进行审理,在对犯罪事实确认清楚的基础上,拟定出与犯罪事实相适应的刑罚。如果拟定的刑罚为笞、杖,州县则具有审结权即案件的裁决权,如果刑罚为徒以上的案件,州县则须将案犯、案件关系人及相关文书等送往上级机关——府。作为第二审审判机关的府,是在州县做成的案件文书的基础上对案犯进行直接审理,并判断州县拟定的刑罚是否妥当,若妥当,则将案犯、案件关系人及相关文书等送往位于省的按察使司。按察使司作为第三审审判机关,其复核程序与府相同,在案件事实清楚及量刑无异议的情况下,案件被转送至督抚,由督抚进行第四次复审。在督抚这级仍采用直接审理的方式,在对案件事实及刑罚妥当性做出无异议的推定后,督抚即可审结与人命无关的徒刑案件。其次,在中央,凡与人命相关的徒刑、流刑、死刑案件,均须经过中央复核。刑部作为中央专门的司法机关,根据督抚送来的案件文书对案件事实及量刑进行书面复核,并可裁决与人命相关的徒刑和流刑案件。至于死刑案件则必须由刑部交三法司(刑部、都察院、大理寺)复核,并由刑部以刑部或三法司的名义报告给皇帝,最终由皇帝作出是否死刑的裁决。

由上可知,逐级审转复核制在地方采用的是直接审理的方式,案犯及案件相关证人、文书须被不断地解送至上级机关接受复核,不过案件解审只在地方机关间进行,案件在到达中央后,中央各机关采用的是书面审理的方式。此外,不同审级机关根据其行政层级不同拥有的案件裁决权各不相同,其中皇帝拥有死刑案件最终裁决权,皇帝之下各级机关对于死刑案件则仅具有量刑建议权。

---

[1] 参见[日]滋贺秀三:『清代中国の法と裁判』、創文社1984年版、第23—24頁。

二 清末新式审判制度——四级三审制

光绪三十二年(1906年)七月十三日清廷颁布预备立宪诏书,宣布预备立宪,预备立宪从厘定官制开始。同年九月,清廷开始中央官制改革,改刑部为法部,作为最高司法行政机关专任司法;改大理寺为大理院,作为最高审判机关专任审判。[1]中央官制改革开始后不久,地方官制改革也随即展开。九月十九日,编纂官制大臣载泽以厘定直省官制致电各省督抚。在电文中,载泽提出地方分设府、州、县三级,各级在行政衙署外别设地方审判厅,置审判官受理诉讼;将府、州、县各分为三(区),每一区设谳局1所,置审判官受理细故,诉讼不服者准上控至地方审判厅;每省各设高等审判厅,置审判官受理上控案件,使"行政司法各有专职"[2]。对于载泽提出的审判厅筹设方案,各省督抚纷纷反对,其中有"虑财力不足程度不齐者",也有"误以审判权分属地方自治之议事会者",对此载泽等再次拟定《司法行政分立办法说贴》进行说明。在该说贴中,载泽等主张对于审判厅筹设,中央应先定期限,各省再分期措办。载泽认为,日本设立裁判所实现司法行政分离是从东京再到各商埠最终逐步推广至全国各府县乡镇,中国国情与日本不同,"日本原小,吾国倍蓰,其设置裁判所尚不能同时并举,以中国幅员之广,若同时于全国而设多数之裁判所,不但财力困难,更恐根基不固,转致有名无实",故提议中国审判厅筹设应分5期办理即"以三年为一期"。其中,京师为首善之区,直隶、江苏交通较便且风气较开,奉天更新伊始,以上4处为第一期;湖南、湖北、江西、安徽、浙江列为第二期;山东、广东、广西、福建列为第三期;四川、河南、山西列为第四期;云南、贵州、新疆、陕西、甘肃、吉林、黑龙江列为第五期,待5期全部完成"十五年而后,全国之审判制度以备"。

---

[1] 参见《改官制之宣布》,载《万国公报》1906年第214期,"要件",第82页。
[2] 《附编纂官制大臣泽公等为厘定直省官制事致各省督抚电》,载《东方杂志》1907年第8期,"内务",第415—416页。

在载泽等看来,审判厅分期筹设,可使"人材不至有缺乏之虞,国家经费亦可逐期预备,不至有无款可筹之虑"〔1〕。载泽等人的主张,最终为中央所采纳。光绪三十三年(1907年)五月二十七日,《外省官制通则》颁行。《外省官制通则》第 34 条规定,"各省应就各地方情形,分期设立高等审判厅、地方审判厅、初级审判厅(即原拟乡谳局,以命名尚未妥恰拟改),分别管理各项诉讼及上控事件,其细则另以法院编制法定之"〔2〕。该规定与《司法行政分立办法说贴》主张并无大异,分期分地办理成为清末审判厅筹设的指导方针,直隶、江苏、奉天等省成为了审判厅第一期筹设的试点。

光绪三十四年(1908年)八月初一日,清廷发布《九年预备立宪逐年筹备事宜清单》。按照清单,光绪三十六年(1910年)各省城及商埠等处各级审判厅一律成立,光绪三十九年(1913年)直省、府、厅、州、县、城治各级审判厅一律成立,光绪四十一年(1915年)乡镇初级审判厅一律成立。〔3〕 然而,伴随着全国开设议会请愿运动的高涨,清廷不得不于宣统二年(1910年)十月初三日发布上谕,将开设议院时间缩短至宣统五年(1913年)。〔4〕 为了配合议院开设的提前,宪政编查馆大臣奕劻于宣统二年(1910年)十二月十七日呈奏了《修正宪政逐年筹备事宜清单》,将所有立宪筹备事宜年限均进行了缩减,其中审判厅成立年限也被缩减。在新清单中,因鉴于宣统二年(1910年)全国各省城商埠审判厅基本成立,故明确要求宣统四年(1912年)直省、府、厅、州、县、城治各级审判厅一律成立,这与旧清单相比在成立时间上提前

---

〔1〕 《附编纂官制大臣泽公等原拟行政司法分立办法说帖》,载《东方杂志》1907年第 8 期,"内务",第 420—422 页。

〔2〕 《总核官制大臣庆亲王等奏改订外省官制折》,载《东方杂志》1907 年第 8 期,"内务",第 409—410 页。

〔3〕 参见《宪政编查馆资政院会奏宪法大纲暨议院法选举法要领及逐年筹备事宜折》,载故宫博物院明清档案部编:《清末筹备立宪档案史料》,中华书局 1979 年版,第 61—67 页。

〔4〕 参见《缩改于宣统五年开设议院谕》,载故宫博物院明清档案部编:《清末筹备立宪档案史料》,中华书局 1979 年版,第 78 页。

了一年,至于乡镇初级审判厅应于何时成立新清单并未列明。[1]

审判厅的筹设是为了建立近代审判制度——四级三审制。光绪三十二年(1906年)十月初四日,大理院在其《审判权限厘定办法折》中提出了四级三审制。在该奏折中,大理院请求按照西方模式并仿照日本创立四级三审制,即在中央、地方各省省城、府、县分别设立大理院、高等审判厅、地方审判厅、初级审判厅四级审判机关,采用三审终审的审判制度。其中,乡谳局(后改称为初级审判厅)负责审理并判决笞杖刑及与人命无关徒刑的刑事案件,以及标的物在200两以下的民事案件。对乡谳局初审判决不服的案件当事人可提起上诉,由地方审判厅负责第二审审理,并由高等审判厅作出第三审即终审判决。乡谳局受理案件范围之外即可能判处徒流刑以上直至死刑的刑事案件,以及200两以上[2]的民事案件,由地方审判厅负责第一审审理,如案件当事人对第一审判决不服的,可上诉至高等审判厅,由高等审判厅负责第二审审理,并由大理院作出第三审即终审判决。大理院作为全国最高审判机关,除宗室、官员犯罪、抵抗政府行为等案件外,不得受理其他案件,仅可作为复审机关,审理当事人不服高等审判厅判决的上诉案件,并作出终审判决。[3] 光绪三十三年(1907年),修订法律馆向清廷提交了《法院编制法》,经宪政编查馆核定,于宣统元年(1909年)十二月二十八日颁布施行,四级三审制在法律上正式予以确立。与《法院编制法》同时颁布的还有《初级及地方审判

---

〔1〕 参见《宪政编查馆大臣奕劻等拟呈修正宪政逐年筹备事宜》,载《清末筹备立宪档案史料》,中华书局1979年版,第90—92页。

〔2〕 在民事案件上,地方审判厅与初级审判厅的管辖是以罪该当罚金200两银元为界限,200两以上案件裁决权属地方审判厅,200两以下包含200两的案件裁决权属初级审判厅。"查《审判管辖章程》以二百元上下为初级及地方审判厅管辖之区别,定章本意称二百元以下者,指至本数而言,称以上者指逾本数而言。"(参见《又咨覆四川总督解释审判厅章程文》,载汪庆祺编:《各省审判厅判牍》,李启成点校,北京大学出版社2007年版,第280页)

〔3〕 参见《大理院奏审判权限厘定办法折》,载《东方杂志》1907年第3期,"内务",第117—120页。

厅管辖案件暂行章程》,该章程规定初级审判厅审判权限为罚金刑以下的刑事案件以及标的物价额不满200两的民事案件;地方审判厅审判权限为徒流刑以上的刑事案件以及标的物价额在200两以上的民事案件。[1]

在四级三审制中,大理院、高等审判厅、地方审判厅及初级审判厅是法定正式审判机关。然而,出于节约司法费的目的,清廷对地方审判厅还予以了一定变通,《法院编制法》第21条规定,"各省因地方情形,得于地方审判厅所管之初级审判厅内设地方审判分厅"[2],地方审判分厅作为地方审判厅支部负责地方审判厅审判事务。与《法院编制法》同时颁行的《司法区域分划暂行章程》对地方审判分厅设置情形也进行了规定,"地方审判厅京师及直省府直隶州各设一所,但府直隶州词讼简少者,得不设地方审判厅,于该府直辖地面或首县及该州初级审判厅内,由邻近府直隶州地方审判厅分设地方审判分厅,直隶厅有属县者与直隶州同",依据该规定地方审判分厅应设于词讼较少的府直隶厅州。[3] 换言之,词讼较少的府直隶州无须专门设立地方审判厅,仅在其所辖初级审判厅内设置邻近府直隶州地方审判厅派出支部地方审判分厅即可。

"早于因地制宜之中,寓有节省财力之意",时任《吉林司法官报》编辑、后任吉林省高等检察厅检察官的诸克聪在肯定了设立地方审判分厅的同时,也认为地方审判分厅在人员设置上可更为精简。"此谓宜量事繁简,分两种办法。其一词讼繁者,只设推事三员,分别独任合议,审判检察官仍二员,典簿主簿悉从缓设,常年经费不过二万两。全国之中,地方分厅照此办法者,当有半数,计共需银一千二百余万。一词讼简者,只设推事二员,遇有合议审判时,照章以分厅所在之初级审判厅推事兼任之,检察官一员,典簿主簿悉从缓设,常年经费不过

---

[1] 参见《宪政编查馆奏核定法院编制法并另拟各项暂行章程折》,载《四川官报》1910年第4期,"奏议",第16—17页。
[2] 同上书,第5页。
[3] 同上书,第16页。

一万七千余两。全国之中，地方分厅照此办法者，亦有半数，计共需银一千万有奇"，按此方法，"照法部预算，约可节省八百余万"[1]。诸克聪发文后不久，吉林省农安县貌似采用了他的提案。根据农安县上呈公文可见，宣统元年(1909年)农安县原本设有地方审判厅，在《司法区域分划暂行章程》颁行后，该县遂按照章程将地方审判厅改为地方审判分厅，并与初级审判厅一厅合设，还将地方审判分厅暂定为"推事三员，不分民刑，以资深者一员为监督推事，按照《法院编制法》第五条所定分别独任合议审判，置典簿主簿各一员，检察厅分厅置监督检察官一员，检察官一员"[2]，这与诸克聪提案第一种办法中的人员设置基本相同。

　　除地方审判分厅外，清廷出于审判便利性的考虑，还对高等审判厅和大理院进行了变通，即设立高等审判分厅和大理院分院。其中，高等审判分厅的设立，根据的是《法院编制法》第28条"各省因地方辽阔或其他不便情形，得于高等审判厅所管之地方审判厅内设高等审判分厅"以及《司法区域分划暂行章程》第2条第2款"各省高等审判厅，以各该省辖境为其管辖区域，其有总督巡抚及边疆大员驻所并距省会辽远之繁盛商埠，得设高等审判分厅"的规定。[3] 不过，上海高等审判分厅的设立，除了出于诉讼(上诉)便利性的考虑外，更有废除领事裁判权的考虑。"上海地方华洋杂处，词讼繁多，仅设初级及地方审判厅，倘裁判厅间有未协，而上诉必须奔赴省城高等审判厅，于商民殊多不便"，"今虽租界内之会审公堂未能遽撤，而法律已逐渐改良，自应先于租界外设立初级审判地方审判两厅，以植初基，但仅设初级地方审判各厅，究属名分稍卑，若无高等审判分厅便民控诉，似不足

---

[1]　诸克聪:《论法部奏定地方审判检察分厅员额并其预算经费》，载《吉林司法官报》1911年第1期，"论说"，第1—4页。

[2]　《提法司札农安县地方审判检察厅改设分厅暨附设初级厅文》，载《吉林司法官报》1911年第4期，"公牍"第6—7页。

[3]　同上书，第17页。

以餍服中外之心,此宜变通之理由也"[1]。

与高等审判分厅设立原因相同,大理院分院的设立也是出于诉讼便利性的考虑,"大理院为最高之审判厅,所有各省京控之案,皆归其审判,今为便民起见,拟在各省设立大理院审判分院,亦大理院检察分厅,将来京控之案或提京审讯,或交该省之大理院分院审判,以免原被告提京之烦"[2],《法院编制法》第40条也明确规定:"各省因距京较远或交通不便,得于该省高等审判厅内设大理院分院。"[3]

大理院法庭

(图片来源:《司法公报》1913年第7期,第4页)

---

〔1〕 《江苏巡抚程德全奏请设上海高等审判分厅厅丞等折》,载《时报》1910年12月7日。

〔2〕 《大理院分院分厅之拟设》,载《广益丛报》1910年第237期,"纪闻",第1—2页。

〔3〕 《宪政编查馆奏核定法院编制法并另拟各项暂行章程折》,载《四川官报》1910年第4期,"奏议",第7页。

第二节　清末刑事审判程序

光绪三十三年(1907年)自京师、东三省(辽宁、吉林、黑龙江)、直隶、江苏设立审判厅开始,全国各省纷纷开始设置审判厅,但直至清朝灭亡,全国并未完成各级审判厅的全部设置。宣统二年(1910年)施行的《司法区域分划暂行章程》规定,京师及各省省城应各设高等审判厅1所,京师及各省府、直隶州应各设地方审判厅1所,顺天府各州县及各省厅州县应各设初级审判厅1所以上。[1] 因此,若按照《司法区域分划暂行章程》的规定,在全国范围设立审判厅的话,京师应设高等审判厅1所,地方审判厅2所(内城和外城)、初级审判厅5所;全国22省至少要设高等审判厅22所,215府和80直隶州应设地方审判厅295所,1,031县应设初级审判厅1,031所。[2] 但是,根据《直省省城商埠各级厅厅数表》的统计,到宣统三年(1911年)为止,京师共设高等审判厅1所、地方审判厅1所、初级审判厅5所;地方各省共建高等审判厅22所、高等审判分厅2所、地方审判厅56所、地方审判分厅5所、初级审判厅88所。[3] 将《司法区域分划暂行章程》规定的审判厅应设数与宣统三年(1911年)已设审判厅数相比较,可知京师及全国22省均设立了高等审判厅,地方审判厅即便包括地方审判分厅在内仅完成了应设数的1/5,初级审判厅则不及应设数的1/11。因此,审判厅在全国设置的不完全以及各个地区审判厅设置不均匀的状况,决定了清末刑事审判程序的地区差异性。

---

〔1〕参见《司法区域分划暂行章程》,"宪政编查馆奏核定法院编制法并另拟各项暂行章程折",载《四川官报》1910年第4期,"奏议",第16页。

〔2〕参见杨予六:《中国历代地方行政区画》,中华文化出版事业委员会1957年版。

〔3〕参见《直省省城商埠各级厅厅数表》,载《吉林司法官报》1911年第1期,"附刊",第2页。

根据审判厅筹设程度不同,审判厅设置地区大致可分为两种情况:一为全面完成各级审判厅筹设的地区;一为部分完成各级审判厅筹设的地区。在全面完成各级审判厅筹设的地区,该地区审判程序是按照四级三审制进行;而在部分完成各级审判厅筹设的地区,则是根据审判厅设置情况的不同,对作为审判主体的行政衙门与审判厅以及传统与近代审判程序进行了不同程度调合,构筑起清末独特的具有过渡性质的审判程序。在此,以京师、顺天府以及直隶地方刑事审判程序为例展开说明。

一 京师刑事审判程序

京师分为内城和外城,内城有 26 个区,外城有 20 个区。根据管辖地域的大小以及人口的多少,京师预计设置高等审判厅 1 所,地方审判厅 2 所(内城和外城各 1 所),初级审判厅 5 所。光绪三十三年(1907 年),除外城审判厅外,京师完成了其余审判厅的筹设[1],并于光绪三十四年(1908 年)年初实现了已设各级审判厅的开办,各级检察厅附设于同级审判厅内。[2] 而原本计划筹设的京师外城地方审判厅,由于经费紧缺,直至清朝统治结束也未能筹建完成,故外城地方审判厅管辖案件改由内城地方审判厅负责。光绪三十四年(1908 年),因京师第一初级审判厅每月审理刑事和民事案件平均不过 18 起和 12 起,法部以均劳逸为由对京师第一初级审判厅管辖区域进行了扩充,同时缩小了京师第二和第三初级审判厅的管辖范围。[3] 宣统三年(1911 年),法部再次以"京师地方辽阔,词讼繁简不同"为由,将

---

[1] 参见《法部奏地方审判厅内增设民刑两庭折》,载《大清法规大全》(四),考正出版社 1972 年版,第 1869—1870 页。

[2] 参见《各省内务汇志·京师》,载《东方杂志》1908 年第 2 期,"内务",第 135 页。

[3] 参见《第一初级审判厅管辖地区稍加扩充咨呈文》,档案号:16-02-0003-000111-0080,中国第一历史档案馆藏。(注:笔者最初查阅的档案号为"法部·审录司·京畿科·25317")

京师初级审判厅由原定内城3所和外城2所变更为内城2所和外城3所，并对除第四初级审判厅以外的4所审判厅管辖区域重新进行了划分。[1] 京师审判厅管辖区域的变更，对京师刑事审判程序并未造成影响，京师内外城各区所辖民刑事案件仍是按照四级三审制审判程序进行。其中，罚金以下（含罚金）刑事案件由京师初级审判厅审理判决，当事人对京师初级审判厅第一审判决结果不服的，可上诉至京师地方审判厅，由京师地方审判厅负责第二审审理，当事人对京师地方审判厅第二审判决结果不服的，可继续上诉至京师高等审判厅，由京师高等审判厅负责第三审审理并作出终审判决；徒流以上（含徒流）刑事案件是经京师地方检察厅起诉，由京师地方审判厅审理并作出第一审判决，对京师地方审判厅第一审判决结果不服的，可上诉至京师高等审判厅，由京师高等审判厅进行第二审审理，第三审即终审判决由大理院负责作出。[2]

"京师实各省之准"[3]，作为各省模范表率，京师在所辖内城、外城按照四级三审制设置了审判厅，但在京师近郊却未能全面完成审判厅的筹设，这使得作为京师守备衙门的营汛成为该管辖地区案件的第一审受理机关。根据逐级审转复核制，营汛对拟定刑为笞杖的刑事案件有裁决权，但对拟定刑为徒流以上的刑事案件只有向上级机关解审人犯、案件关系人及案件文书的权力而无裁决权。[4] 因此，在京师内外城之外的近郊地区，笞杖案件仍由营汛负责审结，徒流以上案件营汛则须送交新式审判机关京师地方审判厅，由京师地方审判厅负责

---

[1] 参见《京师地方审判厅为原设第五初级审判厅与第三初级审判厅交换印信等事致法部》，档案号：16-02-003-000111-0078，中国第一历史档案馆藏。

[2] 参见《法部等衙门奏议顺天府拿获盗犯变通审办折》，档案号：41-0139-0016，中国第一历史档案馆藏。

[3]《法部奏酌拟各级审判厅试办章程折》，《北洋法政学报》1907年第47期，第1页。

[4] 参见朱寿朋编：《光绪朝东华录》，张静庐等点校，中华书局1958年版，第5787页。

审理,并按照四级三审制审判程序进行。[1]

二 顺天府刑事审判程序

顺天府为近畿地区。按照《司法区域分划暂行章程》,顺天府属于京师高等审判厅管辖范围,但因京师高等审判厅管辖权限"本以备抗告控诉之途,而非以行起诉初审之地",故京师高等审判厅无法作为顺天府管辖案件的初审审判机关。而京师地方审判厅是以京师内外城和京营地区为管辖范围,顺天府并未被纳入其管辖范围内,故京师地方审判厅也无法作为顺天府管辖案件的初审审判机关。[2] 为了应对顺天府案件的处理,原本计划在顺天府设立京师地方审判分厅,但直至宣统三年(1911年)京师地方审判分厅仍未能成立。因此,作为权宜之计,顺天府各州县管辖案件依照从前仍由州县作为第一审取供定罪,其中罚金刑以下应属初级审判厅初审审理案件由州县审结,徒流以上应属地方审判厅初审审理案件则由州县取供定罪后,将供勘人犯解送顺天府府尹,由顺天府府尹再咨送京师高等审判厅,由京师高等审判厅作为第二审对案件进行复审。如果对州县审结的罚金以下案件判决结果不服的,当事人可向京师高等审判厅提起上诉,由京师高等审判厅负责审理;如果对京师高等审判厅作为第二审审理的徒流以上案件判决结果不服的,案件当事人亦可依照四级三审制上诉至大理院,由大理院作出第三审即终审判决。[3] 此外,就行政区划而言,顺天府隶属直隶省,故顺天府案件也可送交直隶高等审

---

[1] 参见《法部奏各级审判厅定期开办情形折》,载《东方杂志》1908年第3期,"内务",第189—190页。

[2] "第二条,高等审判厅,京师及各省省城各设一所,其管辖如左,一京师高等审判厅,以顺天府辖境为其管辖区域……第四条,地方审判厅管辖区域如左,一京师地方审判厅,以京师内外城及京营地面为其管辖区域……第五条,顺天府各州县及直省各厅州县,应设地方审判分厅。"(《宪政编查馆奏核定法院编制法并另拟各项暂行章程折》,载《四川官报》1910年第4期,"奏议",第16页)

[3] 参见《法部等衙门奏议顺天府拿获盗犯变通审办折》,档案号:41-0139-0016,中国第一历史档案馆藏。

判厅审理。那么,顺天府案件到底是送交京师高等审判厅还是直隶高等审判厅呢？对此,法部明确规定,京师高等审判厅仅受理顺天府"各州县未经解勘到省,省城高等审判厅未曾受理之案",这包括各州县咨送京师高等审判厅复鞫及对各州县判结有不服上诉者径赴京师高等审判厅呈控等情况；至于顺天府已招解到省城并由提法司交直隶省高等审判厅复鞫的案件或由提法司照送到省城未结的案件则由直隶高等审判厅审理,无须再送交京师高等审判厅审理。[1]

案件经京师高等审判厅复鞫,如有冤抑,京师高等审判厅应立予平反；若供勘不符或错拟罪名或犯供狡卸,高等审判厅在详细研鞫后应按律定拟刑罚,而不得将案件咨顺天府驳回原衙门另审。[2] 至于上诉案件,按照规定案件必经审结且对判决不服并具有上诉理由者方可提起上诉,若违章上诉,则依现行律例以越诉罪论处。汪庆祺辑录《各省审判厅判牍》刊载的一起顺天府越诉案件,可为例证。告诉人李增翘为顺天府文安县人,因其族人李芳春等图谋家产毒殴其祖父李廷树及岳父张葆信,于是李增翘在文安县提起控告。但李增翘在文安县未审结此案情况下,直接赴京提起呈控,该案被京师步军统领衙门送往京师高等检察厅,进而转送至京师高等审判厅。对于此案,京师高等审判厅认为："查奏定顺属清讼办法,须该本县已经判结,果有冤折(抑)不服,方准来厅上诉。李增翘此案即便来厅呈控,已有不合,今该犯以本县尚在审判未结之案,遽行来京,欲在摄政王前呈诉,实属干犯例条,自应按例依律问拟。"[3] 关于上诉办法,为了规避因州县判决无固定形式而致使人民借口不知判决逾期上诉的弊端,以及州县以未经判决托词而遏抑上诉的弊端,法部规定顺天府"判决案

---

〔1〕 参见《审录司为查核直隶省高等审判厅现审顺属之案应否解归京师高等审判厅审理呈请核示事咨》,档案号：16-02-003-000068-0008,中国第一历史档案馆藏。

〔2〕 参见《法部为定拟顺天府咨送案件办法分别准驳事致高等审判厅咨》,档案号：41-0139-0001,中国第一历史档案馆藏。

〔3〕 "越诉·京师高等审判厅案",载汪庆祺编：《各省审判厅判牍》,李启成点校,北京大学出版社2007年版,第173—174页。

件应遵照审判章程一律宣告,摘要牌示,诉讼人以奉宣告之日,为本案判决日期,其有不服者,应抄粘牌示判决之词,并载明日期,连同上诉状于限内赴京呈递",由京师高等检察厅受理。另外,法部还将上诉期限限定为民事案件10日、刑事案件5日,并规定根据州县距京师远近,可在上诉期限外酌宽期限5—10日,至于已开通火车各州县则以"火车已通,瞬息可到"为由规定免于宽限。[1]

由上述顺天府审判程序可知,顺天府未设审判厅各州县仍为案件初审机关,徒流以上刑事案件若未经解勘到省,则州县在案件审结后解送至顺天府,此时的顺天府不再作为第二审判机关对案件进行复核,而仅作为转送机关将案件咨送至京师高等审判厅,由京师高等审判厅对案件进行第二审审理,顺天府由此失去案件复核权而被排除在案件审判程序之外,顺天府所属直隶省提法司和督抚同时也被排除在审判程序之外。若徒流以上案件依照旧例由州县经府解勘至直隶省城,并由提法司送交直隶高等审判厅审理,除顺天府依旧保有案件复核权外,直隶省提法司和督抚则同样因丧失案件复核权而被排除在案件审判程序之外。

三 地方刑事审判程序

在对京师及京畿地区顺天府刑事审判程序介绍的基础上,本部分将对地方刑事审判程序实际运作进行说明,首先以全国22省中审判厅筹设较早且审判厅设置较为完备的直隶省为例展开。

(一) 直隶省刑事审判程序

清末直隶省共有6个道,即通永道、清河道、天津道、大顺广道、热河道、口北道。在6道之下,又设有12府(顺天、承德、朝阳、宣化、永平、天津、河间、保定、正定、顺德、广平、大名)和6直隶州(遵化、冀州、赵州、深州、定州、易州)。在12府和6直隶州之下又有约135个

---

[1] 参见《法部为转饬顺天府各属州县判决案件上诉期限事致高等检察厅咨》,档案号:41-0139-0008,中国第一历史档案馆藏。

县、17散州(通州、霸州、涿州、昌平等)以及4散厅(围场厅、张家口厅、独石口厅、多伦诺尔厅)。[1]

　　光绪三十三年(1907年)自天津设审判厅开始,直至民国元年(1912年)为止,直隶在省城保定设立了直隶高等审判厅1所,在保定府设置了地方审判厅1所,在清苑县设置了初级审判厅1所,因保定府和清苑县衙门所在地均在保定,故保定府地方审判厅和清苑县初级审判厅也设在保定。此外,直隶在天津府设置了天津高等审判分厅1所和地方审判厅1所,天津县设置了初级审判厅4所;在商埠张家口设置了地方审判分厅1所和初级审判厅1所。[2]除上述已设审判厅地方外,直隶省其他府厅州县仍处于审判厅筹设中,故审判厅完全设置地区与部分设置地区呈现出不同的刑事审判程序。

　　直隶省省城为保定,直隶高等审判厅设置于此。保定除了作为直隶省省城外,也是清河道、保定府、清苑县的衙门所在地。对于清苑县和保定府所辖地区而言,因为清苑县设有初级审判厅,保定府设有地方审判厅,省城又有直隶高等审判厅,故清苑县管辖的初审案件与保定府管辖的初审案件归审判厅审理,并依照四级三审制审判程序进行。至于天津和商埠张家口地区,因天津县设有初级审判厅,天津府与天津县衙所在地同城并设有天津地方审判厅和天津高等审判分厅,张家口设有初级审判厅和地方审判分厅,故天津县的初审案件、天津府的初审案件以及张家口地区的案件也是由审判厅受理并依照四级三审制审判程序进行。

　　然而,有些州县虽属保定府和清河道管辖,却未设初级审判厅,又或设有初级审判厅,但当事人未向初级审判厅而是向该管州县行政机关提起诉讼的,仍由州县负责案件初审。经州县初审,除州县可审结的案件外,应解府解道案件仍须依照旧例解府解道复审,不过因保定

---

　　[1] 参见张明庚、张明聚编著:《中国历代行政区划》,中国华侨出版社1996年,第411页。

　　[2] 《直隶省已/拟设各级审判检察厅一览表》,载《司法公报》1912年第3期,"报告",第3—4页。

府和清河道衙门所在地与直隶高等审判厅所在地同城,故保定府和清河道所属州县应解府解道案件均被送往直隶高等审判厅,由直隶高等审判厅负责案件的复审。"现在省城已设高等审判厅,清河道保定府均在同城,所有清河道并保定府所属州县应行解道解府之案均应解归省高等审判厅复审,咨司核办,毋庸再行解道解府。"至于府厅直隶州初审案件,仍由府厅直隶州行政官负责案件初审,向来解司,今则各解本管道复审,但因天津道衙门所在地与设于天津府的天津高等审判分厅所在地同在天津,再加上前述清河道与直隶高等审判厅同城,故天津道所辖天津府和河间府与清河道所辖保定府、正定府以及五直隶州(定州、冀州、深州、易州、赵州)初审案件,归天津高等审判分厅或直隶高等审判厅复审,而不必解道复审。当事人对直隶高等审判厅或天津高等审判分厅第二审判决不服的,按照四级三审制可上诉至大理院,由大理院作出第三审即终审判决。[1]

由上可知,直隶省在审判厅设置地区,即在清苑县、天津县、保定府、天津府、商埠张家口地区审判厅设置地区,是按照四级三审制审判程序审理案件的。而在清河道的保定府、正定府、五直隶州、天津道的天津府、河间府即审判厅未完全设置地区,其案件初审机关仍由州县或府厅直隶州负责。此外,因上述地区衙门所在地与直隶高等审判厅、天津高等审判分厅所在地同城,故经州县或府厅直隶州初审后,案件被直接送交直隶高等审判厅或天津高等审判分厅,由直隶高等审判厅或天津高等审判分厅作为第二审进行复审,作为行政机关的府/道、提法司、督抚失去了案件复核权/裁决权,被排除在审判程序之外。与顺天府相比较,直隶省上述地区与顺天府刑事审判程序并无不同,因地方/初级审判厅未筹设完成,故该府厅州县仍由其行政长官负责案件初审,又因距离高等审判厅/分厅较近(同城),于是案件第二审均交由高等审判厅/分厅审理,按照四级三审制审判程序进行。但是,在

---

〔1〕 参见《审录司为查核直隶变通距省窎远州县招解死罪人犯章程事等》,档案号:16-02-003-000064-0030,中国第一历史档案馆藏。

未设初级/地方审判厅的各府厅州县中,距离高等审判厅/分厅较近(同城)者实为少数,大多数府厅州县与高等审判厅均有距离,那么这些府厅州县刑事审判程序又是如何运作的呢?

(二)地方刑事审判程序的一般样态

宣统元年(1909年),法部颁行《各省城商埠各级审判厅筹办事宜》,该事宜规定"未设地方审判厅之府厅州县,依法递控到省之案,向归臬司或发审局审理者,俱应向省城高等审判厅起诉,由该厅按照前条区别,应以本厅为第二审者,判决之后许其照章向大理院上诉,应以本厅为终审者,判决时并宣告该案无上诉于大理院之权"[1]。根据该规定,可以推断出其适用前提条件为省城高等审判厅已筹设完成。换言之,若高等审判厅未筹设完成,则无法适用该项规定。按照清廷《九年预备立宪逐年筹备事宜清单》的规定,直省省城商埠各级审判厅筹设完成期限是限定在宣统二年(1910年),而根据宪政编查馆调查可知,全国22省中包括直隶、山东、江苏、浙江、江西等在内至少有20个省份在宣统二年(1910年)完成了省城包括高等审判厅在内的各级审判厅的筹设。[2] 因此,以宣统二年(1910年)即全国各省省城高等审判厅基本成立为界限,地方审判程序大致可分成两个阶段:第一阶段是宣统二年(1910年)以前,地方各省多是按照逐级审转复核制的审判程序运转;第二阶段是宣统二年(1910年)以后,地方各省除省城商埠已设审判厅的各府厅州县采用四级三审审判程序外,其他未设审判厅之各府厅州县适用的是调和了新旧审判制度和程序的过渡性审判程序。

就清末过渡性审判程序而言,主要呈现出以下三个特点。

首先,地方各省未设审判厅地方即"省城以外之府厅州县未设审

---

[1] 《法部奏定各省城商埠各级审判厅筹办事宜》,载《新闻报》1909年9月10日。

[2] 参见《宪政编查馆奏遵限考核京外各衙门第三年第二届筹备宪政成绩折(续)》,载《新闻报》1911年6月8日;《宪政编查馆奏补行考核第三年第二届续报各省筹备宪政成绩折》,载《新闻报》1911年7月3日。

判厅地方者"〔1〕,仍由府厅州县官审理案件,并按照逐级审转复核制解审至上级行政机关复核,但案件的解审次数被缩减。

宣统二年(1910年)六月,江西巡抚冯汝骙上折奏请变通距省窎远州县招解死罪人犯,该奏折称"南安赣州宁都三府州属,皆距省千数百里,死罪人犯向例解省勘办,每犯原解护解兵丁夫役十余名,往返必经数月,川资费用动成巨款,且越岭渡河冒险跋涉,途次防范难周,设经疏脱,则签差不慎之州县,有降革之处分,失慎兵役,须照犯罪减等问拟,若到省后犯供翻异,则行提人证经年累月,又复拖累无辜,以致各牧令相率因循,辄借口犯供狡展,证佐未齐,饰词延宕,或以犯逃请咨通缉了事,遂至正凶漏网,死者含冤",冯汝骙从而奏请江西南安、赣州、宁都三府州之寻常人命抢窃死罪人犯就近解审至巡道提勘确切,并只将录供招册移送提法司核明详办。不仅江西,山东、安徽、广东等省也纷纷咨请法部变通人犯解审办法。山东省奏请称:"现奉新章变通秋审办法,人犯不必解省",因此"向章解省勘转之命盗案犯,似亦可分别情罪轻重,斟酌变通。军流及人命拟徒人犯,情罪较轻,既经该管府州复勘,自无冤滥,不必解司;其斩绞人犯,情罪虽重,然解司复勘已经三审,足昭慎重,拟经司勘,即行发回,不必解院,以省文牍之烦,羁留之苦"。安徽省奏称:"各州县距省及该管道,其程途之远近,固各不相同,即水路之交通,亦不能一致,所有各府所属州县盗案,应请一律解府复勘为止"。广东省则奏称,各属积压未办盗犯图圄几满,"虽迭催审解,州县各惜解费,且虑长途疏脱,率以延搁了事",奏请"寻常盗案,即发州县详讯供词,按拟解府复勘,其边远州县解勘为难,准由府委员或邻封复勘"。对于各省奏请,法部表示赞同,认为旧例由县而府州而道而司进而督抚逐级解审并逐层研鞫虽极为周密,"惟奉行既久,利少害多",再加上今日"朝廷筹备立宪,审判检察厅次第建设,以后司法与行政分途",解审之制不能不立予变通。由此,法部规定未设审判厅之所

---

〔1〕 "省城以外之府厅州县未设审判厅地方者而言,省城已设有高等审判厅者查照历次馆部奏案自应照已设审判厅地方办理。"(《宪政编查馆奏议复东督奏解释法令议论纷歧据实直陈折》,载《政治官报》1911年第1255期,"折奏类",第6页)

有府厅州县"问拟徒流遣罪寻常命盗并一切死罪人犯,均解本管府及直隶厅州复审,距府直隶厅州窎远者,由府及直隶厅州遴委妥员前往覆审,如覆审无异,即录供定谳"[1]。

自此,地方各省未设审判厅之各州县在案件初审后,仍须按照逐级审转复核制将案件人犯解审至所属府直隶厅州复核,不过与逐级审转复核制不同的是,经府直隶厅州复审过的案件无须再继续解往提法司和督抚复核;而府直隶厅州初审案件则在初审完成后,直接解审至该管道,由该管道进行复审,无须再继续解审至提法司。至于州县距离该管府直隶厅州或者直隶厅州距离该管道较远者,则由府直隶厅州向州县或者由道向府直隶厅州派遣官员前往复审。如复审无异,即录供定谳详报提法司,由提法司核查办理。在该规定制定的第二年即宣统三年(1911年),法部在给直隶省的咨文中要求直隶必须按照该规定执行,并再次强调应招解案件人犯只需解审到该管道府直隶厅州,而无须解审至提法司和督抚处复核。[2] 法部对于解审旧例的修正,使得地方各省未设审判厅之府厅州县案件的解审次数被缩减,其中州县初审案件由原来按照逐级审转复核制解审3次(州县→府直隶厅州→按察使司→督抚)减少为1次(州县→府直隶厅州);府直隶厅州初审案件由原来按照逐级审转复核制解审2次(府直隶厅州→按察使司→督抚)减少为1次(府直隶厅州→道)。案件解审次数的缩减确实有利于避免逐级审转复核制的流弊,但问题是伴随着案件解审次数的缩减,案件接受直接审理复核的次数也在减少,逐级审转复核制多重复核的构造因此被破坏。

其次,作为省行政机关的提法司和督抚因丧失了案件审理复核权,而被排除在案件审判程序之外。

宣统元年(1909年)十二月二十八日,宪政编查馆奏进《法院编制

---

[1] 《法部会奏并案议复变通州县招解死罪人犯折》,载《北洋官报》1911年第2709期,第2—5页。
[2] 参见《审录司为查核直隶变通距省窎远州县招解死罪人犯章程事等》,档案号:16-02-003-000064-0030,中国第一历史档案馆藏。

法》,在其原奏中宪政编查馆称:"凡京外已设审判厅地方,无论何项衙门,按照本法无审判权者,概不得违法收受民刑诉讼案件,其有不服各该厅判决之上控案件,应查照诉讼律及奏定审判诉讼各章程审结,亦均毋庸复核解勘,致涉纷歧。"[1]同日,清廷颁发谕旨在肯定宪政编查馆奏进《法院编制法》等章程的同时,再次重申行政官不得干涉司法:"嗣后各审判衙门朝廷既予以独立执法之权,行政各官即不准违法干涉。"[2]宣统二年(1910年)十二月二十四日,法部上奏中央明确提出督抚和提法司不应再参与案件复核,"凡直省省城已设高等审判厅者,所有从前省城行政各衙门历管一应审勘事宜,均钦遵宣统元年十二月二十八日特旨划归该省高等审判厅办理,毋庸再由院司审勘,向设发审等局亦应裁撤,以符定制而清权限"。至于将督抚和提法司排除在审判程序外的原因,法部解释道:"上年钦奉特旨颁布《法院编制法》,所有司法独立之制,已植立宪政体之基,各省督抚于该管行政事宜,繁重倍于往日,若再令疲劳于案牍,则一省最高行政势,必致旷废于无形;至提法司特设专官,尤应以司法行政事务为急,解勘之例原属审判范围,自以责成审判各官为适法。"对于法部的奏请,清廷准允。[3] 由此,如前所述,顺天府未设审判厅各府厅州县案件,经州县初审后,均未经过省城提法司和督抚复审,而是被直接送往省高等审判厅。

提法司虽被排除在审判程序之外,但案件奏报仍由其负责,即府厅州县案件经该管道府直隶厅州复核后,该管道府直隶厅州须将复审案件具报到提法司,由提法司径达法部和大理院照章办理,而无须具详督抚。[4] 除案件奏报之外,在安徽省高等审判厅请求下,安徽省

---

[1] 《宪政编查馆奏核定法院编制法并另拟各项暂行章程折》,载《四川官报》1910年第4期,"奏议",第2页。

[2] 《谕旨》,载《东方杂志》1910年第1期,"谕旨",第15页。

[3] 参见《法部会奏并案议复变通州县招解死罪人犯折》,载《北洋官报》1911年第2709期,第2—5页。

[4] 参见《内阁通行各直省督抚未设审判厅地方复审案件应概遵馆奏办理文》,载《内阁官报》1911年第35期,"法令",第3页。

提法司同意对未设审判厅各府厅州县案件延搁不办的情况予以监督。[1] 至于督抚职能,宪政编查馆认为解审和审判事宜行政长官未便照前管理,但"承缉命盗重案事关司法警察,仍属行政范围,府厅州县官应负缉捕之责,逐案仍须详报督抚,所有承缉处分无论已未设审判厅地方,均照旧由督抚办理"[2]。

最后,地方行政官审理案件若遇有鸣冤翻抑等情况仍须由提法司经省高等检察厅送交省高等审判厅审理复核。

宣统二年(1910年)九月,宪政编查馆在给山东巡抚的议复文中称:"本年直省高等审判厅依限成立,各该省原设发审局即应裁撤,查照奏定非常上告及再审之制,嗣后未设审判厅地方已结案件,如果查有情节可疑、罪名未协者,应由司行令该管检察厅分别提起非常上告或再审,均归高等审判厅审理,其寻常招解到省之案,不论翻供与否,均归该厅勘转报司,分别照章办理。"[3] 宣统二年(1910年)十二月,法部在《奏议顺天府拿获盗犯变通审办折》中对于未设审判厅地方审判程序再次重申道:"是直省高等审判厅成立后,各该省未设审判厅地方,所有原审未结例须提省各案,暨已结各案遇有情节可疑或罪名未协例得发局另审者,并与寻常招解到省之案不论原供有无翻异,均应统归各该高等审判厅审勘,分别报司,照章办理,则直省原设发审局之应裁撤,已属毫无疑义。"[4] 由宪政编查馆与法部上述规定可知,未设审判厅各府厅州县已结案件上报提法司后,如有鸣冤翻抑、情节可疑或罪名未协情况的,由提法司行令省高等检察厅提起非常上

---

[1] 参见《提法司札饬各属准高等审判厅咨未设审判厅地方未结案件赴厅上诉分别批示照催延搁不办者咨司处分文》,载《安徽司法月报》1911年第3期,"公牍",第6—7页。

[2] 《宪政编查馆收复各省督抚电·复鄂督电》,载《政治官报》1911年第1308期,"电报类",第4—5页。

[3] 《奏为宪政编查馆解释法今议论分歧请将奉省未设审判厅地方一应死罪案件仍照定章办理事》,档案号:04-01-01-1107-007,中国第一历史档案馆藏。

[4] 《法部等衙门奏议顺天府拿获盗犯变通审办折》,档案号:41-0139-0016,中国历史第一档案馆藏。

告或再审,再由省高等检察厅送交省高等审判厅,由高等审判厅作为第二审对案件进行审理复核。《各省审判厅判牍》刊载的两起云南省冤抑翻供的案件可为佐证。云南南宁县民庄小炳因争田戳伤胞兄庄世常和族兄庄树德并致二人先后身死,本案由南宁县审讯明确,"由县遵限招解到省"后,案犯庄小炳翻供。该案遂被"发司扎府提审在案",但"该府未及审拟,遵章牒送前来","查法部通行宪政编查馆咨复吉林巡抚呈请解释六条办法内载,未设审判厅地方招解到省之案,因翻异,发交高等审判厅复审,即应作为第二审等语"。于是,云南省高等检察厅认为"此案庄小炳招解到院,遽尔翻易,核与馆咨作为第二审之例相符",从而决定由其起诉并将该案移送云南省高等审判厅,由云南省高等审判厅对该案件进行复审〔1〕。此外,还有云南因奸谋杀本夫烧尸灭迹案可为例证。云南开化府文山县王普氏与其夫王正兴之姊夫傅芳调戏成奸,谋杀亲夫并烧尸灭迹。案件招解到省,王普氏翻异原供,企图脱罪,于是提法司将该案件照会云南省高等检察厅,由云南省高等检察厅移送至云南高等审判厅,云南高等审判厅作为第二审对案件进行了复审判决。〔2〕可见,若案件当事人鸣冤翻异,该案件须经提法司送交省高等检察厅起诉,并由省高等检察厅移送至省高等审判厅审理判决,案件从而被置于新式审判机关和审判程序之下。

除已结案件外,对于寻常招解到省未结案件,宪政编查馆对"不论原供有无翻异均应统归各该高等审判厅审勘"的规定也进行了修正。宣统三年(1911年)五月十一日,宪政编查馆在回复湖广总督关于未设审判厅地方非抗告案件是否归省高等审判厅审勘的电函中称:"未设审判厅地方未结之案,前咨准高等审判厅提审作为抗告,系指

---

〔1〕 参见《云南高等检察厅声明南宁县民庄小炳戳毙胞兄庄世常一案移高等审判厅起诉文》,载汪庆祺编:《各省审判厅判牍》,李启成点校,北京大学出版社2007年版,第254—255页。

〔2〕 参见《因奸谋杀本夫烧尸灭迹》,载汪庆祺编:《各省审判厅判牍》,李启成点校,北京大学出版社2007年版,第192—193页。

未定新章以前已经提审者而言,原属接引新旧权宜办法。现在审判制度逐渐成立,核与从前情形不尽相同,虽未设审判厅地方,亦不得将未经审断之案纷纷提审,致紊审级。嗣后府直隶厅州州县未设审判厅以前,无论案情重大与否,应责成该管地方官按律断结,如有不服,始准赴高等检察厅呈诉,照章提省审办。"〔1〕自此,未设审判厅各府厅州县案件在送交高等审判厅审理复核前必须依律审结。

根据上文所述地方审判程序的三个特点,基本可以描绘出清末刑事审判程序的一般样态。首先,未设审判厅各府厅州县对案件进行初审,初审后按照逐级审转复核制将案件解审至该管道府直隶厅州复审,该管道府直隶厅州道复审无异,即录供定谳详报提法司,再由提法司直接奏报至法部和大理院。而其中"专奏会奏死罪案件应备缮全案供勘",还须"详由各督抚奏交大理院覆判"〔2〕。其次,若案件有鸣冤翻抑、情节可疑或罪名未协情况的,则由提法司行令省高等检察厅提起非常上告或再审,并由省高等检察厅送交省高等审判厅,由高等审判厅对案件进行审理复核,案件从而进入四级三审制审判程序。〔3〕至于作为省行政官员的督抚和提法司则被排除在案件审判程序之外,不再参与案件的审理复核。

而对于未设审判厅各道府直隶厅州案件改由省高等审判厅审理的做法,东三省督抚锡良提出理由以示异议,"四级三审已成定制,自非人民请求,上诉本无招解勘转之法,高等厅非州县比,岂可沿用州县办案成规,自紊乱其例";"高等厅之于州县既非上级官吏,即无监督之权,各州县遇案送厅,纵使原判极偏,亦复无从驳正,发回势有所不可定谳,心有所未安"等。〔4〕在传统与近代审判制度共存之下,整合

〔1〕 《苏法司左奉督宪札准法部咨未设审判厅地方未结案件应令地方官按律断结文》,载《南洋官报》1911年第168期,"两江奏牍",第10页。

〔2〕 关于覆判制度,将于后章详述。

〔3〕 参见《清法部奏定提法司办事划一章程》,载汪庆祺编:《各省审判厅判牍》,李启成点校,北京大学出版社2007年版,第349页。

〔4〕 参见《奏为宪政编查馆解释法令议论分歧请将奉省未设审判厅地方一应死罪案件仍照定章办理事》,档案号:04-01-01-1107-007,中国第一历史档案馆藏。

新旧两种审判程序,确如锡良所言困难重重,但也正是因为如此,清末审判程序才呈现出新旧参半的过渡性特征,而"新旧参半"不仅意味着原有制度的延续,还意味着新制度/新程序对原有制度的变通与改造。

(三)秋朝审制的变通

有清一代,《大清律例》规定的常规死刑方式为斩刑和绞刑,根据死刑执行时间的不同,斩刑和绞刑又分为立决和监候。立决案件,按照逐级审转复核制,经皇帝死刑裁决后即可立即执行刑罚;监候案件则需将人犯关押在京师或各地监狱,直到当年秋天经过中央官员再次复核后方可根据复核结果分别处理。其中,针对京师关押人犯进行的复核称为朝审,针对地方各省关押人犯进行的复核称为秋审。[1] 朝审始设于明代并为清代所承继,秋审则始设于清顺治十年(1653年)的直隶省,至乾隆三十二年(1767年)清廷"因各司定拟实缓每不画一,始定条款四十则,颁行各省",自《秋审条款》订立以来,"其后迭次增加,渐归完备"。[2]

宣统元年(1909年),修订法律大臣沈家本奏请修改《秋审条款》。在该上奏中,沈家本陈述了《秋审条款》必改不可的理由。"再查秋审条款一书,系乾隆三十二年及四十九年刑部两次纂定,原与刑律相辅而行,盖据律例以定罪名,即因罪名以定矜缓情实,法至善也。特历时既久,例文叠经修改,条款仍沿用至今,其原订子目四十条,大半不能概括,况此次修订现行刑律,一切罪名等次,较从前多有轻重之分,则将来核办秋谳事宜,自非明示遵循,不足免分歧而祛疑误,臣等

---

〔1〕 关于清代秋朝审制,可参照赤城美惠子相关研究:「清代における律例と秋審条款の量刑基準——闘殴殺人を例に——清代における秋審判断の構造——犯罪評価体系の再構成」,『法制史研究』2014 年第 63 号、「「緩決」の成立——清朝初期における監候死罪案件処理の変容」,『東洋文化研究所紀要』2005 年第 147 冊、「可矜と可疑——清朝初期の朝審手続き及び事案の分類をめぐて」,『法制史研究』2005 年第 54 号、「清代秋審条款考——人命門をてがかりとして」,鈴木秀光ほか編『法の流通』,慈学社,2009 年。

〔2〕 刘锦藻:《清朝续文献通考》(第三册)(卷 253),上海商务印书馆 1936 年版,第 9979 页。

公同商酌,拟请将秋审条款按照现行刑律逐加厘正。"[1]宣统二年(1910年),《秋审条款》修改完成,删除了不适用的旧条文,并增加了符合时代需求的新条文,条文数由原来的40条增加至165条,与《大清现行刑律》同时颁行。

不过,在新《秋审条款》颁行的这一年,沈家本再次上章奏请变更秋审制度。在该奏折中,沈家本陈列了变更秋审制度的3条理由。首先,近代新式审判制度能够确保被告人利益,秋审制由此变得不那么必要。"推原会审定例之初意,本为严杜拘陷锻炼之弊,现《法院编制法》既行法官之资格,均由慎选而来,并设三审之阶,广通呼吁行合议之制,博采舆情。此外,如律师之辩护,鞫问之公开,凡为被告人谋利者无微不至,详慎至此,实无深故之虞。此揆诸今制之必应变通者一也。"其次,沈家本认为清廷下发谕旨明定司法权限并规定行政官不得干涉司法,秋朝审制与清廷谕旨相左。"上年十二月二十八日钦奉谕旨划分司法权限,令行政各官不准违法干涉等因钦此,钦遵在案,虑因大典如仍因袭会审具文,是与违法干涉何异,此推诸明谕之必应变通者一也。"最后,沈家本认为秋朝审在短时间内复核全年案件实难发挥制度效用。"秋审事例,虽不逮现行律例之繁,而为录囚最后之成规,推勘尤宜入细,同一情实也有予勾者,有夹签声叙者,同一缓决也有引例减等者,有三次后始行查办减等者,以及阵亡之忠裔、老疾之单丁,种种款目必研习有年,斯无贻误。今以司法之重寄而分任素未涉猎之人,已非循名核实之意,且秋朝审上班为时甚促,罄一年之积牍,而取决于寸晷之中,此唐太宗所谓,虽立五审,一日即了,未暇审思,五审何益是也。此狃于虚文之必应变通者又一也。"[2]在阐述了上述理由的基础上,沈家本奏请道:"嗣后秋审人犯,外省径由按察司或提法司审勘,缮具招册后尾,咨呈法部核议,其督抚、布政司会审

---

[1]《修订法律大臣奏编辑秋审条款片》,载《大清法规大全》(四),考正出版社1972年版,第1801—1802页。

[2]《宪政编查馆奏议复修订法律大臣奏变通秋审复核旧制折》,载《政治官报》1910年第894期,"事由单",第4—6页。

之制,即行停止;朝审人犯概由法部核议,无须奏派复核大臣,其朝审会同九卿审录之制,亦即停止。"[1]

对于沈家本变更秋朝审制的奏请,宪政编查馆表示赞同。宪政编查馆认为:"原奏声明秋审之不可废,允协慎重民命之经,复历陈复核之宜变通,胪举三端,皆中窾要……今既明定司法权限,凡判罪一切自须责成专官,且历来秋朝审复判之时,供勘纷繁,晷刻迫促,在未习律例者固难置一词,即稍明法理者亦难于定断,是以朝审之复核大臣及九卿驳正者,恒不多见,久同虚设。外省督抚布政司各道之与秋审者,更不过在例公座,其临时改定罪名者,亦罕所闻,实与刑名鲜有裨益。"[2]最终,在沈家本上奏的基础上,以及基于对清末地方审判厅设立情况的考虑,宪政编查馆拟请重新厘定秋朝审程序:"外省秋审由督抚布政司会审、京师朝审派复核大臣及会同九卿审录之制,均即停止……是已设审判厅地方已无复核解勘之制,其未设审判厅之处,若概将秋审人犯解司审勘,不无繁累,且旧例距省辽远之府厅州县,秋审人犯本皆免其解省,见拟推广,以期迳捷,所有未设审判厅地方秋审人犯,皆由提法司或按察司就原案核办,秋审后尾申报法部汇奏,毋庸解省审勘,俾省繁文而昭画一。"[3]清廷批准了宪政编查馆的奏请,自此秋朝审会审之制宣告终结,秋审人犯也无须再解省审勘。

此后,内阁的出台使得秋审程序愈加简化。宣统三年(1911年)四月,清廷颁布了"内阁官制"与《内阁办事暂行章程》。其中,《内阁办事暂行章程》第12条规定:"此项章程施行之日,所有旧设内阁及办理军机处、内阁会议政务处,一律候旨裁撤。"[4]同年七月,法部上奏了《酌拟变通秋审进呈册本各事宜折》并附《变通秋审册本各

---

[1]《宪政编查馆奏议复修订法律大臣奏变通秋审复核旧制折》,载《政治官报》1910年第894期,"事由单",第4—6页。

[2] 刘锦藻:《清朝续文献通考》(第三册)(卷252),上海商务印书馆1936年版,第9978页。

[3] 同上注。

[4]《宪政编查馆会议政务处会奏拟定内阁官制并办事暂行章程折》,载故宫博物院明清档案部编:《清末筹备立宪档案史料》,中华书局1979年版,第565页。

事宜清单》。法部在奏折中称:"本年四月钦奉谕旨,颁定内阁新制,所有内阁旧制及军机处名目并票签批本等处,均经分别裁改,则秋审事例自不能不随新制为转移。"[1]在《变通秋审册本各事宜清单》中,法部将秋审制变通如下:秋审本由法部改题为奏;勾到日期由法部奏请;黄册专列实勾人犯;删除黄册粘签;删削黄册外尾部尾,只列勘语;停止复奏;每期由内阁协理大臣勾到;勾毕复奏仍由内阁办理;酌改秋审榜示;监视行刑由法部专办。至于其他未尽事宜,法部在清单最后一条明示道:"由臣等随时会商妥协,另行奏明办理。"[2]

秋录大典

[图片来源:吴友如主编:《野老闲谈》(点石斋画报点校版,甲集),武建宇、陈映旭点校,中国文史出版社2018年版,第11页]

---

[1]《法部会奏酌拟变通秋审进呈册本各事宜折》,载《内阁官报》1911年第26期,"法令",第3页。

[2]《法部会奏酌拟变通秋审进呈册本各事宜折》,载《内阁官报》1911年第26期,"法令",第4—6页。

(四)就地正法的限用

《国语辞典》将"就地正法"直译为"在犯罪之地执行死刑"[1],但自咸丰三年(1853年)大规模适用以来,就地正法特指案件经地方各级机关审核明确后,无须皇帝核准,督抚等地方官员可裁决死刑并立即执行的一种特别死刑审判程序。

清代常规审判制度为"逐级审转复核制"。如前所述,根据逐级审转复核制,地方至中央各级机关司法权限各不相同,拟定刑罚为笞杖、与人命无关徒刑、与人命相关徒刑、流刑以及死刑案件,其刑罚裁决权分别归属于州县、督抚、刑部以及皇帝所有。其中,量刑为死刑的案件,经州县、按察使司、督抚审理复核无异议的情况下,督抚必须专本具题或是专折具奏,奏闻皇帝,皇帝交由刑部和三法司复核,皇帝再在复核结果的基础上作出死刑的最终裁决。刑部只有在接到皇帝允准死刑的旨意后,才可"用钉封行知外省,该督抚接到钉封,方准行刑"[2]。可见,在清代常规司法审判程序中,作为"关系人心向背,时局盛衰"的死刑案件,其最终裁决权在皇帝,而不在地方督抚。这不仅是死刑谨慎适用思想的体现,也是清代通过刑罚裁决权绝对确定,防止司法权下移,维护皇权至上的反映。

就地正法始于清代中叶,当时多是皇帝针对个别案件特旨地方官员将人犯于犯罪所在地执行死刑的一种特别刑罚方式[3],道光年间就地正法被用于缓解地方案件解审的压力[4],咸丰年间开始在全国大规模适用。咸丰元年(1851年),"太平天国运动"爆发。清政府为

---

[1] 中国大辞典编纂处编:《国语辞典》(第二册),商务印书馆1948年版,第1882页。
[2] 刘锦藻:《清朝续文献通考》(第三册)(卷244),上海商务印书馆1936年版,第9881页。
[3] 参见娜鹤雅:《晚清"就地正法"的"变例"性考察》,载《内蒙古大学学报》2018年第5期,第108页。
[4] 参见[日]铃木秀光:『清末就地正法考』、载東洋文化研究所编:『東洋文化研究纪要』、2004年第145册。

了平复各地农民起义,权宜选择了就地正法,用于应对各地太平军及其他农民起义军。"太平天国运动"结束后,各地马贼、会匪、盗匪等匪类案件频发,出于维护社会秩序的需要,就地正法再次被清政府广泛适用于各地匪类案件的处理。州县凡遇匪类案件,通常初审完成后,即送往上级机关,经府、按察使司及督抚复核,在对案件事实及拟定刑罚确认无异议的情况下,督抚可批饬就地正法,并于省城或犯罪地立即执行。督抚批饬就地正法时,无须事先奏闻皇帝,更无须皇帝颁发王命旗牌授权,只需在死刑执行完毕后,按季度书面汇奏中央。因此,在死刑案件上,就地正法与逐级审转复核制相比,不仅省略了刑部、三法司及皇帝复核的程序,地方督抚还同时获得了过去只有皇帝才拥有的司法上的生杀大权,从而突破了以往督抚仅可批饬非关人命徒刑的司法权限制。

对于死刑裁决权的下移,中央御史和刑部与地方各省督抚意见对立,为了调和双方意见,清廷最终颁布了《光绪八年就地正法章程》。根据该章程,就地正法只能在土匪、马贼、会匪、游勇,案情重大并形同叛逆之犯5种情况下适用,适用期限为1年。然而,直至宣统朝就地正法仍未被废止,宣统元年(1909年)清廷再次核准了就地正法的适用,即嗣后各省缉获盗案是系土匪、会匪、游勇,啸聚薮泽,抗拒官兵,形同叛逆者,仍照光绪二十四年(1898年)奏定通行,暂准就地正法。[1] 不过,宣统三年(1911年)时,宪政编查馆在议复东三省总督锡良的上奏中,对就地正法的适用加以了严格的限制。首先,将就地正法限定在军法范围之内。"该省胡匪鸱张,如果派令军营官兵前往剿办,按照法部奏案,确系暂准就地正法之犯,即系以军令从事,既不在问刑定罪之例,则与高等审判厅应行审理案件,尤属各不相妨";其次,将就地正法限定在人犯现行缉获而非事后捕获的情况。"抗拒官兵,自系指派兵剿办时而言,凡由军营官兵登时于军前拏获者,暂准讯

---

[1] 参见《法部奏议复御史吴纬炳奏寻常盗犯请一律照例解勘折》,载《政治官报》1909年第590号,"折奏类",第10—11页。

明禀请军令,立予就地正法",事后捕获人犯但有拘捕情形,"只能按律治罪,诚以罪人拒捕,现行刑律列有专条,与抗拒官兵者情事确有不同,仍应遵照现行法令,送交审判衙门或地方官衙门讯办,不得率先处决,致有冤滥之虞"[1]。

就地正法自军法而出,终究又归于军法,在它成为北洋政府和南京政府《惩治匪盗法》源头的同时,亦成为近代司法独立实现道路上绕不开的拦路石。对此,时人就曾评论道:"夫独立云者,非贵有独立之形式,而贵有独立之精神也。非仅使司法者之人,独立于行政者之人之外,乃必使司法者之权,独立于行政者之权之外也。司法既离行政而独立,则行政者虽具无上之威权,自不得丝毫阑入于司法范围,以相侵越,而后司法乃真独立。今我国于形式上之独立,举办已不遗余力,其精神上之独立,果能媲美列强与否,尚在未可悬拟之数。乃比闻鄂督赣抚先后奏请存留就地正法之酷例,已蒙朝旨允行,道路传言,猝难凭信,若果有此是,实行司法独立,尚不知始于何日,而破坏司法独立者,已大有人在。""外官行政之弊害,莫大于督抚有生人杀人之特权,督抚之可以生人杀人,实就地正法一例种其殃,司法独立之日,则此例决无可以存在之理由,故三权分立之说,最为督抚所厌,闻盖以行政者之司法权既经裁夺,则不能惟所欲为,于是百计多方为暗中之破坏,以阴便其私图。"[2]评论如此,更有事实为之印证。宣统三年(1911年),浙江宁波府抢劫游勇就地正法一案,导致行政官与司法官大起冲突。据浙江宁波地方审判厅称:三月初六日,游勇方得胜聚众三人,白昼抢劫,持刀伤人,审判厅已判决绞立决,而居民聚众至审判厅滋闹,要求就地正法,厅屋被毁,弹压不散,地方审判厅遂电请办法,不料其间"行政官不知照本厅,竟将该犯正法,致本厅判决无效,似此违法侵权,本厅难以办公",请允准全体辞职,关闭地方审判检察厅。对此,浙江巡抚增韫则声称:"该犯方得胜既经审判厅判

---

[1]《宪政编查馆奏议复东督奏解释法令议论分歧据实直陈折》,载《政治官报》1911年第1255期,"折奏类",第11页。
[2] 无妄:《论督抚破坏司法独立》,载《大公报》1911年3月28日。

决,定为死罪,该道府等以该犯既系游勇,随会协营以军令止法,相机因应震慑人心,自为保全地方治安起见,审判检查(察)两厅维持司法独立,指行政官为侵权违法,亦尚持之有故,然该道府等以当时安危所系,间不容发,先行惩办,系属权宜定变之计。"[1]可见,纵使对就地正法百般限制,但行政者侵越司法的做法终难使司法真正独立。

一权独立之共和国果能长治久安乎

(图片来源:《新闻报》1913年11月5日)

---

[1]《行政官与司法官之冲突》,载《大公报》1911年6月13日。

第六章　北洋政府时期的审判制度

第一节　民国初年审判厅状况及整备

一　民国初年审判厅状况

清末,自光绪三十三年(1907年)京师、东三省、直隶、江苏设立审判厅开始,全国各省纷纷开始筹设审判厅。按照清廷《九年预备立宪逐年筹备事宜清单》的规定,宣统二年(1910年)应完成直省省城商埠各级审判厅的设置,而根据宣统三年(1911年)宪政编查馆《奏遵限考核京外各衙门第三年第二届筹备宪政成绩折》等资料显示,至宣统三年(1911年)时全国22省基本完成了本省省城商埠各级审判厅的筹设。至于《九年预备立宪逐年筹备事宜清单》规定的宣统三年开始筹办直省、府、厅、州、县、城治各级审判厅的计划,因辛亥革命的爆发而搁浅。因此,清朝统治结束时,京师共设高等审判厅1所、地方审判厅1所、初级审判厅5所;地方各省共建高等审判厅22所、高等审判分厅2所、地方审判厅56所、地方审判分厅5所、初级审判厅88所。[1] 以全国来计算的话,高等审判厅(含高等审判分厅)共有25所,地方审判厅(含地方审判分厅)共有62所,初级审判厅共有93所。

民国肇建,全国审判厅数量有所增加。按照1913年的《世界年鉴》记载,当时全国已成立高等审判厅19所(拟设3所)[2]、高等审判分厅4所(拟设1所)、地方审判厅113所、地方审判分厅11所、初级审判厅196所。[3] 这与1912年《司法公报》刊载的地方各省审判厅统计结果相同。[4] 不过,与地方审判厅增设情况不同的是,京师审判厅厅数出现了缩减,由清末筹设完成时的5所减少至4所。1912年,司法部称:"查京师各初级审判检察厅设置地点,从前划分五区,惟第三厅与第五厅距离甚近,自当裁并以节经费",而将京师第三初级审判厅与京师第五初级审判厅合并,改称为京师第四初级审判厅,原京师第四初级审判厅变更为京师第三初级审判厅,第一和第二初级审判厅则维持不变。[5] 由此,1912年,京师设有高等审判厅1

---

〔1〕 参见《直省省城商埠各级厅厅数表》,载《吉林司法官报》1911年第1期,"附刊",第2页。

〔2〕 根据1913年《世界年鉴》所载《各省已设拟设各级审判检察厅一览》显示,贵州、甘肃以及新疆的高等审判厅为拟设而非已设状态,《司法公报》第1年第3期刊载的《各直省已拟设各级审判检察厅一览表》记录与此相同,然而清末贵州、甘肃及新疆3省却均奏报称高等审判厅均已成立(参见《宪政编查馆奏补行考核第三年第二届续报各省筹备宪政成绩折》,载《新闻报》1911年7月3日),1912年高等审判厅厅数到底为何,还有待后续资料的印证。

〔3〕 参见神洲编译社编辑部:《世界年鉴》(1913年),神洲编译社1913年版,第424页。

〔4〕 参见《各直省已拟设各级审判检察厅一览表》,载《司法公报》1912年第3期,"报告",第1—3页。

〔5〕 参见邢永福、王光越主编:《北京审判制度研究档案资料选编》(民国部分)(第三册),北京市档案馆编印1999年版,第344页。

所、地方审判厅 1 所、初级审判厅 4 所。综上，1912 年，全国除高等审判厅外，地方审判厅（含地方审判分厅 11 所）共有 125 所，初级审判厅共有 200 所。这与清末全国审判厅厅数相比，无论是地方审判厅厅数还是初级审判厅厅数都有大幅增加，地方审判厅和初级审判厅分别增加了 63 所和 107 所。

然而，自 1913 年开始，江苏、奉天、湖北等省先后提出了裁并审判厅的请求，司法部虽倾向于继续维持审判厅，但面对新设审判厅因仓促告成而存在诸多问题的情况，最终只得决定对现有审判厅进行整顿，整顿方法之一为裁撤不完备的审判厅。[1] 自此开始，裁撤审判厅在各方的酝酿与推动中，最终发酵成为 1914 年全国范围审判厅的大规模裁撤。经过 1914 年审判厅的全国性裁撤，京师尤其是地方各省审判厅厅数大幅减少，其中除各省省城高等审判厅全数保留下来以外，地方大多数的地方审判厅以及全部的初级审判厅均被废止，直至 1917 年地方审判厅厅数才有所部分恢复。根据北洋政府国务院统计局编辑出版《统计月刊》中刊载的《民国六年全国法官现任人数统计表》可知，除新疆未列入统计表外，地方各省省城高等审判厅有 21 所，高等审判分厅有 12 所，高等分庭有 6 所，地方审判厅有 48 所，地方审判分厅有 1 所。[2] 自此之后，全国审判厅尤其是地方审判厅厅数虽有增减变动，但从总体上看全国审判厅厅数一直是处于增涨状态，至 1926 年时，根据《调查法权委员会报告书》的统计，全国地方审判厅已达 66 所，另外还有地方分庭 23 所。[3]

---

[1] 参见唐仕春：《北洋时期的基层司法》，社会科学文献出版社 2013 年版，第 92—97 页。

[2] 参见《民国六年全国法官现任人数统计表》，载《统计月刊》1918 年第 8 期，第 41—46 页。

[3] 关于《调查法权委员会报告书》刊载的地方审判厅和地方分庭的数目，唐仕春将之修正为地方审判厅 65 所以及地方分庭 21 所或 22 所。另外，唐仕春认为至 1926 年，中国实际存在的地方厅增至 76 所，北洋政府名义管辖的地方厅增至 65 所，实际管辖的地方厅则在 52 所。参见唐仕春：《北洋时期的基层司法》，社会科学文献出版社 2013 年版，第 163—168 页。

除了审判厅厅数变动外,通过上述考察,我们还可以看到北洋政府时期的司法机关尤其是基层司法机关种类多样,既有省高等审判厅、高等审判分厅,也有地方审判厅、地方审判分厅、地方分庭,此外在初级审判厅裁撤后地方还有审检所、司法公署以及县知事兼理司法衙门。为了弄清上述司法机关在北洋政府时期的相互关系与效用,下文将着重讨论北洋政府时期司法机关的整备。

二 司法机关整备与审判厅裁撤

如前所述,至1912年时全国已设审判厅厅数极为有限。因此,1913年,北洋政府在未设置审判厅的地方,采用了帮审制,设置了审检所。1914年,因司法经费和人员极度缺乏,北洋政府废止了一部分地方审判厅以及全部的初级审判厅和审检所。在审判厅被废止的地方,北洋政府设立了地方审判厅和高等审判厅的支部(地方审判分厅、地方刑事简易庭、高等审判厅分厅),处理原本由初级审判厅和地方审判厅处理的案件。审检所废止的地方,则采"行政兼理司法"即由县知事兼理司法事务,并于1917年设置了司法公署。同时,为了弥补行政兼理司法的弊端,在各省的道的所在地设置了高等分庭。

(一)审检所的废止

审检所制度,是在未设审判厅各县的行政官厅内设立审检所,选任专人即帮审员对该县民刑事初审案件进行审理,并由县知事负责检察事务的制度。1913年北洋政府先后颁布了《各县帮审员办事暂行章程》和《各县地方帮审员考试暂行章程》,在全国推进审检所的建设。关于帮审员任职资格,《各县帮审员办事暂行章程》第7条规定帮审员须参加考试合格或曾充/学习推事检察官1年以上,第12条规定帮审员除审理诉讼外不得兼任该县行政事务。对于帮审员初审审理的案件,案件当事人若不服可提起上诉,案件"属于初级管辖者,在附近地方审判检察厅或分厅上诉,其距离较远,地方得以邻县审检所为上诉机关","属于地方管辖者,在高等审判检察厅或分厅上诉"[1]。北洋政府之所以采用审检所、设立帮审员,其原因在于审判厅建设至民初时已超出北洋政府司法资源能力范围,再加上制度规则建设的滞后性,导致了审判厅设置不完备而无法发挥其应有的效能,故在俭省司法经费和司法人员的考虑下,审检所作为审判厅的替代被采纳。对此,通过下面史料可以窥得[2]:

> 唯默察国家现状,人才财力两极其穷,且法官登进任用之法既未颁布,惩戒之条亦未规定,贪多务广,危险实深。即如湖北、江苏两省改革以后,法院偏(遍)于全省,不可谓非锐谋司法独立矣。乃历时未久,訾议随之,固由仓卒告成,机关未备,不足以餍人民之望,而财政艰窘,人才幼稚,实为兹事阻力之一大原因。迭经与各省往返商榷、与其补苴罅漏,不若改弦更张,所有从前已设而未完备之法院,尚应酌量废止,改行帮审制度。

然而,审检所经费来源于县行政经费,帮审员也由县知事呈请任免,故在案件审理上帮审员很难排除县知事影响而按照自己意思进行判决。从这点来看,审检所归根到底不过是北洋政府将未设审判厅地方之司法与地方之行政进行形式分割的便宜之法。至于如何保证帮审员审判独立与如何限制县知事行政干涉,则并不在其详加考虑范围之内。北洋政府的这一态度在司法部给浙江、奉天等省请求更改帮审员名称为专审员的回复中得以体现,在司法部看来"帮审组织不过暂时画一办法,既以教令公布,自未便朝令夕改,且名虽帮审,而依部定章程,其职权既与知事划分,即立于对待(立)地位"[3]。然而,仅处于对立,并不代表二者在实际中地位平等且能够做到相互牵制。1916

---

[1]《各县帮审员办事暂行章程》,载《司法公报》1913 年第 7 期,"法规",第 7—10 页。

[2]《覆顺直省议会咨请普设法院函》,载《司法公报》1913 年第 11 期,"公牍",第 27 页。

[3]《致江苏司法筹备处帮审组织不过暂时画一办法所请应勿庸议电》,载《司法公报》1913 年第 8 期,"公牍",第 38 页。

年,京师高等检察厅代表杨荫杭在司法会议上就审检所帮审员与县知事的权责关系指摘如下:"民国二年间,江苏省创办审检所,各县县知事与帮审员屡起冲突。县知事自以为主体,欲以帮审员为附属品,帮审员自以为审判官,止认县知事为检察官,各张旗鼓,从此多事。于是帮审员诉苦于处长厅长,县知事诉苦于省长,而诉讼事务遂为之停滞。其结果则县知事握有实权,帮审员仍处于孤立,以言刑事,则缉捕等事办理愈觉困难,以言民事,则已结之案苦不能强制执行。"[1]湖北高等检察厅代表刘豫瑶在司法会议上更是认为审检所弊端甚于县知事兼理司法,"未设厅之各县诉讼事件,仍暂照现章由县知事兼理,无庸更设审检所。盖审检所虽有审检分职之雏形,而知事仍不免干涉审判,甚至与帮审员争执意见,致碍诉讼进行及审判公允,其弊更甚于知事兼理司法"[2]。在杨荫杭看来,帮审员与县知事权责不清而造成的权限冲突频发,不仅不能实现司法独立,而是造成了"司法分裂",审检所因是废止。[3] 当然,审检所的废止也有司法经费不足的原因,尤其是1914年经中央政治会议议决对各省司法经费大幅缩减,致使各省司法经费不敷分配甚巨,审判厅裁撤成为定局,审检所废止自然也变得不可避免。1914年4月,司法部致电各省民政长、高等审检厅,宣布"《县知事兼理司法事务暂行条例》业奉令公布,所有各县审检所应即一律裁撤"[4]。审检所废止后的各县改由行政长官县知事兼理审判事务,而随着1914年审判厅的裁撤,县知事兼理审判制度的适用范围进一步被扩大,成为中国基层县一级最主要的司法

---

〔1〕 《会议速记录案》,载《司法公报》1917年第72期[临时增刊:司法会议议决案(下册)],第327—328页。

〔2〕 刘豫瑶:《附分年筹设各县地初合厅未设厅各县仍由知事暂行兼理诉讼酌订取缔办法案》,载《司法公报》1917年第71期[临时增刊:司法会议议决案(上册)],第24页。

〔3〕 参见《会议速记录案》,载《司法公报》1917年第72期[临时增刊:司法会议议决案(下册)],第327—328页。

〔4〕 《致各省民政长高审检厅裁撤各县审检所电》,载《司法公报》1914年第9期,"公牍",第36页。

制度。

(二)审判厅裁撤

1914年4月,在废止审检所改由县知事兼理司法后不久,北洋政府宣布裁撤审判厅,于是自清末以来筹设的大部分地方审判厅和全部初级审判厅被陆续裁撤。事实上,民国肇建之初,部分省份就已开始着手裁撤审判厅。1912年,奉天省都督向提法司提出裁撤辽阳、营口、新民、锦州、安东地方和初级各审判厅,提法司将此提议照会奉天高等审检厅,奉天高等审检厅随后报告司法部。对此,司法部咨请奉天省都督继续维持已设审判厅。[1] 然而,奉天省都督却将此提议提交奉天省临时议会表决通过,并咨请司法部同意施行。对于奉天省都督以节省司法经费为由裁并审判厅的咨请,司法部维持了原来的态度,赞成裁减冗员浮费,但不赞成裁撤审判厅。[2] 与奉天省相同,上海初级审判分厅因司法经费困难也面临着裁撤。上海光复后,"将各裁判分所撤销,改设初级审检等厅,开厅至今已届三阅月,该厅等所办之事,各处人民尚称便利"。然而,"各该厅等屡向知事署请领无着",故1913年2月江苏司法筹备处张一鹏莅任后,各厅纷纷具呈请示。张一鹏经与省民政长应德闳商酌,决定"上海一县所设之各级审检厅经费,除第一初级附设地方厅不计外,其第二至第五初级审检等四厅经费早由知事署支领,现仍照旧,尚有第六至第八初级分厅经费,前既由地方厅设法筹拨,则目前筹费困难,应即一并裁撤"[3]。与此相反,同属江苏省管辖的吴江县则因民众反对而未能裁撤审判厅,江苏"司法筹备处自拟实行帮审制后,各县地方审检厅遂纷纷裁并,吴江县地方厅亦在裁汰之列,近悉以该县公民函电交驰,纷纷反

---

[1] 参见《咨请奉天都督维持已设审检各厅文》,载《司法公报》1912年第1期,"公牍",第21—22页。

[2] 参见《咨复奉天都督裁并各级审判厅人员文》,载《司法公报》1912年第2期,"公牍",第10页。

[3] 《酌裁初级分厅之指令》,载《新闻报》1913年2月21日。

对,故张(一鹏)处长已允准暂为暂留"〔1〕。除地方对于审判厅裁撤态度不一外,司法部的态度也并非一以贯之,但自1912年之后,司法部开始主动推动审判厅的裁撤与改组。〔2〕

1913年9月15日梁启超继许世英之后就任司法总长,在其上任的第3天便上呈了《呈请裁撤各省司法筹备处文》,请求裁撤各省司法筹备处。梁启超认为,"各省司法筹备处,系专为筹备法院而设,现值国家财政支绌万分,所有各省未设法院有无余力扩充,尚待从长计议",且"现拟实行减政主义",故各省司法筹备处应即照财政部原册裁去,至于司法筹备处管辖事务则划归高等审判厅办理。〔3〕9月23日,袁世凯正式下令裁撤司法筹备处。〔4〕而各省司法筹备处的裁撤不过是全国司法机关裁减的一段序曲,据《时报》报道,梁启超还拟定裁减京师和各省审判厅,"梁总长拟将京中各区初级审判检察两厅裁撤,所有初级事宜并入地方厅办理,于地方厅内酌添推事一、二人以资助理,至外省各县初级审判厅亦拟照办"〔5〕。果然,1913年年底司法总长梁启超向袁世凯上呈了《呈大总统详论司法急宜独立文》。在该上呈文中,梁启超在论及整备司法人员的同时,提议在目前"人才、经费两皆缺乏"的情况下,作为权宜之计,应将未设审判厅地方之司法权委任行政长官县知事,至于如何监督县知事司法权,梁启超并未提出具体方案,只是言及"一切奉行事宜、监督程序,当别呈报,只候钧裁,顾所斷斷忧计者,以为用人办事之流弊,固宜尽力排除,而司法独

---

〔1〕《吴江地方厅免裁》,载《时报》1913年4月14日。

〔2〕 参见唐仕春:《北洋时期的基层司法》,社会科学文献出版社2013年版,第93—95页。

〔3〕 参见《呈请裁撤各省司法筹备处文》,载《司法公报》1913年第2年第2号,"公牍",第29—30页。

〔4〕 参见《临时大总统令:裁撤各省司法筹备处》,载《政府公报分类汇编》1915年第15期,"司法",第2页。

〔5〕《法部裁撤初级审检厅之阻碍》,载《时报》1913年10月5日。

立之精神未可根本反对"[1]。梁启超的上呈得到了袁世凯的赞可,"法院未立之地,使知事兼司审检,尤属权宜救济之计,应饬令各省民政长官,会同高等审检长,揆度情形,分别划改,仍由该总长妥议监督办法,俾兼任者得有率循"[2]。

随后,1914年2月梁启超在卸任司法总长时,再次上呈了《司法计画十端》,其中触及审判厅审级权限、案件审理诉讼、司法官养成及司法费来源等诸多问题。在该计划书中,梁启超谈及,目前司法经费和司法人员之缺乏不足以维持司法现状,"大总统令于司法维持现状、宽筹经费之旨,既已明白宣示,惟是各省以财政艰窘之故,电请废厅者仍继续有闻,其现存之厅,又大率以经费无着濒于废止",现行《法院编制法》因"揆诸矜慎之义"而采四级三审之制,然"欲实行于我国,则略计法官人才须在万五千人以上,司法经费须在四五千万元以上,揆诸国情,云何能致?故一年以来改为审检所,复改为县知事兼理审判,皆所以救现行编制法之穷也"。在梁启超看来,审检所和县知事兼理审判"皆权益之制,不能视为根本之图",但最终他还是提议鉴于目前司法经费和司法人员缺乏,裁撤初级审判厅,并将之与地方审判厅合并,县一级司法审判事务改由县知事负责。[3] 对于梁启超的《司法计画十端》,袁世凯将之交与政治会议讨论,并批示道:"所陈十端均系征诸事实,故多切中时弊,披览再三,益用佩慰,应俟交政治会议讨论办法,呈候施行。"[4]

在梁启超上呈《司法计画十端》的同时,各省都督和民政长也拉开了全国裁撤审判厅的帷幕,而最初的揭幕者是直隶都督赵秉钧与热

---

[1] 《呈大总统详论司法急宜独立文》,载《司法公报》1914年第2年第4号,"公牍",第2—3页。

[2] 《大总统令》,载《司法公报》1914年第4号,"命令",第6页。

[3] 参见《梁前司法总长呈大总统司法计画十端留备采择文》,载《司法公报》1914年第8期,"杂录",第1页、第3页。

[4] 《政治会议呈大总统议决梁前司法总长条陈司法计画十端文》,载《司法公报》1914年第8期,"杂录",第4页。

河都统姜桂题。[1] 1914年2月24日的《时报》刊载了直隶都督赵秉钧通电各省地方大员征求同意联名停止审检两厅的电函："都督民政长镇守使钧鉴,各省审检两厅需款甚巨,当此财政困难达于极点,且人民程度未及,意拟电陈中央暂请停办,俟察看人民程度,财力充裕,再行举办,如表同意,即请电复,以便入告为荷。"[2]但就在各省纷纷响应而中央尚未发声之时,赵秉钧于2月27日病逝于天津。[3] 于是,3月16日,热河都督姜桂题、接任赵秉钧成为直隶都督并兼署民政长的朱家宝、奉天总督兼署民政长张锡銮、吉林民政长齐耀琳、江苏都督冯国璋、浙江都督朱瑞等24省及特别区的地方大员34人联名以"继赵(秉钧)未竟之志"电请总统袁世凯。在电请中,诸地方大员称:"司法独立固属宪政精神,而建设法庭亦为文明国所不可少,顾必审国家财力奚若,人民程度何如,而后因地因时循序渐进,乃能推行尽利,不至病国害民。溯我国近数年来,效法泰西,各省既设高等审检两厅,更于各属分建地方初级各厅并审检所,侈谈美备,不惜资财,借口法权,专工舞弄,甚且审判案件,任意蔑法,数见不鲜,糜国家无数金钱,反增吾民无限痛苦,长此以往,甯不痛心。"各省都督和民政长于是以节省司法费与废除领事裁判权为理由,在电请中提议分别规划交通省份及通商口岸与偏僻各省审判厅的设置,"地方初级审检两厅及各县审检所帮审员均宜暂行停办,应有司法事件胥归各县知事管理,以节经费,至于交通省分(份)及通商口岸仍设高等审检两厅,延揽人才,即完全组织,以为收回领事裁判权之预备……其余偏僻各省及边远地方暂行停办,以节财力,即以最高级之公署为人民上诉机关,暂设一二司法人员专司其事,徐俟财力充裕,国民均具有法律知识,再议扩充"。在最

---

[1] 参见《吉林孟护军使通告赞同停办审检两厅电》,载《时报》1914年2月25日;《废止审检两厅之和议者》,载《生活日报》1914年2月27日。
[2] 《直督赵秉钧拟请联名停止审检两厅电》,载《时报》1914年2月24日。
[3] 参见《专电》,载《时报》1914年3月1日。

后,电请还提出将此提议提交政治会议议决。[1] 据《时报》3月21日报道,"姜桂题等请裁地方初级各厅已交政治会议"[2]。

1914年3月28日,各都督民政长电请分别裁撤审判厅提案被列入政治会议议事日程,被列入议事日程的还有时任司法总长章宗祥呈拟的《各省设厅办法》。1914年2月20日章宗祥继任梁启超成为司法总长,3月21日章宗祥呈拟的《各省设厅办法》由袁世凯谕交政治会议。在该办法文中,章宗祥强调,县知事兼理司法是解决国库空虚及人才缺乏之"暂时救济之方",而非讹传所言"现制动摇、方针改变",章宗祥同时还提出了《各省设厅办法六条》。在《各省设厅办法六条》中,章宗祥主张:"各省高等审检两厅一律仍旧;各省已设之高等分厅,除系距省会较远或诉讼较繁一律者仍旧外,其有应行裁并者,由部随时办理,至重要地方应设高等分厅而尚未成立者,仍应陆续筹设;各省省城地方初级各厅一律仍旧;各省商埠地方初级各厅,已设者仍旧,未设筹设;东三省已设之地方初级各厅,一律仍旧;各省除省城商埠外之已设地初各厅,仍应设法维持,如实因财力万难维持,应由该长官就地论地,就事论事,将各县法院如何不能维持之处,报由本部酌核决定裁并"[3]。概言之,章宗祥主张基本维持现有已设审判厅,尤其是省城、商埠及重要地方各级审判厅。

1914年4月24日,北洋政府召开中央政治会议,会议围绕着梁启超的《司法计画十端》、各省都督和民政长裁撤审判厅提案以及章宗祥《各省设厅办法》进行审议。首先,关于梁启超《司法计画十端》,政治会议审查员先后于3月6日、4月7日及4月16日召开审查会[4],4月24日经政治会议第十四次大会议决并提出报告,4月27日政治会议议长

---

[1] 参见《各省都督民政长请裁设各司法机关电》,载《司法公报》1914年第2年第8号,"杂录",第10—11页。

[2] 《姜桂题等请裁地方初级各厅已交政治会议》,载《时报》1914年3月22日。

[3] 《政治会议呈大总统并案议决各省电请裁设各司法机关暨章司法总长呈拟各省设厅办法文》,载《司法公报》1914年第2年第8号,"杂录",第13页。

[4] 参见《政治会议纪事》,载《时事汇报》1914年第7期,"记录一",第1页。

李经羲将议决结果上呈袁世凯。在上呈中,李经羲表示:"本会议平心商榷,以为十端所列八九可以赞同",其中梁启超提出的法院三级审级制即被赞同。对此,该上呈称:"初级地方同为初审,乃以刑事自某种刑以下,民事自若干元以下,强分区别,以事物之轻重为其管辖,设厅太繁,经费人才均多困难,自不如将初级名目废去,归并于地方,庶于法理事情两无所碍。况法院未经成立之处,现以县知事兼理审判,改用此制(法院三级制),尤属相宜。"[1]另外,关于各省都督和民政长裁撤审判厅提案以及章宗祥《各省设厅办法》,因两案内容相关,故经审议,决定合并讨论。但政治会议与会议员对这两份方案可谓意见相左,各省地方大员主张"以少为是",章宗祥代表的司法部主张"以多为是",且双方并无"确当之办法"与"一定之理由"[2]。政治会议在讨论时,甚至出现了"大激昂"的场景,"当讨论时,各员忽改其平时议事浅斟低唱之和平常态,而呈现一铜琶铁板之激昂气概"[3]。

其中,有赞成裁撤审检厅的,如刘邦骥在会议上称:"本日两案业经并案讨论,兹本员对于章总长之意见书稍有意见。查章总长原呈既知国库空虚、人才缺乏,即应由此两方面着想,方能救济,乃所陈办法,仍系主张司法机关已设者保存、未设者扩充等问题,既欲保存扩充,则此二者与国库人才均有关系。不止此也,刑律不良,诉讼法不良,尤为根本问题。试观三月二十六日第六百七十六号《政府公报》所载司法训令第一百七十八号扩充监狱一案及司法部呈韩庆元罪轻法重一案,实系法律不良之铁证,于此而仍欲扩充,终必至不可收拾而后已。"[4]有反对裁撤审检厅的,如邓镕在会议上称:"司法一项,有关国体,既系民国,断不能裁撤司法机关,若因财政困难起见,尽

---

[1] 《政治会议议长李经羲呈大总统议决前司法总长梁启超条陈司法计划十端情形请鉴核施行文》,载《政府公报》1914年第720期,"公文",第25—32页。
[2] 冰若:《政治会议讨论地方司法机关存废问题》,载《时报》1914年4月2日。
[3] 《政治会议讨论之大激昂》,载《新闻报》1914年4月3日。
[4] 《政治会议第十二次会议速记录》,载《政治会议速记录》1914年,第10—11页。

行裁撤,将来财政充裕,再行设立,不但糜费金钱,且多费一层手续。"[1]亦有持折中观点的,如吴乃琛在会议上称:"改良司法,本为国家根本之计画,当然赞成,但现在讨论之问题,乃司法机关也。查各省都督民政长欲停办地方初级审检各厅,原为人才不足、节省经费起见,然人才不足一节,理由实不圆满。因清理词讼、判断曲直,乃政府之天职,今因人才缺乏,取消司法独立,而委之于县知事,如县知事不胜任,则政府失其天职,如县知事能胜任,则何不调县知事为司法官,而必取消司法独立机关,所以人才不足一说,不成为理由。惟节省经费一层,理由至为充足,综计全国司法经费,一年约一千四五百万元,将下级审检机关归并县知事办理,虽云仍须用款,究可减轻不少,当此财政困难已达极点之时,能节省几分经费,国家即有几分利益,就财政一方面着想,司法机关自应暂行减少,议长所谓折衷办法,上级独立、下级委任县知事云云,甚为赞成。"[2]

最终,政治会议方案还是采用了折中之法。[3] 4月27日,政治会议议长李经羲将两案政治会议议决结果上呈袁世凯。该上呈称,"现在知事兼理第一审,既为目前之计,本非经久良图,将来国度民情有所进步,尚须逐渐推行,则已设之高等厅为全省高级机关,自应保存,省城为会垣要地,已设之地方厅亦宜照旧";作为各属审判模范之商埠,其地方厅则"酌量繁简,分别去留","至初级地方,只以事物重轻区分管辖,本会议于梁前总长条陈司法计划十端案内,议将初级废除,归并地方";此外"省城及繁盛商埠以外地初各厅,归并县知事兼理审判,自应与审检所帮审员一并取销,所请由各省长官将如何不能维持理由报部"[4]。

---

[1]《政治会议第十二次会议速记录》,载《政治会议速记录》1914年,第9页。
[2] 同上书,第22—23页。
[3] 参见《北京:通告第十三次政治会议情形》,载《新闻报》1914年5月3日。
[4]《政治会议议长李经羲呈大总统并案议决各都督民政长电请分别裁设各司法机关暨司法总长章宗祥呈拟各省设厅办法情形请鉴核施行文》,载《政府公报》1914年第720期,"公文",第32—36页。

1914年4月24日政治会议作出决议,4月27日政治会议将决议结果呈覆袁世凯,4月30日袁世凯根据政治会议呈覆下达命令:各省高等审检两厅与省城已设之地方厅照旧设立,商埠地方厅酌量繁简分别去留,初级各厅概予废除,归并地方。[1] 于是,以1914年政治会议决议为基础,在袁世凯命令之下,北洋政府开始在京师及地方各省进行审判厅的裁撤。1914年5月,北洋政府裁撤了京师内城第一和第二初级审判厅以及外城第三和第四初级审判厅,并将裁撤的京师各初级审判厅归并于京师地方审判厅。[2] 至于地方各省,1914年据北洋政府司法部统计,全国共裁撤地方审判厅80所以及初级审判厅135所[3],各县司法审判再次落入县知事手中。

(三) 审判厅支部的设立

1. 审判厅裁撤与审判厅支部设立原因

1914年伴随着全国初级审判厅的裁撤及与地方审判厅的合并,原由初级审判厅处理的案件遂改由地方审判厅负责,地方审判厅由此不仅工作量大幅增加,还引发出其他问题。

首先面临的即是人员增多带来的空间紧张。以京师为例,若京师初级审判厅裁撤与京师地方审判厅合并后,原京师初级审判厅司法人员与在押人犯理应移转至京师地方审判厅,但京师初级审判厅司法人员与在押人犯的移转会造成京师地方审判厅办公场所与囚禁处所的不足用,"地方审检厅现署构造既不合用,事务亦复繁多,即该厅自用亦几有不敷办公之势,若将各初级一律并入地方,必至厅员无驻足之

---

[1] 参见《大总统令》,载《司法公报》1914年第2年第8号,"命令",第2—3页。

[2] "一京师各初级厅裁并后于京师地方审判厅增设简易庭,简易庭得移于京师地方审判厅外,定名为京师地方审判厅分庭;一内城第一第二两初级厅废止后,其主管事宜于京师地方审判厅内添设简易庭行之;一外城第三第四两初级厅废止后,其主管事宜即就该厅原署分别改为京师地方审判厅第一或第二分庭行之。"(《令京师高等、地方审检厅:据该厅会呈称遵令筹拟京师各初级厅归并地方办法》,载《政府公报》1914年第731期,"令告",第14—15页)

[3] 参见《京外裁撤初级审判厅一览表》《各省裁并地方审检厅一览表》,载《司法公报》1915年第34期(临时增刊:司法部三年份办事情形报告),第19—21页。

地,且四初级收押人数超过百人以上,使皆置于第一看守所,其困难情形尤可想见"[1]。

其次面临的问题是,初级审判厅与地方审判厅合并可能造成审级的混乱。初级审判厅裁撤合并至地方审判厅后,原由初级审判厅审理的案件改由地方审判厅负责,即地方审判厅作为第一审负责审理原由初级审判厅审理的案件,而按照四级三审制,该案件的第二审应由高等审判厅负责,案件第三审则须递交至大理院,由大理院作出终审判决。然而,作为全国最高审判机关的大理院,根据民初所适用的清末《法院编制法》第36条大理院权限的规定,大理院作为终审可审理"不服高等审判厅第二审判决而上告之案件"或"不服高等审判厅之决定或其命令按照法令而抗告之案件",此外还可作为第一审并终审审理"依法令属于大理院特别权限之案件"[2]。而依据《死罪施行详细办法》规定,大理院特别权限案件只包括宗室犯在流遣以上案件、谋反/谋叛/谋大逆各罪案件、特旨交审重要官犯案件、未设审判厅地方京控案件。[3] 因此,大理院并不是对所有的案件都具有审理复核的权限。换言之,除去特别权限案件一审终审外,大理院只能审理不服高等审判厅第二审判决的上诉案件以及不服高等审判厅命令或决定且该命令或决定尚未确定的抗告案件,而上述两类案件一般是由地方审判厅作为第一审审理的案件即徒流刑以上刑事案件以及标的物价额在200两以上的民事案件[4],至于初级审判厅初审案件即罚金以下刑事案件以及标的物价额不满200两民事案件则不在大理院审理复核权限范围之内。因此,依照审级权限的规定,大理院无法成为

---

[1]《令京师高地审检厅改定归并裁厅办法文》,载《司法公报》1914年第2年第9号,"公牍",第21—22页。

[2]《宪政编查馆奏核定法院编制法并另拟各项暂行章程折》,载《四川官报》1910年第4期,"奏议",第6—7页。

[3] 参见《宪政编查馆奏议法部奏酌拟死罪施行详细办法折》,载《四川官报》1910年第10期,"奏议",第7页。

[4] 参见《宪政编查馆奏核定法院编制法并另拟各项暂行章程折》,载《四川官报》1910年第4期,"奏议",第16—17页。

初级审判厅初审案件的复核机关。

于是，为了解决初级审判厅裁撤引发的上述两大问题，1914年北洋政府司法部开始在全国推广地方审判厅支部。即在地方审判厅内设置地方简易庭，在已裁撤审判厅各县原初级审判厅官署内设置地方分庭，由地方简易庭与地方分庭负责处理原初级审判厅的案件，从而力图消除办公监所的空间紧张以及确保四级三审制的正常运转。以京师为例，在京师地方审判厅内设置了地方简易庭，主要负责处理地方审判厅管辖范围内的原初级审判厅审理之民刑事案件；地方分庭则设置于京师地方审判厅外，是将外城第三、第四初级审判厅改为京师地方审判厅第一分庭和第二分庭，并令其在原官署内分别负责处理原京师第三、第四初级审判厅的初审案件。至于京师各初级审判厅现押人犯，则由京师各该初级审判厅查明造册，呈报京师地方检察厅，由京师地方检察厅按照清册，将人犯"酌量移送北京监狱分监或京师第一看守所，但第三第四两初级厅现押人犯不在此限"〔1〕。

作为审判厅支部的地方简易庭与地方分庭是北洋政府为应对1914年审判厅裁撤而适用于地方的权宜之策。此外，在清朝末年就已创制，出于财力节省与诉讼便利性考虑而设立的审判厅支部即大理院分院、高等审判分厅以及地方审判分厅，在北洋政府时期也继续得以保留。

2. 地方简易庭

地方简易庭的试办始于京师，而京师地方简易庭筹设又始于刑事简易庭。京师地方审判厅之"刑事案件向称繁赜，若非就案情轻重，分庭受理，则承办各员，或以一二重大案件，未曾了结，纷萦心志，致使轻微案件转因而积压，非所以便民也"，于是1913年12月京师地方审判厅厅长和京师地方检察厅检察长向司法部上呈，拟在京师地方审判厅内设立刑事简易庭，专理刑事简易案件，并拟具规则呈核

---

〔1〕《令京师高地审检厅改定归并裁厅办法文》，载《司法公报》1914年第2年第9号，"公牍"，第22—23页。

到部,司法部对此予以批准。自京师试办刑事简易庭至1914年4月,效果开始呈现,"自设立简易庭以来,复能督历厅员,勤奋将事,计判决刑案,每月多至百余起,其他重大案件,亦因是而益促进行",施行3月,"成效已有足观,人民复亟亟称便"。因此,司法部决定"通行各省,一律试办"。为了在全国推行地方简易庭,司法部还将京师地方审判厅原拟《地方审判厅刑事简易庭暂行规则》抄发各省,并训令各省遵行。[1] 根据《地方审判厅刑事简易庭暂行规则》的规定,地方审判厅可因必要情形设立刑事简易庭,刑事简易庭专理刑事简易案件,即犯罪事实据现存之证据已属明确,且应处四等以下有期徒刑、拘役或罚金等的第一审刑事案件。至于案件是否属于简易案件,应由地方检察厅检察长认定。地方刑事简易庭一审判决后,应询问当事人有无不服,当事人若放弃上诉,则地方刑事简易庭判决确定。[2] 因该暂行规则对于地方刑事简易庭上诉机关未予规定,故1914年5月司法部发布布告,称不服京师地方审判厅简易庭判决而上诉的案件,以京师地方审判厅合议庭为第二审。同年8月,四川高等审判厅就地方刑事简易庭上诉办法再次详请司法部,司法部也再次明示地方刑事简易庭判决案件第二审概归地方合议庭。1919年9月在对《地方审判厅刑事简易庭暂行规则》修正时,司法部将上诉条款增列至第11条,明确规定,"不服简易庭之判决,得在地方厅合议庭声明上诉"[3]。

除了刑事简易庭之外,还有地方民事简易庭。因各地方审判厅"自设刑事简易庭成效卓著",司法总长章宗祥遂于1915年饬令各省高等审判厅"酌量地方情形,筹设民事简易庭"[4],民事简易庭专门受理初级管辖的第一审民事案件。浙江高等审判厅在1915年还拟定

---

[1] 参见《地方审判厅试办刑事简易庭》,载《法政杂志(上海)》1914年第11期,"记事·本国之部",第124页。
[2] 《地方审判厅刑事简易庭暂行规则》,载《法政杂志(上海)》1915年第10期,"事件",第119—120页。
[3] 《司法总长朱深呈:大总统陈明地方审判厅设立刑事简易庭试办情形谨将拟定规则缮单呈鉴由》,载《浙江公报》1919年第2694期,"呈",第3—5页。
[4] 《民事简易庭之筹设》,载《新闻报》1915年5月17日。

了《民事简易庭简章》,司法部经审核认为该简章各条款"妥洽可行",而饬令各省"体察情形,酌量仿办"[1]。虽然京师地方简易庭等设时间早于全国审判厅的裁撤,但北洋政府在地方各省推行简易庭的目的是将之作为"初级厅裁撤后一种救济办法"[2]。

3. 地方分庭

除地方简易庭之外,地方分庭也被作为弥补初级审判厅裁撤的救济之方。1914年初级审判厅被裁撤时,地方分庭就已出现,但至1917年时地方分庭才被予以详细规定。不过,在1917年地方分庭组织法颁行前,山西高等审判厅厅长陈福民在1916年11月举行的司法会议上,针对《县知事兼理司法应否废止咨询案》曾提出过《各省旧府治宜增设地方厅各县设地方分庭意见书》的议决案。在该议决案中,陈福民认为,"司法与行政不能合而为一",但就国家情形而论,"各县地方厅势难克期遍设",而专审员制与在道治增设地方厅的办法均存弊端,若"欲保持司法独立之精神,而又适合于吾国之现情与夫吾民之趋向",应于"各省旧府治增设地方厅","(府)所属各县仿照日本地方裁判所分设支部办法增设地方分庭",用于处理本县地方审判厅和初级审判厅第一审案件,同时委任县知事充当地方分庭检察官[3]。

1917年2月17日,总统袁世凯依据《临时约法》第38条大总统得提出法律案于参议院的规定,以及依据《中华民国国会组织法》第14条民国宪法未定以前《临时约法》所定参议院之职权为民国议会之职权的规定,向参议院提出了《各县地方分庭组织法案》。2月22日,参议院将该法案提交大会议决,并交由参议院法制股审查委员会审查,该审查委员会提出了修正案[4]。至4月20日,该修正案经过参众两院三读通

---

[1] 《仿照浙高审厅所拟民事简易庭简章及执务须知办理饬》,载《司法公报》1915年第46期,"例规·民事",第57页。

[2] 同上书,第59页。

[3] 参见陈福民《各省旧府治宜增设地方厅各县设地方分庭意见书》,载《司法公报》1917年第72期[临时增刊:司法会议议决案(下册)],第407—409页。

[4] 参见《咨众议院移付议决大总统提出各县地方分庭组织法案请依法议决文》,载《参议院公报》1917年第2期第41册,""公文十三,第67—68页。

过，咨达政府。[1] 1917年4月22日,《暂行各县地方分庭组织法》颁布施行。

根据《暂行各县地方分庭组织法》的规定,凡已设地方审判厅的地方,得于附近各县设立地方分庭,各县分庭得设于县知事公署;地方分庭可受理本县凡属于初级审判厅或地方审判厅第一审管辖之民刑案件;对地方分庭一审判决不服的,凡属初级审判厅管辖案件应上诉至地方审判厅,凡属地方审判厅管辖案件应上诉至高等审判厅或分厅;地方分庭受所属地方审判厅监督。[2] 在该法颁行后的1个月,据1917年5月21日《时报》报道,浙江绍兴便筹设了地方分庭,"绍兴为旧府属首县,向设有地方审检厅及初级审检厅,嗣因司法经费不敷支配,即行裁撤,现在地方分庭组织法业经国会议决,浙江高等审检厅即于绍县设立地方分庭,应支经常临时费,已与县司法公署并案筹划矣"[3]。对于地方分庭的未来,时人也充满了期冀,署名"虹"的作者在《时报》上称:地方分庭乃司法曙光,"中国之法庭,以经济与人才之两种关系,一时未能遍设,于是有地方分庭之组织,以树司法独立之基础","今各省县知事之贪赃枉法者芸芸,何限徒以兼理司法莫之敢撄,使地方分庭果完全成立,我知图圄中不少县知事也"[4]。

4. 高等分庭

在关于全国审判厅裁撤的司法议案中,时任司法总长章宗祥于1914年3月提出了《各省设厅办法》,其中第2条涉及高等分厅,"各省已设之高等审检分厅,除系距省会较远或诉讼较繁一律者仍旧外,其有应行裁并者,由部随时办理,至重要地方应设高等分厅而尚未成立者,仍应陆续筹设"。章宗祥这里所言的高等分厅,是《法院编制法》第

---

[1] 参见《接京函云地方分庭组织法两院三读通过已咨达政府》,载《时报》1917年4月20日。

[2] 参见《暂行各县地方分庭组织法》,载《政府公报》1917年第460期,"法律",第13页。

[3] 《筹设地方分庭之预闻》,载《时报》1917年5月21日。

[4] 虹:《地方分庭:司法曙光》,载《时报》1917年4月23日。

28条和《司法区域分划暂行章程》第2条第2款规定的,即设置于辖区广阔或交通不便省份及商埠等地方审判厅内的高等审判厅支部。[1]

然而,在1914年4月24日举行的政治会议上,会议审查委员会提出的设立高等分厅意见中的高等分厅与《法院编制法》和《司法区域分划暂行章程》中规定的高等分厅有所出入。其出入之处在于,审查委员会意见中的高等分厅,设置于道,且高等分厅厅长是由各道行政长官兼任,而《法院编制法》中的高等分厅是作为高等审判厅的支部,设置于地方审判厅内,且其厅长应为司法官。在这次政治会议上,会议议员对审查委员会的提议予以了热烈的讨论,讨论焦点集中在高等分厅厅长是否可由各道行政长官兼任的问题上。会议议员中的赞成者认为,由各道行政长官兼理高等分厅厅长可节省司法经费,便于监督兼理司法之县知事;而多数反对者则认为由各道行政长官兼理高等分厅厅长只会带来司法系统的破坏。在多数反对意见之下,高等分厅的提案最终被修正,由各道行政长官兼任高等分厅厅长的内容被删除,仅决定了"于各外道公署内附设高等分厅,委托该道以监督司法行政之权"[2]。

为了进一步规范高等分厅,1914年北洋政府颁行了《高等分庭暂行条例》。在此,值得注意的是,设置于道的"高等分厅"被更名为"高等分庭",在名称上以示与《法院编制法》中规定的"高等分厅"相区别。根据《高等分庭暂行条例》的规定,凡距省较远、交通不便地方除依《法院编制法》设高等分厅外,得因必要情形于道署所在地暂设高等分庭,高等分庭附设于外道道署;高等分庭之设立及废止应由各该省高等审判厅厅长详请司法部核定,并于核定后咨请巡按使,巡按使监督司法行政的省份,则经由各该巡按使咨陈司法部核定;高等分庭各员应受道尹监督,事项依《巡按使委任道尹监督司法行政办事权限

---

〔1〕 参见《宪政编查馆奏核定法院编制法并另拟各项暂行章程折》,载《四川官报》1910年第4期,"奏议",第6页、第17页。

〔2〕 《政治会议呈大总统并案议决各省电请裁设各司法机关暨章司法总长呈拟各省设厅办法文》,载《司法公报》1914年第2年第8号,"杂录",第14页。

暂行条例》办理;高等分庭可适用不与《高等分庭暂行条例》相抵触的《法院编制法》及其他法令中关于高等分厅的规定。[1] 1915 年,为了与高等分厅做进一步区分,北洋政府颁行了《高等分庭管辖权限暂行条例》,对高等分庭的管辖权限做出了进一步的规制。该条例规定,高等分庭之管辖区域与所在道区域相同;高等分庭具有管辖权的案件包括"不服兼理司法县知事所为初级管辖之判断而控告之案件,不服兼理司法县知事所为地方管辖中刑事三等以下有期徒刑、五百圆以下罚金、民事诉讼物价额一千圆以下及非财产权上请求之判断而控告之案件,不服兼理司法县知事所为之批谕按照法令而抗告之案件"[2]。不过,在审判分庭议决案通行后的第二年,即 1916 年 11 月,在司法会议上,有议员提出停止高等分庭适用的议案。该议案的提出者易恩侯认为:高等审判厅与高等分庭案件管辖权各不相同,而人民不知,将高等审判厅与"分厅(庭)一样看待,无是否上诉机关之分",故致案件往复驳转,而徒延时日,反与人民不便;此外各省财政虽然支绌,而改组高等分厅不过"增加一二人薪俸,尚可办到"。对于该提案,范贤方、陈福民、张志等多数议员表示赞同,范贤方称高等分庭改组高等分厅"浙江已经实行,每月所增经费不过二百元"[3]。最终,议案获得通过,政治会议议案议决书对将高等分庭改组为高等分厅的理由总结如下:"高等厅以一省为管辖区域,地方至为辽阔,人民讼狱滋多,办理控诉案件既苦冗繁,当事人依法控诉者亦苦道里不便,故高等分厅之设,于法律有明文,于事实为必要;嗣因司法经费困难,复颁行高等分庭条例,以道尹监督高等分庭,以检察附属审判,此等办法究属一时权宜之计,于官厅人民两有不便,不如仍依编制法院

---

[1] 参见《高等分庭暂行条例》,载《司法公报》1914 年第 3 年第 1 号,"法令",第 11—12 页。

[2] 《高等分庭管辖权限暂行条例》,载《司法公报》1915 年第 29 期,"法令",第 38—39 页。

[3] 《会议速纪录》,载《司法公报》1917 年第 72 期[临时增刊:司法会议议决案(下册)],第 251—253 页。

通则改为高等分厅",高等分庭改组高等分厅实乃"增费无几而获益良多"之举。[1] 1917年1月,司法部训令各省,要求依照《法院编制法》规定将已设高等分庭改组为高等分厅。[2]

(四)"县知事兼理司法"的实施

1914年4月初,北洋政府宣布裁撤审检所并在各县推行县知事兼理司法;4月底,北洋政府再次宣布裁撤全国大部分地方审判厅和全部初级审判厅。于是,自1914年开始,县知事兼理司法制成为北洋政府基层司法最主要的制度。

1915年,伍廷芳在《中国之司法改良及其前途》一文中对于采用"县知事兼理司法"的原因作了如下说明:"清室推翻,共和告成后,虽各省府县尝遍设法院,从事于积极之进行,然以经费拮据、人才难得之故,司法改良之效,殊未能圆满如意,而政府不得不略予通融,重行改组,此初级法院之所以裁撤,县知事兼理诉讼章程之所由颁布也。"[3]由伍廷芳分析可见,审判厅难以普设是北洋政府时期县级司法适用县知事兼理司法的原因所在。然而,县知事的行政属性又令时人多认为县知事兼理司法制弊害丛生,其中诟病最多的莫过于行政兼理司法中行政司法的关系问题。前云南高等审判厅厅长张仁普在1917年司法会议讨论《县知事兼理司法应否废止咨询案》时,认为行政司法不分与法理相左:"现在元年,约法既经恢复,按照约法上立法行政司法三权鼎足分立,而司法独立又为立宪国不易之经,尚非行政可比,前政府以行政官兼理司法即属违背约法,现在既与前政府不同,当然力谋司法独立,则县知事兼理司法非即行废除不可。"[4]除

---

[1] 参见《高等分庭依法改组高等分厅议案议决书》,载《司法公报》1917年第71期[临时增刊:司法会议议决案(上册)],第69—70页。

[2] 参见《已设高等分庭依法改组高等分厅令》,载《司法公报》1917年第75期,"例规",第1页。

[3] 伍秩庸著:《中国之司法改良及其前途》,陆守经译,载《司法公报》1915年第49期,"金载·考镜",第74—75页。

[4] 《会议速纪录》,载《司法公报》1917年第71期[临时增刊:司法会议议决案(上册)],第111页。

相左于法理外,县知事身兼行政、审判及检察多重身份,也令其在实际诉讼中难以排除行政权力干扰而作出公正裁决。对此,江西高等审判厅厅长朱献文在1917年的司法会议上指出:"县知事兼理司法弊端过多,其最甚者,莫如审判案件而有贿托请求之弊病,又县知事因行政事务繁多,对于司法事项往往淡漠轻率视之。"[1]此外,县知事多修习传统学问,而缺乏近代法律知识及法律素养,也令其所作判决不足以得到信赖。湖北高等审判厅厅长周诒柯在1917年的司法会议上称,"各省知事多系前清官僚人物,对于法律茫然无知,如果专用法学人员,其(县知事兼理司法)弊尚不至此"[2];朱献文也指出:"县知事深明法律者甚少,其判断案件,按诸法理错误极多。"[3]《时报》一篇署名《鄂县知事兼理司法之真相》的文章更是评论道:"以司法大权委托各县知事,名曰兼理,实系县知事一人审判,检察兼而有之,承审员不过一附属品,查县知事兼理司法以来,弊端百出,草菅人命,逼供刑讯,天平架跪铁链种种惨无人理之刑具,标新领异,无奇不有,甚至无法律知识,误会条文,或不能作判词,代以堂谕,欲求差强人意者,百不一见。"[4]

面对司法资源匮乏与县知事兼理司法弊端百出的现状,北洋政府不得不在对现实需要与理想图景清醒觉知的基础上,认真思考在司法体制上如何通过制度建构形成对县知事兼理司法的制约。"县知事兼理司法流弊诚多,顾欲废止县知事兼理司法,非各县遍筹设厅不可,各县设厅计画,衡以目前财力人材,在此一二年内,各省实未易办到,故县知事兼理司法制度只得先议变通,似难遽议废除。"[5]1914年4月5日,北洋政府颁行了《县知事兼理司法事务暂行条例》与《县

---

[1]《会议速纪录》,载《司法公报》1917年第71期[临时增刊:司法会议决案(上册)],第186—187页。
[2] 同上书,第192页。
[3] 同上书,第187页。
[4]《鄂县知事兼理司法之真相》,载《时报》1915年4月23日。
[5]《答复县知事兼理司法应否废止咨询案意见书》,载《司法公报》1917年第71期[临时增刊:司法会议决案(上册)],第1页。

知事审理诉讼暂行章程》，确立了县知事审理裁判的法律规范。

根据《县知事兼理司法事务暂行条例》的规定，凡未设法院各县之司法事务应委任县知事处理，县知事审理案件可设承审员助理，承审员审理的案件由承审员与县知事同负其责，县知事关于司法事务应受高等审判检察厅长监督，承审员则受县知事监督。[1] 由上述规定可见，县知事兼理司法制与审检所不同，审检所是帮审员负责案件审理而由县知事负责检察事务，县知事兼理司法制中的承审员则仅仅是作为县知事审判助理而不再拥有审判权，也无法与县知事形成职权对抗，当然如此设置可以避免审检所适用时引发的"司法分裂"。1914年5月，在各省以经费无着免设承审员的要求下，司法部对仅颁行1个月的《县知事兼理司法事务暂行条例》第1条和第2条进行了重新解释，将原规定中的"凡未设法院各县之司法事务委任县知事处理之"与"县知事审理案件得设承审员助理之"，解释为"承审员系酌量各县情形分别设置，详绎该条例第一第二条所载，原以知事处理司法事务为原则，以设承审员助理为例外"[2]。这一解释，使得《县知事兼理司法事务暂行条例》中承审员的规定形同具文，同时也意味着县级司法审判被完全置于县知事的控制之下。于是，在1916年11月举行的司法会议上，《县知事兼理司法应否废止咨询案》被提出并成为会议讨论的焦点，经讨论最终决定对县知事兼理司法制度进行变通。变通的方式是，优先在各县设置地方分庭，如财力不足可改设司法公署，地方分庭和司法公署设立以前则仍由县知事兼理司法，但须将县知事兼理司法章程加以修改。[3]

如前文所述，地方分庭于1914年初级审判厅裁撤时就已出现，至

---

[1] 参见《县知事兼理司法事务暂行条例》，载《司法公报》1914年第2年第7号，"法规"，第2—3页。

[2] 《司法部咨各省巡按使各县设置承审员务望通筹兼顾力图撙节以期核实而纾财力文》，载《政府公报》1914年第750期，"咨"，第7页。

[3] 参见《答复县知事兼理司法应否废止咨询案意见书》，载《司法公报》第71期[临时增刊：司法会议议决案（上册）]，第1—5页。

1917年4月《暂行各县地方分庭组织法》颁行时才在法律上被详细规定。《暂行各县地方分庭组织法》不仅规定了地方分庭，在其第13条还明确规定："凡未设地方厅及地方分庭各县，应设立县司法公署。"[1]1917年5月，北洋政府颁行了《县司法公署组织章程》。根据该章程第6条"关于审判事务，概由审判官完全负责，县知事不得干涉"以及第10条"审判官受高等审判厅长之监督，县知事关于司法事务，受高等检察厅检察长之监督"的规定可知，北洋政府试图通过将县知事排除在司法审判和司法监督之外，来确保司法公署审判官的独立性和公正性。在当时，县司法公署是北洋政府主推的作为制约县知事司法权的一项重要制度，《县司法公署组织章程》第1条对于县司法公署延缓设置的审批手续予以了严格限定，"因特别情形不能设立司法公署者，应由该管高等审判厅厅长、高等检察厅检察长或司法筹备处长或都统署审判处长具呈司法部，声叙窒碍缘由，经核准后，得暂缓设置"[2]。不过，自1917年县司法公署开始筹设至1926年的10年间，全国仅有46县设立了司法公署，大多数县仍然适用的是县知事兼理司法[3]，县司法公署的司法实践可谓并不成功。

县司法公署在全国推行之所以不成功的原因，通过京兆尹刘梦庚给内务部的上书，或许可窥得一二。首先，在刘梦庚看来，司法公署中的权力分置只会增加各县政务压力，"从前县署设置承审官，一切形式力求简易，往往案件发生，勤能之员颇能收随到随审随结之效。今司法公署则拘泥形式，而县知事执行检察事务，尚须每案作一起诉文或处分书，是因设司法公署而转增加县知事之劳务，非以省事便民也"。其次，县司法公署费用支出增加了地方财政压力，"京兆各县收

---

[1]《暂行各县地方分庭组织法》，载《政府公报》1917年第460期，"法律"，第13页。

[2]《县司法公署组织章程》，载《政府公报》1917年第469期，"命令"，第1—3页。

[3] 参见魏光奇：《走出传统：北洋政府时期的县公署制度》，载《史学月刊》2004年第5期，第56页。

入本不充裕，经费早嫌不足……近岁以来，如教育如农桑如水利如垦植如警察如防匪又纷然并起，而每月所用经费，一等县千余元、二等县千元、三等县数百元，包括一切费用，县知事已苦点金乏术，支应为难。即前清时代所定之规费，又早悉数归公，县知事更无从挹注，今若以设定司法公署，之故，割取每县经费三分之一，是无论何等县缺皆只数百元经费，用人服务，谁复肯来，势必致行政事务完全停顿"[1]。此外，刘梦庚认为，设立县司法公署还可能带来审判官与县知事间的权力争斗，"谓行政司法本取相辅而行，以求地方治安之确保，而改良司法亦期除弊涤污，以扫前清时代积习，而今之设立司法公署，既不能良吏清讼之效，转日与县署以争权为能，案牍稽迟，人民拖累"[2]。

地方分庭需费较多，县司法公署推行困难，县知事兼理司法仍旧未变的现状，使得北洋政府不得不进一步通过法律规范来制约县知事兼理司法。1923年，北洋政府对《县知事审理诉讼暂行章程》进行了修正，在《修正县知事审理诉讼暂行章程》中县知事与承审员的审判权限被重新界定。该章程第1条规定："凡未设法院或司法公署各县，应属初级或地方管辖第一审之民事刑事诉讼，由县知事审理；设有承审员各县，属于初级管辖案件，概归承审员独自审判，以县公署名义行之，由承审员负其责任。地方管辖案件，得由县知事交由承审员审理，但县知事应与承审员同负其责任。"[3]由该规定可见，继续适用县知事兼理司法的各县，承审员由原来的县知事审判助理变更为可独自审理案件，承审员的审判权限有所扩大。不过，因已设承审员各县检察职务仍由县知事负责，决定了县知事对承审员有监督之权，故承审员的独立审判权实难以实现。

---

〔1〕 邢永福、王光越主编：《北京审判制度研究档案资料选编（民国部分）》（第三册），北京市档案馆编印1999年版，第358—359页。

〔2〕 同上书，第355—356页。

〔3〕 《修正县知事审理诉讼暂行章程》，载《司法公报》1923年第176期，"例规·审判"，第11—12页。

纪事画·安徽

（图片来源：《时报》1912 年 11 月 30 日）

民国初年，北洋政府制约县知事司法权，多是通过在县一级设置专任司法人员或司法机关的方式来实现。然而，在县一级设置专任司法人员或司法机关，首先要得到县知事的允诺与支持，这本身就是一件不容易的事情。此外，专任司法人员或司法机关的经费多来源于县级财政，这也使得专任司法人员或司法机关不可能置身于县知事影响之外进行审判。因此，审检所也好，县司法公署也好，在司法实践中均未能良好地运作并持续下去。与之相比，利用案件层递至上级、由上级机关复核案件从而制约和监督县知事审判的方式看上去更为有效和稳妥，且与 1914 年颁行的《县知事审理诉讼暂行章程》中上诉程序的规定并不矛盾[1]，而覆判制度正是这一构想的最佳体现。关于覆判制度，将在第七章详加阐述。

---

[1] 参见《县知事审理诉讼暂行章程》，载《司法公报》1914 年第 2 年第 7 号，"法规"，第 4—10 页。

第二节　北洋政府时期刑事审判程序

民国初年，北洋政府对全国审判机关进行了大规模改组，在裁撤了大部分的地方审判厅和全部初级审判厅的同时，在各审级还筹设了审判厅支部。在所筹设的审判厅支部中，除了继续保留清末创制的大理院分院、高等审判分厅及地方审判分厅外，北洋政府还在各道衙门内设置了高等分庭，在地方审判厅内设置了地方刑事简易庭，在各县设置了地方分庭，并适用了县知事兼理司法。那么，由上述各级审判厅、审判厅支部与县知事兼理司法构成的审判程序是如何协调运作的呢？本节将围绕这一问题，对北洋时期的刑事审判程序进行说明。

一　京师刑事审判程序

如前所述，经 1914 年政治会议决定，京师裁撤了全部初级审判厅，同时在京师地方审判厅内设置了地方刑事简易庭，负责被裁撤的内城第一、第二初级审判厅审理的初审案件，并将外城第三、第四初级审判厅更名为京师地方审判厅第一分庭和京师地方审判厅第二分庭，作为京师地方审判厅支部负责原由第三、第四初级审判厅审理的初审案件。因此，在京师，初级审判厅管辖的刑事初审案件，内城是由京师地方审判厅内的地方刑事简易庭、外城是由京师地方审判厅第一分庭或第二分庭负责审理。若当事人对地方刑事简易庭或京师地方审判厅第一分庭、第二分庭作出的一审判决不服的，可上诉至京师地方审判厅，由京师地方审判厅负责第二审审理；若当事人对京师地方审判厅作出的第二审判决不服的，可继续上诉至京师高等审判厅，由京师高等审判厅作出三审即终审判决。至于地方审判厅管辖的刑事案件，则由京师地方审判厅负责初审，当事人对京师地方审判厅一审判决不服的,可上诉至京师高等审判厅,由京师高等审判厅负责第二审审理。若当事人对京师高等审判厅作出的第二审判决不服的,可继续上诉至大理院,由大理院作出终审判决。因京师各级审判厅建制较为完整,即便京师初级审判厅裁撤,在审级上因有地方刑事简易庭和地方分庭作为填补,刑事审判程序相对变化不大。

二 地方刑事审判程序

北洋政府时期,地方各省在省城设有高等审判厅,距省城较远地方设有作为高等审判厅支部的高等审判分厅,在司法权限上高等审判分厅与高等审判厅并无差别。在各省的省城及商埠设有地方审判厅,在距离省城及商埠较远地方的所在道设置了高等分庭,高等分庭与地方审判厅共同负责刑事案件第二审的审理。此外,在高等分庭未设以前,地方可由道尹遴派承审员二三人督饬案件审理。[1] 在各县设有地方简易庭和地方分庭。地方简易庭和地方分庭作为第一审负责初审厅管辖案件,未设置地方分庭和地方刑事简易庭各县则由县知事负责第一审案件的初审。此外,出于诉讼便利等原因的考虑,在距省城较远的地方还设有高等分厅附设地方庭,高等分厅附设地方庭可以受理初级厅管辖和地方厅管辖的初审案件,并负责不服县知事判决提起上诉的案件的第二审。[2]

如上可见,北洋政府时期的司法机关可谓种类繁多,而拥有如此多种类司法机关的审判程序是如何运转的、各个审判机关在审判程序中又充当着何种角色呢?在对上述问题论述前,有必要先对北洋政府时期的案件管辖进行说明。案件管辖是就审级管辖而言,即依据罪行及可能科处刑罚轻重程度的不同,案件被分为初级管辖案件和地方管

---

[1] 参见《改革司法制度意见书》,载《司法公报》1917年第72期[临时增刊:司法会议议决案(下册)],第399页。

[2] 参见《核准各高等分厅及附设地方庭暂行章程令》,载《司法公报》1923年第176期,"例规·官制",第2—3页。

辖案件。在北洋政府时期,初级管辖案件是指最重主刑四等有期徒刑[1]以下案件;地方管辖案件是指最重主刑三等有期徒刑以上,包含死刑、无期徒刑的案件。[2] 根据案件管辖的不同,北洋政府时期的刑事审判程序可分为以下两种情况。

首先,对于初级管辖案件而言,如果该案件是由地方审判厅、地方分庭、高等分厅附设地方庭作为第一审审理的案件,当事人若对地方审判厅或地方分庭或高等分厅附设地方庭作出的一审判决不服的,其中地方审判厅和地方分庭审理的初审案件可上诉至地方审判厅,由地方审判厅推事3人合议庭负责第二审的审理;高等分厅附设地方庭初审的案件则是由高等分厅附设地方庭推事3人合议庭负责第二审的审理。至于兼理司法县知事负责初审的案件,则须上诉至地方审判厅推事3人合议庭,或上诉至高等分厅附设地方庭推事3人合议庭,若该县附近未设有地方审判厅或高等分厅附设地方庭,又或因交通不便等必要情形时,该县附近如设有高等分庭的,可上诉至高等分庭;未设有高等分庭的,可上诉于道署承审员;若上述各项机关全未设立的,才可上诉至邻县,由邻县负责第二审审理。案件第三审,即当事人对地方审判厅、高等分庭、道署承审员、邻县作出的第二审判决不服的,可上诉至高等审判厅或高等审判分厅,由高等审判厅推事3人合议庭或高等审判分厅推事3人合议庭负责作出终审判决。不过,对于由高等分厅附设地方庭作出的二审判决,当事人只能向高等审判厅提起上诉,由高等审判厅推事3人合议庭作出终审判决。[3] (参见表6-1)

---

〔1〕 1912年颁布实施的《中华民国暂行新刑律》采用有期徒刑分等制。其中,第37条规定:一等有期徒刑为15年以下10年以上;二等有期徒刑为10年未满5年以上;三等有期徒刑为5年未满3年以上;四等有期徒刑为3年未满1年以上;五等有期徒刑为1年未满2个月以上。

〔2〕 参见《刑事诉讼律草案(关于管辖各节)》,载印铸局官书科编:《法令辑览》,"第十一类司法",印铸局经理科1917年版,第97—101页。

〔3〕 参见《改革司法制度意见书》,载《司法公报》1917年第72期[临时增刊:司法会议议决案(下册)],第397—401页;《司法部饬:第334号》,载《政府公报》1915年第1042期,"饬",第27—28页。

表 6-1 北洋政府时期案件审级程序表[1]

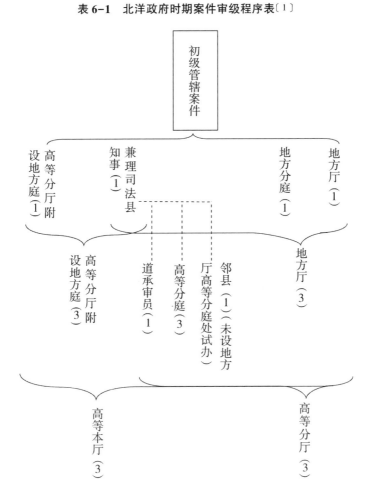

----
[1] 该表中"( )"内的数字为推事人数。

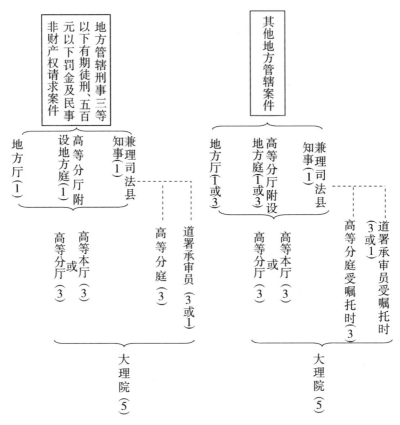

其次，对于地方管辖案件而言，根据科刑轻重不同，又可细分为两种情况。(1)对于地方管辖案件中科处刑事三等以下有期徒刑、500元以下罚金以及民事非财产权请求的案件，采用下面的审判程序：该案件如是地方审判厅、高等分厅附设地方庭(独任庭)第一审审理的，当事人对地方审判厅或高等分厅附设地方庭作出的一审判决不服的，可上诉至高等审判厅或高等分厅推事3人合议庭，当事人对高等审判厅或高等分厅作出的二审判决不服的，还可上诉至大理院，由大理院作出三审即终审判决。至于未设地方审判厅或高等分厅附设地方庭的地方，则由兼理司法县知事负责案件第一审的审理，对于县知事作出的一审判决不服的,当事人可上诉至高等审判厅或高等分厅,由高等审判厅或高等分厅推事3人合议庭进行第二审审理,如果该地方附近未设有高等审判厅或高等分厅,可由高等分庭推事合议庭或道署承审员作出第二审判决。第三审的话,当事人无论是对高等审判厅或高等分厅,还是对高等分庭或道署承审员作出的二审判决不服的,均可上诉至大理院,由大理院作出终审判决。(2)其他地方管辖案件,即除刑事三等以下有期徒刑、500元以下罚金以及民事非财产权请求案件以外的地方管辖案件,则适用下面的审判程序:如果案件是地方审判厅(独任庭或推事3人合议庭)或高等分厅附设地方庭(独任庭或推事3人合议庭)第一审审理的案件,当事人对地方审判厅或高等分厅附设地方庭作出的一审判决不服的,可上诉至高等审判厅或高等分厅,由高等审判厅或高等分厅推事3人合议庭作出第二审判决,若当事人对二审判决不服的,还可上诉至大理院,由大理院推事5人合议庭作出第三审即终审判决。而未设有地方审判厅和高等分厅附设地方庭的地方,则由各县县知事负责案件第一审审理,当事人对县知事一审判决不服的,可上诉至高等审判厅或高等分厅,由高等审判厅或高等分厅推事3人合议庭负责第二审的审理,如果该地方附近未设有高等审判厅或高等分厅,可由高等分庭推事3人合议庭或道署承审员1或3人负责案件第二审审理,但高等分庭与道署承审员以受高等审判厅嘱托案件为限。就第三审而言,无论是对高等审判厅或高等分厅,还是对高等分庭或道署承审员作出的第二审判决不服的,当事人均可上诉至大理院,由大理院推事5人合议庭作出终审判决。[1]

由上可知,北洋政府虽然在1914年全国审判厅改组中裁撤了大部分地方审判厅和全部的初级审判厅,但审判厅支部的陆续筹设在一定程度上避免了审判厅裁撤后司法机关不足造成的审级空缺。但

---

〔1〕 参见《改革司法制度意见书》,载《司法公报》1917年第72期[临时增刊:司法会议议决案(下册)],第397—401页;《司法部饬·第334号》,载《政府公报》1915年第1042期,"饬",第27—28页。

从审判程序上来看,北洋政府构筑的由各级审判厅及审判厅支部组成的审级构造无法从根本上确保公平与公正的实现。究其原因,问题主要是在于,各级审判厅及其支部难以对兼理司法县知事司法权予以有效的制约与监督,尤其是在时人尚未完全习得近代法知识的清末民初(清末尤为如此),县知事的判决很可能因为当事人不主动上诉而被确定,从而造成当事人丧失司法救济的可能性。因此,如何有效且制度化地制约和监督拥有案件(初级管辖案件与地方管辖案件)初审权的县知事司法权,成为清末和北洋政府时期实现司法公正的最大课题,救偏补弊的覆判制度由此应运而生。

第七章 覆判制度的适用

第一节 覆判的制度设计

在传统中国,地方一向采"行政兼理司法",省、府、县各级行政机构既负责地方政务,同时兼理司法审判。直至清末光绪新政,各项改革纷纷启始,清政府才于1906年在中央、地方各省的省城、府、县分别设立大理院、高等审判厅、地方审判厅、初级审判厅四级独立于行政机关之外的审判机关,建立了四级三审的审判制度。但是,如前章所述,在1912年,除高等审判厅基本设立外,全国仅设有地方审判厅125所和初级审判厅200所,这对于拥有215府、80直隶州以及1,031县的中国而言,审判厅的数量远远不够。虽然北洋政府成立之初,全国审判厅尤其是初级审判厅数量曾一度有所增长,但增长的态势很快在1914年急转直下。1914年3月中央政治会议审议通过:全国除各省高等审判厅及省城地方审判厅外,全国初级审判厅一律废止,与地方审判厅合并。[1] 结果,全国大多数的地方审判厅和全部的初级审判厅被裁撤,县一级司法审判再次由作为行政官的县知事兼任。

司法独立在审级制度上主要体现在审判机关的独立与法官的独立。本属行政官的县知事,身兼审判事务的做法无疑是对司法独立的否定。那么,如何监督和矫正行政官所作判决,从既有的传统行政经验以及行政逻辑(在传统中国,司法被作为治理国家的工具,因而对于司法的考虑往往采用行政性的经验和逻辑)来看,利用案件层递至上级、由上级机关复核案件的方式监督县知事审判最为有效和稳妥。一方面,这种方式符合传统中国处理案件的程序即逐级审转复核制中案件的审转复核;另一方面,这种方式与新式审判制度即四级三审制中的案件上诉程序有类似之处,与新式审判制度本身也并无矛盾。但需要注意的是,四级三审制中的上诉决定权在当事人,不在案件审理机关,如果当事人不上诉,上级司法机关就无法主动复核和监督县知事所作出的判决。因此,在综合考虑传统和新式审判制度的基础上,出于案件审理的审慎性与裁判的公正性,清政府及民初的北洋政府引入了"覆判制度",即县知事判决案件中的特定案件(清末与民初覆判案件范围不同,详见后文)须送至上级审判机关(清末为大理院,民初为各省高等审判厅),由上级审判机关对案件进行复核的制度。

覆判制度始于清末,成形并普遍适用于民国北洋政府时期,且为国民政府所沿用(主要用于军事审判和烟毒等特别刑事案件的处理)[2],历经三届政府,存续时间超过 70 年。覆判制度在清末民初的作用与价值不仅体现在司法变革中新旧审判制度交替过程中的过

---

〔1〕 参见《大总统令》,载《司法公报》1914 年第 2 年第 8 号,"命令",第 2—3 页。

〔2〕 关于国民政府时期的覆判制度,可参见陈珊:《论覆判》(上、中、下),载《军法专刊》1973 年第 19 卷第 10、11、12 期;陈朴生:《覆判与复核》,载《军法专刊》1952 年第 1 卷第 3 期;陈朴生:《覆判制度之特质——从军事审判法说起》,载《法令月刊》1956 年第 7 卷第 8 期。

渡性作用,还在于它在清末民初审判制度近代化过程中作为法律程序呈现出的应有的价值。这主要体现在两个方面:第一,在清末传统审判制度固有机能无法发挥作用以及新式审判制度机能未健全的情况下,覆判制度在有机衔接新旧审判程序的基础上,填补了基层机关与皇帝之间的审级空缺,保证了审判程序的基本运作;第二,北洋政府时期的覆判制度则通过自身程序的不断完善,弥补了县知事裁判的弊端,确保了当事人在县知事审理裁决的案件中同样能够获得应有的公平与公正。

第二节　清末覆判制度适用

一　覆判制度的实施

清朝传统司法制度中,刑部掌管外省案件的复核以及京师案件的审理,"外省刑案,统由刑部核复。不会法者,院寺无由过问,应会法者,亦由刑部主稿。在京讼狱,无论奏咨,俱由刑部审理,而部权特重"[1]。光绪三十二年(1906年),清廷发布上谕进行官制改革,改刑部为法部,"统一司法行政";改大理寺为大理院,"配置检察厅,专司审判"。于是,"法部不掌现审,各省刑名,画(划)归大理院覆判"[2]。同年奏准的《大理院奏审判权限厘定办法折》再次确认了大理院的覆判职责:"京外一切大辟重案,均分报法部及大理院,由大理院先行判定,再送法部复核。"[3]宣统二年(1910年)颁布实施的《宪

---

[1] 赵尔巽等撰:《清史稿》(第15册),中华书局1977年版,卷144·刑法三,第4206页。

[2] 同上书,第4215页。

[3] 上海商务印书馆编译所编纂:《大清新法令(1901—1911)》(点校本)(第1卷),李秀清等点校,商务印书馆2010年版,第378页。

政编查馆奏核议法部奏酌拟死罪施行详细办法折》也规定：审判厅已设置地区，由高等审判厅或地方审判厅作出终审判决的死罪案件无需解往上级审判机关复核；审判厅未设置地区，死罪案件必须由大理院进行覆判。[1] 可见，清末的覆判制度主要是针对审判厅未设置地区即由州县等行政机关审理的死罪案件。[2]

光绪三十三年（1907年）大理院专门成立了"详谳处"，用于处理各省死罪案件的覆判。自法部及大理院明定死罪案件权限以来，"各省供勘咨送到院者，已不下数十百起，日后纷至沓来，势必更形拥挤"。然大理院民事、刑事各庭人员有限，"若责之以复核谳牍，不惟分其讯断之力，抑恐繁剧难胜，转滋枉纵出入之虑，非所以重人命也"。于是，同年，出于慎重人命、责有专属，大理院"拟仿从前刑部律例馆之制"，在大理院内设置了"详谳处"。详谳处人员是从大理院各庭推事中择"熟悉例案者，派为总核或分核，专司覆判外省死罪案件"[3]。就程序而言，大理院在对死罪案件的案件事实及量刑结果书面审查后，于20日[4]内将覆判文书送往法部，由法部对大理院的覆判结果进行再复核。若法部复核无异议，由法部直接上奏皇帝；若

---

[1] 参见《宪政编查馆奏核议法部奏酌拟死罪施行详细办法折》，载《政治官报》1910年879期，"折奏类"，第12页。

[2] 死罪案件在此并非专指死刑案件，据江庸在《五十年来中国之法制》一文中所言，"死罪系当时用语，凡拟绞人犯，例应立决，或入实入缓及秋审例应减遣流徙者，均包括在内，与今律所称死刑不同"。（江庸：《五十年来中国之法制》，载《清华法学》（第8辑），清华大学出版社2006年版，第263页。）对此说法，史料上也有印证，"旧时未设审判厅各州县，凡在徒流以上各犯，例须经由提法司、督抚送院覆判"。（《呈复江苏都督查明大理院覆判五件人名案由文》，载《上海法曹杂志》1913年第12期，"文牍中"，第15页）

[3] 朱寿朋编：《光绪朝东华录》，张静庐等点校，中华书局1958年版，第5703页。

[4] 在部院之争中，对于大理院覆判的期限有所争议。光绪三十三年（1907年）法部上呈的《法部奏酌拟司法权限折》所载大理院覆判时限为10日（《东方杂志》1907年第6期，"内务"，第264页），同年大理院上呈的《大理院奏谨就司法权限酌加厘订折》中将10日增加至20日（《东方杂志》1907年第6期，"内务"，第268页），最终在《法部大理院会奏遵旨和衷妥议部院权限折》中将大理院覆判时限确定为20日（《东方杂志》1907年第7期，"内务"，第353页）。

复核有异议,法部可要求大理院进行更正,之后由两机关联名上奏皇帝。[1] 死刑执行的最终裁决由皇帝作出,并下达法部,法部再通达相关省份。[2]

在覆判制度的期限上,清朝政府的态度非常明确,覆判制度仅为"权宜之计","俟各直省府厅州县地方初级各审判厅成立之日,均遵定律定章审结,届时再将覆判各节一律删除"[3]。但事实上,直至民国北洋政府时期,各省地方、初级审判厅普设仍未完成,覆判制度的继续适用不言而喻。

二 覆判制度与审判程序

清末,在以西方司法独立为方向的近代司法改革之下,创造与破坏并存,即在颁行新律、创设审判厅、建立新式审判制度的同时,固有的作为传统审判制度的逐级审转复核制的存立基础也遭受着破坏。这主要表现在以下三个方面。

(1)三法司的废止。

清承明制,"凡诉讼在外,由州县层递至于督抚,在内归总于三法司"[4]。三法司中"刑部受天下刑名,都察院纠察,大理寺驳正"[5],全国死刑案件须经三法司复核后才可上奏皇帝,是皇帝之下死刑案件复核的重要司法机构。但随着光绪三十二年(1906年)司法改革的推进,以司法行政分立为目标的官制改革,对法部和大理院的司法行政和审判职权进行了严格的区分,尤其是之后"法部官制"和

---

[1] 参见朱寿朋编:《光绪朝东华录》,张静庐等点校,中华书局1958年版,第5703页。

[2] 参见刘锦藻编:《清朝续文献通考》(第三册)(卷249),上海商务印书馆1936年版,第9945页。

[3] 上海商务印书馆编译所编纂:《大清新法令(1901—1911)》(点校本)(第7卷),李秀清等点校,商务印书馆2010年版,第321—322页。

[4] 赵尔巽等撰:《清史稿》(第15册),中华书局1977年版,卷144·刑法三,第4206页。

[5] 同上注。

"大理院官制"的确定,意味着改制后的法部和大理院只能在法定的权限范围内各司其职、各安其位。由此,刑部、大理寺、都察院共司案件复核的传统审判构造被破坏,三法司之制因是废止。

(2)秋朝审的变通。

"秋谳大典最为紧要",每年全国各省斩绞监候入秋审核办之案"多至一千六七百起,少亦一千二三百起,卷帙极为繁重,而民命所系,又非各专责成不足以臻详慎"[1]。有清一代,在全国各项司法事务中,秋朝审不仅是一年一度最为重要和隆重的国家大典,更是死刑案件最后一道救济程序。光绪三十三年(1907年),法部等衙门奏请变通秋审缓决人犯办法,请求将应入缓决且毫无疑义的案件与"例应情实及实缓介在疑似并矜留暂难确定"的案件分别办理。即秋审时,前者仅需"汇齐此项人犯案由、罪名缮单,具奏一次,毋庸归入缓决本内具题";后者则"仍按照旧章,一体归入秋审册内核办"[2]。宣统二年(1910年),修订法律大臣沈家本再次以司法权限明定与行政官不得违法干涉为由,提出变通秋朝审旧制的主张。于是,秋朝审制改制如下:一为"外省秋审由督抚布政司会审、京师朝审派复核大臣及会同九卿审录之制均即停止";二为未设审判厅的地方秋审人犯不再解省审勘,"皆由提法司或按察司就原案核办,秋审后尾申报法部汇奏"[3]。会审是秋朝审的最后也是最为重要的环节,中央亦或地方各部门的重要官员均须参与案件复核。传统中国,"最讲牵制防弊之法"[4],秋朝审也是如此,通过多机关以及多人员的集体审议,力求缩小认识上的偏差以及避免人为因素造成的影响,从而保证和实现司法公正。作为秋朝审制核心部分的会审的废止,无疑是对秋朝审制

---

[1] 上海商务印书馆编译所编纂:《大清新法令(1901—1911)》(点校本)(第1卷),李秀清等点校,商务印书馆2010年版,第342页。

[2] 同上书,第343页。

[3] 刘锦藻编:《清朝续文献通考》(第三册)(卷252),上海商务印书馆1936年版,第9978页。

[4] 梁启超:《论立法权》,载《政治学新论》,广智书局1903年版,第76页。

度构造的破坏。

(3)解审的部分免除。

"解审"是指将案件人犯、文书及相关人证送付至上级机关的程序,是清朝常规审判制度——逐级审转复核制的重要一环。按照清朝逐级审转复核制,地方及中央各级审判机关依据其行政级别的不同,拥有不同的司法权限。案件在被送达具有裁决权限的机关之前,要不断地送往上级机关接受反复复核,每一级的复核机关既须直接审理案犯和证人以审查案件事实,同时还须审查定罪量刑的妥当性(复核机关对案件进行全面审查,并不区分事实问题与法律问题),从而保证案件审理裁决的公正无误。而解审是连接上下级复核机关的重要步骤,是案件复核得以顺利有效进行的基础。宣统二年(1910年),清廷决定未设审判厅地方的徒流以上案件人犯免除解省。"解勘之例,原属审判范围,自以责成审判各官为适法",各省督抚及提法司"应以司法行政事务为急",对于未设审判厅地方各州县"问拟刑事案件,不惟徒罪,勿庸解省,即遣流以上人犯,亦均以经道府直隶州覆审而止"[1]。同年,秋审案件人犯的解省也被免除。徒流以上案件及秋审人犯解审的免除,意味着案件解审次数被减少。在逐级审转复核制中,解审的次数往往与案件直接被审理(复核)的次数相匹配,解审次数的减少昭示着案件接受直接审理(复核)的次数也被减少。

可见,在清末近代化司法改革过程中,在司法行政审判分立精神之下,上至中央的法部,下至各省的督抚和按察使司被归类为行政官,失去了司法审判/复核的职能。由此,三法司解体,法部、督抚及按察使司被排除于司法审判之外,导致逐级审转复核制由原来的7个审级(州县、府、按察使司、督抚、刑部、三法司、皇帝)大幅缩减至州县、府、皇帝3个审级,且介于州县和皇帝之间的中间审级严重缺失。日本学者滋贺秀三认为逐级审转复核制之所以能够避免冤错案的发

[1]《宪政编查馆奏议复东督奏解释法令议论分歧据实直陈折》,载《政治官报》1911年第1225期,"折奏类",第5—10页。

生,正是通过多重复核机关的设置以及"若干次反复调查的程序"的施行。〔1〕但审级的严重缺失,再加上案件解审免除所带来的案件直接被审理(复核)次数的减少,昭示着冤错案发生几率的增加以及冤错案被纠正可能性的降低。"不过凭一纸之供勘,即有往复驳诘之处,究竟案情无从查悉,则纠正诚恐无多见。"〔2〕秋朝审制本是与逐级审转复核制相配合的适用于死刑监候人犯的复核制度,但自司法改革以来,"一切法律舍旧趋新,删繁就简",秋朝审制也日趋减省,"秋审止列清单,不入招册","钦派复核及朝房会审"均被删除。〔3〕死刑案件的最后一道救济程序可谓形同虚设。

发现事实真相是程序得以正确适用于案件的基础。在传统审判制度固有机能无法发挥,新式审判制度又因审判厅未能普设而无法全面取代传统审判制度的情况之下,实现"发现事实真相"这一程序目标就变得十分艰难。于是,针对涉及人心向背、时局盛衰的死罪案件,清朝政府"权宜"地引入了覆判制度,对处于新旧交替之际的审判程序作出了适时的修正。一方面,覆判制度将逐级审转复核制与四级三审制新旧不同的审判程序进行了有机的衔接,实现了程序的近代化过渡。但更为重要的另一方面是,通过覆判制度,具有法学专业知识和审判经验的新式审判机关大理院填补了基层机关与皇帝之间的审级空缺,替代了逐级审转复核制中被排除在司法审判之外的各机关承担起案件复核的职能,避免了因程序缺失而导致事实真相不能被正确地揭示,从而为争端的进一步解决奠定了基础。

---

〔1〕 参见〔日〕滋贺秀三:《中国法文化的考察——以诉讼的形态为素材》,载王亚新、梁治平编:《明清时期的民事审判与民间契约》,法律出版社 1998 年版,第 9 页。

〔2〕 刘锦藻编:《清朝续文献通考》(第三册)(卷 252),上海商务印书馆 1936 年版,第 9977 页。

〔3〕 参见吉同钧:《新订秋审条款讲义·序》,载杨一帆主编:《清代秋审文献》(第 30 册),中国民主法制出版社 2015 年版,第 239 页。

第三节 北洋政府时期覆判制度的发展

一 民初一般刑事审判程序

清末,中央最高司法机关为大理院、地方各省最高司法机关为高等审判厅,府、县分别设置了地方审判厅和初级审判厅,四级法院实行三审制的审判方式。所谓"三审制",按照清末《刑事诉讼律草案》编纂者的理解,是依据清末《法院编制法》规定的"不服第一审可以提起控告(控诉)而请求第二审之审判,不服第二审可以提起上控(上告)而请求第三审"的制度。[1]

民初,北洋政府仍采四级三审制,但在 1914 年全国初级审判厅全部裁撤后,其审判机关和审判程序有所变化。审判机关的变化主要体现在,审判厅支部的设立以及县级司法事务改由县知事负责[2],同时设置承审员作为县知事司法审判之辅助,案件判决由承审员与县知事同负其责。[3] 北洋政府时期,依据罪行及可能科处刑罚轻重程度的不同,将案件分为初级管辖案件和地方管辖案件。初级管辖案件与地方管辖案件审判程序的区别,主要是在于初审机关及上诉审机关的不同。就初审机关而言,随着 1914 年北洋政府对全国初级审判厅的裁撤,初级管辖案件和地方管辖案件的初审机关已别无二致,概由地

---

[1] 参见李贵连:《沈家本年谱长编》,台湾地区成文出版社 1992 年版,第 367—369 页。

[2] 为了进一步清除县知事兼理司法的弊端,1917 年 5 月北洋政府颁布了《县司法公署组织章程》,规定凡未设初级审判厅的县原则上应设立县司法公署,但多数县仍采县知事兼理司法制度。

[3] 参见《县知事兼理司法事务暂行条例》,载印铸局官书科编:《法令辑览》"第十一类司法",印铸局经理科 1917 年版,第 29—30 页。

方审判分庭或县知事担任。地方审判分庭或县知事初审完毕判决下达后,当事人若对一审判决不服的,可在判决宣示后14日内提起上诉(控诉),该上诉案件将会被送往上级审判机关接受审理。[1] 案件被送往的上级审判机关因案件审级管辖不同而有所差异,初级管辖案件由地方审判厅担任第二审,地方管辖案件由高等审判厅或分厅负责审理;至于第三审,初级管辖案件是由高等审判厅或分厅担任,地方管辖案件是由大理院负责审理。

不同于民初一般刑事审判程序,尤其是一般刑事审判程序中作为未确定判决救济方法而使用的、以当事人自愿意思为基础的上诉程序,民初的覆判制度是对非审判厅判决的地方管辖案件中未经第二审审理的案件(未经声明上诉或撤回上诉或上诉不合法案件),进行的强制性复核的特别刑事审判程序。关于民初覆判制度的程序及其发展,后文将予以展开说明。

二 北洋政府建立之初的覆判制度(1914年以前)

(一)覆判机关变更

如前所述,北洋政府建立之初,由于初级审判厅筹设不足,致使未设初级审判厅各县不得不以县知事兼理司法事务。按照民初一般刑事审判程序,县知事在初审判决后,当事人对一审判决不服的可提起上诉,县知事判决案件因此会被送往地方审判厅(初级管辖案件)或高等审判厅/高等审判厅分厅(地方管辖案件)接受第二审审理,县知事的判决从而被置于地方审判厅或高等审判厅/高等审判厅分厅的监督之下。但是,如果当事人在初审判决宣示后,未在法定期间内提起上诉,县知事所作判决即为确定判决。覆判制度的适用,正是为了监督和纠正后一种情况下县知事作出的判决。

那么,对于县知事判决的监督与纠正由谁来进行呢?清末的经验

---

[1] 参见《县知事审理诉讼暂行章程》第40条,载《民国法令大全》,商务印书馆1924年版,第900页。

是由最高司法机关大理院来进行覆判。清末,县行政长官判决的死刑案件仍须按照逐级审转复核制层层递解至上级机关接受复核,但作为中央审级的三法司已经解体,法部以及地方督抚和按察使司也已被作为行政机关排除在司法审判之外,逐级审转复核制由原来的7个审级(州县、府、按察使司、督抚、刑部、三法司、皇帝)大幅缩减为州县、府、皇帝3个审级,因此为了填补地方审判机关与皇帝之间的审级空缺,再加上出于对地方行政官审判专业化程度的担心以及对"当事人法律智识幼稚,未必尽人皆知上诉"的考虑[1],清政府确定由大理院覆判地方行政官一审审结的死罪案件。

但是,从诉讼程序上来看,清末覆判制度存在明显硬伤。按照刑事诉讼程序,地方行政长官所作判决为一审判决,大理院覆判判决应为二审判决。依据四级三审制,当事人对二审判决不服的,可提起上诉(上告)至大理院上级审判机关,可是在大理院之上已再无任何其他审判机关,大理院覆判因此成为不可上诉的二审判决。覆判上诉程序的缺失,除了可能影响案件裁决的准确性外,当事人也会因此丧失再救济的机会。对此,北洋政府在建立之初即有所认识:国家既采四级三审主义,就应遵循四级三审之制,而不应"在审判厅成立之区,诉讼案件人民得受三审之利益;未设厅地方,刑虽致死,除不认原判为正式审判外,仅经大理院一审而止,更无上诉机关",这不仅与四级三审主义存在矛盾之嫌,人民也"无保障之实","不有更正,何期平允"。于是,北洋政府司法部于1912年将覆判机关由大理院变更为各省最高司法机关高等审判厅,并规定当事人对省高等审判厅覆判结果不服的,可上诉至大理院。[2] 覆判机关的移转,不仅保证了覆判程序对于四级三审制的遵循,也健全了覆判程序的上诉机制,进而确保了当事人本应享有的司法救济的基本权利。

---

[1] 参见《覆判章程宜即废止并变通检察官上诉期限案》,载《司法公报》1917年第72期[临时增刊:司法会议议决案(下册)],第373页。

[2] 参见《通咨各省嗣后凡大理院覆判之案改归各省高等审判厅覆判文》,载《司法公报》1912年第1期,"公牍",第21页。

1912年8月4日,北洋政府司法部发布了《通咨各省嗣后凡大理院覆判之案改归各省高等审判厅覆判文》,宣布覆判机关由大理院改为各省高等审判厅。覆判机关的交接日期是以司法部发文之日为准,故1912年8月4日之前的案件由大理院覆判,8月4日之后的案件改归各省高等审判厅覆判。1912年8月9日,河南提法司将舞阳县知县获贼张憨等纠行劫得赃拘捕一案转报至大理院并请求覆判,大理院以"查覆判一节,现经司法部核定,统改归各省高等审判厅办理"为由,指明"除本院所收覆判案件,在八月初四日以前者,自应仍旧办理外,此案到院日期既未在上举限期以前,即不在本院覆判之列",从而将该案件发还河南提法司。[1]

(二)覆判制度的基本程序

1912年8月,北洋政府司法部发文宣布覆判机关由大理院改为各省高等审判厅后,各省"疑义滋生,纷纷来部请示",北洋政府故于同年10月公布实施了《覆判暂行简章》。该简章首先表明,尚未设置审判厅各县审理的刑事案件必须进行覆判,并将覆判对象范围限定为县审理判决的死刑、无期徒刑及一等、二等有期徒刑案件。对于上述案件,县在案件审结后10日内,须将案件判决书及相关文书送交高等审判厅或分厅,高等审判厅或分厅以书面审理的方式对案件进行覆判,必要时也可提审被告及案件关系人;至于距离高等审判厅或分厅较远的县,高等审判厅或分厅可派遣该厅或其他审判厅的厅员进行审理,也可派遣该县邻近的行政官厅人员进行审理,案件审理完毕后,所派人员需上报至各该高等审判厅或分厅,由高等审判厅或分厅作出最终覆判判决,并将判决下达给第一审的县。各县在收到高等审判厅或分厅覆判判决后,须在3日内向被告宣告判决结果。若当事人对判决结果不服的,可上诉至大理院,该上诉被视为不服高等审判厅或分厅第二审判决的上诉。如果上诉期间经过,当事人未提起上诉的,覆判

---

〔1〕 参见《大理院咨河南都督发还提法司详请覆判舞阳县获贼张憨等一案文册请转饬遵照司法部通行办理文》,载《政府公报》1912年第105期,"公文",第10页。

判决就此确定,地方即可执行刑罚,不过死刑案件须经省提法司呈报司法部,司法部批准后方可执行。[1]

1913年,北洋政府对《覆判暂行简章》进行了修正,颁布实施了《修正覆判暂行简章》。在这部简章中,覆判对象范围没有变化,有变化的是简章第1条明确强调,覆判案件须是县第一审审结后当事人未声明上诉的案件,此外在程序上规定县一审审结上诉期间经过后5日内须送交覆判,案件须经由高等检察厅或分厅转送至高等审判厅或分厅,而不再采用之前直接送交高等审判厅或分厅的做法。[2]

三 1914年之后的覆判制度

1914年,对于覆判制度而言是一个重要的分水岭。1914年之前的覆判制度是被作为临时性和过渡性制度来适用的,但1914年之后全国全部初级审判厅的裁撤,意味着民国初期的审判厅筹设计划被完全搁置,县知事兼理司法成为县司法审判的常态。由此,北洋政府针对覆判制度制定了更加完备的法令,力图通过法律规制,限制县知事司法权限,进而实现维护司法公正的目的。

自1914年至1922年,北洋政府共颁布实施了3个覆判法令,分别是1914年《覆判章程》、1918年《覆判章程》以及1922年《修正覆判章程》,其中1918年《覆判章程》和1922年《修正覆判章程》是在修正1914年《覆判章程》的基础上再公布的法令。下文将在对上述3个法令比较分析的基础上,阐述1914年之后覆判制度的发展与变化。

(一)覆判制度与县知事司法权

(1)覆判对象范围的变更。

1914年7月,北洋政府公布实施了《覆判章程》,章程再次明确规定县知事一审审结且未经上诉的案件必须覆判,同时将覆判案件的对

---

[1] 参见《中华民国现行司法法令》(第二册),商务印书馆1914年版,"第五类司法事务规程",第1页。

[2] 同上书,第25页。

象范围限定为最重主刑三等有期徒刑以上或罚金 500 元以上,这与地方管辖案件的范围一致。之所以要扩大覆判对象范围,是因为 1912 年《覆判暂行章程》与 1913 年《修正覆判暂行章程》规定的覆判对象范围为科处二等以上有期徒刑案件即死刑、无期徒刑、一等、二等有期徒刑案件。换言之,三等有期徒刑以下案件无须呈送高等审判厅覆判。[1] 于是,地方部分县知事"希图避免覆判审之驳诘"[2],而将"主刑三等至五等有期徒刑案件,初判不论情节轻重,率多宣告四等以下有期徒刑"[3]。北洋政府为了弥补此流弊,遂将覆判对象范围扩大至县知事一审审结的地方管辖案件。但是,覆判对象范围扩大带来的直接后果是覆判案件的增多,这给担任覆判的省高等审判厅带来了不小的压力。直隶高等审判厅就曾提出质疑:"惟查该章程第一条第一款中最重主刑四字,是否指法定主刑,抑所科最重之刑?若以法定之刑解释,则匪(非)但地方厅管辖案件全数应送覆判,即初级管辖之第三百六十七条、第三百七十七条之窃盗罪及其赃物之罪,亦一并包括在内,案件纷繁,应接不暇,以是立法原意究竟如何,不无疑义。"1914 年 7 月,大理院针对直隶高等审判厅的疑问给出了回复:"本院查覆判章程第一条第一款最重主刑,系指法定主刑而言。"[4]但很快在同年的 9 月,司法部就对覆判对象范围进行了修正,将包含在最重主刑三等有期徒刑以上范围内的窃盗罪及赃物罪案件排除在覆判对象范围之外。对此,司法部给出的解释是:县知事一审案件中此类案

---

[1] 参见《令浙江提法司请示覆判简章内载三等徒刑以下案件是否径报法司又罚金拘役等刑是否亦须报司文》,载《司法公报》1913 年第 4 期,"公牍",第 14 页。

[2] 江庸:《五十年来中国之法制》,载《清华法学》(第 8 辑),清华大学出版社 2006 年版,第 264 页。

[3] 《覆判章程宜即废止并变通检察官上诉期限案》,载《司法公报》1917 年第 72 期[临时增刊:司法会议议决案(下册)],第 374 页。

[4] 《大理院复直隶高等审判厅函(解释处刑最重最重即主刑)》,《政府公报分类汇编》(第 19 册)1915 年第 19 期,"法律解释",第 125 页。

件甚多,该类案件"案情既大抵轻微,审理亦不难精确",故无须覆判。[1] 司法部对于覆判对象范围的调整,无疑是在限制县知事司法权限与抑制覆判案件数量的两难中寻求平衡。

1918年颁布实施的《覆判章程》是1914年《覆判章程》的修正章程。在该章程中,覆判案件仍旧被限定为县知事一审审结且未经上诉的案件。在覆判对象范围上,该章程有一定的扩大,将因减等而降至三等有期徒刑以下的案件以及四等有期徒刑以下其并科或易科罚金500元以上而所科在100元以上的案件也纳入到覆判对象范围之内,此外该章程还细化了罚金刑的规定。[2] 同年,就在1918年《覆判章程》颁行后不久,司法部还对作为覆判对象范围标准的"科刑"进行了限制,明确规定科刑是以法定刑为准,与宣告刑无关。"现在新定覆判章程业奉大总统教令公布施行,依照该章程第一条第一、第二各款规定,凡属法定最重主刑为三等有期徒刑以上之刑者,无论判处何项刑名,均应呈送覆判。"[3] 从而避免了部分案件因实际宣告刑轻于法定刑而被排除在覆判对象范围外的可能性。

1922年颁布实施的《修正覆判章程》,对之前适用的《覆判章程》作出了重大修正。在覆判对象范围上,主要体现在县知事一审审结的所有地方管辖案件,凡未经声明上诉、撤回上诉以及上诉不合法的案件,即未经过第二审实际审理的案件,均须接受高等审判厅或分厅的覆判。[4] 自1912年至1922年,覆判章程在历次重要修正中基本均涉及覆判对象范围的调整。覆判对象范围的调整,事实上是与在多大

---

[1] 参见《司法部饬知补订修定覆判章程文》,《政府公报分类汇编》1915年第17期,"司法下",第51页。

[2] 参见丁察庵编:《现行法令全书(中华民国十年编订)》,中华书局1922年版,第42页。

[3] 《法定最重主刑为三等有期徒刑以上之刑者毋论判处何项刑名均应呈送覆判令》,载司法例规编纂处编纂:《司法例规第二次补编》,司法部总务厅第四科司法公报发行处1919年版,第79页。

[4] 参见《修正覆判章程》,载《司法公报》1922年第167期,"例规·审判",第21页。

程度上限制县知事司法裁量权密切相关。尤其是 1922 年《修正覆判章程》的颁行,意味着县知事审结的所有地方管辖案件,无论是通过上诉方式,还是覆判方式,都被纳入高等审判厅或分厅的监督之下,县知事司法裁量权由此被大幅限缩。

(2)县知事司法裁量权的限制。

北洋政府之所以严格限制县知事的裁量权,是因为县知事在行使行政权的同时审理案件,不易排除个人利益和偏见。即使不受个人利益和偏见的影响,身处行政组织控制之下的县知事,因其业绩评估受制于上级行政机关,恐怕也很难保持独立的判断。再加上,身为行政官员的县知事不仅身兼县审判事务,还负责检察事务,各种身份职能的混合,可能导致对相关事实形成预先的判断,从而影响决定的作出。〔1〕对于县知事兼任司法的弊端,时任广东高等检察厅检察长的张仁普就曾指出:"行政上牵制之理由,即令县知事欲有以行使法律保障人民,往因行政方面事务牵制司法独立,虽欲尽其责任而不能。"〔2〕江苏律师张桐也尖锐地指出:"至如行政兼理司法,在学理上早已公认其为非","行政官既须联络地方绅董,未免有所牵制,循情枉法,积久相沿,弊窦丛生","欲保法律之尊严,则政务实施必生障碍,欲谋人情之合宜,则审检制判必易偏护,讼案虽有承审专司,究以同一衙署,难分肩责,而况上命下行,断难纠正"〔3〕。浙江汤溪县教育会副会长戴某某因被告人余某某为县参事会人员,认为余某某"有公职在身,为知事属员,知事兼理司法,对于此案未免处于两难地

---

〔1〕 对于县知事身兼审判与检察职能的弊端,律师陈立人在"江苏王大宾为强盗案上告提出意旨状"中有所指摘:"兼理司法之县知事,虽审判检察两种职权从于一身,然法律上确难合一,故侦查中所为之证据调查,依刑诉法理,公判时不能不重新直接行之。"(参见施沛生编:《书状判牍精华录》,"第四编刑事实体法诉状""江苏王大宾为强盗案上告提出意旨状",广益书局 1925 年版,第 100 页)

〔2〕《会议速记录》,载《司法公报》1917 年第 71 期[临时增刊:司法会议议决案(上册)],第 112 页。

〔3〕 施沛生编:《书状判牍精华录》,"第八编司法公牍""江苏律师张桐为请设无锡县地方分庭乞早赐施行呈",广益书局 1925 年版,第 3—5 页。

位",而声请转移案件管辖。[1] 因此,在案件裁决人无偏私性和独立性都无法实现的情况下,覆判制度通过严格限制县知事司法裁量权,力图排除县知事个人、相关利害人以及行政群体等对于司法审判的影响和控制,从而确保司法裁决的公正性。

在法理上,县知事行政兼理司法有碍司法公正。在司法实践中,从1914年至1923年全国覆判案件统计结果可以知悉,县知事一审判决的核准率仅为39%,约有61%的案件判决被高等审判厅认为有修正的必要,这意味着缺乏近代法律知识与经验的县知事在司法判决准确性方面确实存在较大问题。(参见表7-1)而从高等审判厅的覆判案例来看,县知事判决除了判决形式不规范外[2],还有引律错误、事实认定不清以及法律适用错误等方方面面的问题。[3] 更为值得注意的是,在部分案例中,高等审判厅是以近代法理和近代刑法原则为标准对县知事判决进行了纠正。[4]

---

[1] 参见施沛生编:《书状判牍精华录》,"第八编司法公牍""浙江汤溪县为选举案声请转移管辖请察核呈",广益书局1925年版,第10页。

[2] 参见施沛生编:《书状判牍精华录》,"第一编各级检察厅书类""江西高等检察分厅检察官对于赣县详请覆判徐得胜等略诱罪一案意见书",广益书局1925年版,第22页。

[3] 如贵州高等审判厅"覆判赤水县审拟李子元殴伤蒋德廷因病身死一案"为适用法律错误;"覆判天柱县吴旺神保杀毙庄雨和等二命一案"为引律错误(参见吴绪华辑:《贵州高等审判厅判词辑要》,1914年版,"刑事判决",第96—99、105—109页)江苏高等审判厅覆判的"申彩生共同杀死张保鼎案"为事实认定不清[参见《民国时期江苏高等法院(审判厅)裁判文书实录》(刑事卷第二册),法律出版社2013年版,第428页]。

[4] 如贵州高等审判厅在"覆判思南县审拟马熙臣伤害郑桂生身死一案"中运用了正当防卫认定原则;在"覆判荔波县审拟韦老恶等劫杀吴朝阳等家俱发一案"中引入了主观恶性原则。(参见吴绪华辑:《贵州高等审判厅判词辑要》,1914年版,"刑事判决",第34、45页)

表 7-1　1914—1923 年全国覆判案件统计

年份		1914	1915	1916	1917	1918	1919	1920	1921	1922	1923	总计
覆判案件数		5,502	9,518	6,908	6,029	5,370	7,863	9,057	7,914	6,801	6,883	71,863
核准		1,586	3,304	2,610	2,517	2,342	3,710	3,892	2,768	2,476	2,359	27,564
更正		2,315	3,574	2,500	1,734	1,472	1,696	1,913	1,452	1,569	1,617	19,842
覆审	发还原审知事覆审	734	2,076	1,395	1,593	1,369	2,249	3,032	3,436	2,514	2,525	20,923
	发交邻近司法机关覆审	30	104	51	40	40	42	4	37	16	5	369
	提审	33	120	44	26	20	54	66	97	80	87	627
	指定推事莅审	–	31	6	–	1	–	–	1	–	–	39
消灭(其他)		104	141	94	67	58	39	39	74	36	223	875
已结案件数		4,802	9,350	6,700	5,977	5,302	7,790	8,946	7,865	6,691	6,816	70,239
核准率(%)		33	35	38	42	44	47	43	35	37	34	39
更正率(%)		48	38	37	29	27	21	21	18	19	23	28
覆审率(%)		17	25	22	28	27	30	35	45	39	38	31

（资料来源：《中华民国四年第二次刑事统计年报》，司法公报发行所 1918 年版，第 278—354 页。1914 年第一次、1916 年第三次、1917 年第四次、1918 年第五次、1919 年第六次、1920 年第七次、1921 年第八次、1922 年第九次、1923 年第十次刑事统计年报之覆判类统计表，参见田奇、汤红霞选编：《民国时期司法统计资料汇编》，国家图书馆出版社 2013 年版）

(3)程序的平等对待。

程序应当是公平、平等地对待所有人。覆判制度的适用不仅在实质上,在程序上也确保了当事人平等地被对待。

传统中国,君权合法性来源有二:一为"受命于天";一为"天命有德"。"古之人君,德合于天曰皇,合于地曰帝,合于人曰王,父天母地以养人治物,得其宜者曰天子。"[1]天命与功德,二者之中"德"为根本,有德之人得天命,天命之移转、权力之正当在于君主之品德修养。换言之,身为君主必为有德之人,行仁循礼、知人善用、政法清明,是为公平正义之最高代表。[2] 有清一代,凡死刑案件须由皇帝最终裁决,除了体现天下之君操生杀大权的至上性之外,皇帝对于案件的参与和裁决本身也意味着案件审判程序的公平正义。清末司法改制以来,出于对皇帝司法大权的维继,清末各级审判厅判决的死刑案件及大理院覆判的州县行政官审理的死刑案件仍须由法部具奏,皇帝核准。但此时的皇帝核准已不同于以前,更多流于形式。伴随着清帝退位、民元改制,凡与国民政体矛盾之法律制度全部废止,公平正义的实现不再依赖于个人(皇帝),近代审判制度及法律程序逐渐成为社会个体获得公平正义的保障。但同为一省小民百姓,案件相似,审判机关却大相径庭,有人可在新式审判厅接受"文明"审判,有人却只能接受行政机关的审判。此种现状无疑与民国总统袁世凯宣称的"现在约法,业经明定人民平等自由诸条,一一以法律为范围,即一一得法律之保障"的"法律面前人人平等"相背离。[3] 张仁普也曾指出:"国民在约法上受法律保障均为平等,现在县知事兼理司法,人民本应受其保护,而县知事在职务上、地位上类多不能据法律以保护人民,似此情

---

[1] 《陆贽传》,欧阳修、宋祁等《新唐书》,卷157·列传82,中华书局1975年版,第4919页。

[2] "京控"即为一例证。地方小民百姓在遭遇不公平待遇之时,千方百计进京面圣,寻求来自君主的最后的正义救济。参见李典蓉:《清朝京控制度研究》,上海古籍出版社2011年版。

[3] 参见天啸:《法律与平等自由》,载《黄花旬报》1914年第2期,"社论",第3页。

形,则设厅地方人民受法律之保护优,未设厅地方人民受法律之保护薄。"[1] 审判主体的差异性首先折损的是程序的公平公正性,而覆判制度的适用,有效地弥补了这种差异性。这主要体现在,县知事一审判决且未经二审实际审理的地方管辖案件被送付至高等审判厅或分厅,通过高等审判厅或分厅的覆判,这些案件被纳入近代审判体系之下,并与其他由审判厅审理的案件同样平等地受到近代审判程序的保障,使县知事判决案件中的当事人同样平等地拥有了参与审判程序的机会。

(二)覆判程序与当事人权益

(1)覆判的三种判决结果。

在应为覆判的刑事案件中,若当事人对于县知事判决不服的,可于判决宣告后14日内提起上诉,上诉案件将会被送往高等审判厅进行第二审审理;若当事人经过14日仍未上诉,该案件将进入覆判程序。对于进入覆判程序的案件,县知事须于案件上诉期间经过后5日内,将判决书、供述书及案件证据等送交高等检察厅或分厅,由高等检察厅或分厅转送至高等审判厅或分厅。[2] 高等审判厅或分厅在对案件相关文书及证据详细审查的基础上,对县知事判决案件事实认定及刑罚拟定妥当性予以复核,并作出核准、更正或覆审三种覆判判决结果中的一种。

所谓"核准"是指县知事案件判决妥当,案件事实清楚、证据确凿、适用法律无误。"更正"是指高等审判厅或分厅依照判断对县知事案件判决内容进行更正的判断。原审适用法律错误时,高等审判厅或分厅会作出此种判断,不过该判断是限定在科刑轻重未有变更或轻罪重判的情况。[3] 在1922年《修正覆判章程》中,将原审法律适用错误且从刑重罪轻判的情况以及适用法律无误而量刑失当的情况也

---

[1] 参见《会议速记录》,载《司法公报》1917年第71期[临时增刊:司法会议议决案(上册)],第111—112页。

[2] 参见《覆判章程》(1918年公布)第1条,载《新闻报》1918年5月2日。

[3] 参见《覆判章程》(1914年公布)第3条,载《时事汇报》1914年第7期,"法令",第79—80页。

归入到更正判决之中。[1] 对于更正判决,高等审判厅或分厅会重新作出正式的判决文。在高等审判厅或分厅作出核准和更正的判决后,须先送至高等检察厅或分厅,经由高等检察厅或分厅发交原审县,由县向被告宣告判决结果。当事人可以在上诉期间内提起上诉,若经过上诉期间当事人未对覆判判决提起上诉的,核准和更正判决因此确定,即可执行其刑。

在核准和更正判决之外,覆判还有"覆审"判决。覆审是指高等审判厅或分厅驳回县所作判决并要求重新审理的决定。覆审是在案件事实不清或证据不足或法律适用错误而导致重罪轻判的情况下作出的判断。1922年《修正覆判章程》将覆审判决修正为,除核准判决、更正判决之外的情况。[2] 覆审判决要求对案件进行重新审理,故须重新将案件被告及相关证人等召集于法庭之上,审理方式是由高等审判厅或分厅在下列做法中选择一种:①发还原审知事覆审;②发交邻近地方审判厅或邻县司法知事覆审;③提审;④指定推事莅审。其中,③和④规定于1912年《覆判暂行简章》,①和②是1914年《覆判章程》新增入的内容,增加①和②两种方式的目的在于避免距省较远各县提传人证往返稽延之弊。[3] 覆审后,所作覆审判决应于判决下达后5日内,再次送交高等检察厅或分厅。[4] 之所以要再次送交高等检察厅或分厅审核,是因为在高等审判厅或分厅对县一审判决作出覆审判决的决定后,原审县未必会按照高等审判厅的覆判意见对被返回的案件进行修正,故为了监督县知事的覆审判决,北洋政府要求县知事作出覆审判决后,须再次送交高等检察厅或分厅进行复核。

---

[1] 参见《修正覆判章程》(1922年公布)第4条,载《司法公报》1922年第167期,"例规·审判",第21—25页。

[2] 同上注。

[3] 参见耿文田编:《中国之司法》,民智书局1933年版,第11页。

[4] 参见《覆判章程》(1914年公布)第4条,载《时事汇报》1914年第7期,"法令",第79—80页。

(2)覆判程序中的上诉。

对于高等审判厅或分厅在覆判中作出的判决,当事人和高等检察厅或分厅均可进行上诉,但根据覆判判决结果的不同,上诉程序有所差别和限制。

从当事人提起上诉来看,一方面,就被告人而言,被告对于覆判的核准判决不能提起上诉。[1] 这是因为,被告在县知事一审判决作出后,未能在上诉期间经过前声明不服提起上诉,故视为被告人对一审判决的认可。在更正判决和覆审判决中,被告人对于更正判决中更正的内容与覆审判决的结果可分别向管辖二审或三审审判厅提起上诉,但仅限于科刑重于原判的情况,若科刑与原判相同或轻于原判,被告的上诉将不能获准。[2] 另一方面,就原告而言,若被告所科之刑在更正或覆审判决中轻于原判,原告对此结果表示不服的,可向第二审法院提起上诉。[3] 上述情况下,其上诉期间法定为 10 日。

对于高等审判厅或分厅覆判中作出的判决,高等检察厅或分厅也可以提起上诉。根据 1914 年《覆判章程》的规定,在覆判判决作出后,高等检察厅或分厅对于高等审判厅或分厅在覆判中作出的更正判决以及县知事作出的覆审判决可上告至大理院。不过,之后对该规定中的覆审判决上诉部分进行了修正,将县知事作出的覆审判决、邻近地方审判厅或邻县知事作出的覆审判决改成向高等审判厅或分厅提起控诉;提审作出的覆审判决、指定推事莅审作出的覆审判决则仍是向大理院提起上告。[4] 1914 年的《覆判章程》仅对高等审判厅或分厅作出的更正判决和覆审判决进行了规定,未涉及高等审判厅或分厅作出的核准判决。对此,1915 年云南省高等检察厅检察长曾电请司法部称县知事所作"原判有将应处死刑之犯处死刑者,有处以无期徒

---

〔1〕 参见《覆判章程》(1918 年公布)第 7 条,载《新闻报》1918 年 5 月 2 日。
〔2〕 参见《修正覆判章程》(1922 年公布)第 11 条,载《司法公报》1922 年第 167 期,"例规·审判",第 21—25 页。
〔3〕 同上注。
〔4〕 参见《覆判章程》(1918 年公布)第 7 条,载《新闻报》1918 年 5 月 2 日。

刑者,而覆判则对于处死刑者为核准之决定,对于处无期徒刑者亦为核准之决定,或轻或重,全依原判为转移",若省高等审判厅"覆判对于情罪不符之初判,概予核准决定,恐情重法轻,不足以惩凶恶而伸法纪",从而请求修改《覆判章程》,准许检察官对高等审判厅覆判判决为核准但情罪不符的案件提起抗告。对于云南高等检察厅的意见,司法部认为因《覆判章程》无明文规定,故高等检察厅无权对高等审判厅作出的核准判决提起抗告,大理院也认为高等检察厅可在转送高等审判厅覆判的附具意见书中对此类情况进行声明。[1] 但在之后的1918年《覆判章程》中对此则进行了修正。1918年《覆判章程》第7条明确规定:对于高等审判厅或分厅作出的核准判决,高等检察厅或分厅有权向大理院提起上告。[2] 至此,高等审判厅或分厅作出的核准、更正及覆审判决均须接受高等检察厅或分厅的监督。

由上可见,在对覆判判决的上诉中,当事人虽然只能对更正和覆审判决中的科刑重于原判的情况提起上诉,无权对覆判判决中的核准判决提起上诉,但这恰巧是基于对被告一审判决后未上诉意愿的考虑,当然对于北洋政府而言也有俭省司法资源的考虑,毕竟上诉程序成本高昂。与当事人覆判上诉权受限相比,高等检察厅或分厅的检察官被赋予了更广泛的上诉权,对高等审判厅或分厅覆判的核准、更正及覆审判决均可提起上诉。

(3)覆判程序中的高等检察厅(分厅)。

在覆判程序中,高等检察厅或分厅至关重要,高等检察厅或分厅是县知事与高等审判厅或分厅之间的重要连接点,县知事一审审结案件须经由高等检察厅或分厅转送高等审判厅或分厅覆判,而高等审判厅或分厅作出的核准和更正判决也须经由高等检察厅或分厅发交原审县,再由县向被告宣告判决结果。除此之外,高等检察厅还负有审核县知事一审判决、复核县知事覆审判决以及通过上诉方式监督高等

---

〔1〕 参见《变通覆判办法通饬》,载《司法公报》1915年第36期,"例规·审判",第29—30页。

〔2〕 参见《覆判章程》(1918年公布)第7条,载《新闻报》1918年5月2日。

审判厅覆判的职责。

在高等检察厅或分厅审核县知事一审判决方面,县知事一审结案件送交高等审判厅或分厅覆判时,须经由高等检察厅或分厅转送,高等检察厅或分厅在将覆判案件转送高等审判厅或分厅之前,须根据县知事呈送的判决书及相关文书,对案件的事实认定、法律适用及量刑妥当性进行书面审理复核。若县知事判决有问题,高等检察厅或分厅可在覆判案件后附具意见书,指明问题并提出覆判判决的建议,最后连同案卷一并送至高等审判厅或分厅。[1] 不过,高等检察厅或分厅只有附具意见转送覆判的职权,并无请求覆判的特权。[2] 在此,以"潘守通扎伤李发洪身死一案"来说明。山西阳高县李发洪前往潘守通果园窃取果物,因被发现而逃出果园,潘守通手持铁叉尾追上来,并用铁叉乱扎李发洪至重伤,次日李发洪因伤身死。阳高县认为潘守通并无致死李发洪之决心,从而判处潘守通防卫过当并作减等处理。该案件由阳高县呈送至山西高等检察分厅,山西高等检察分厅在所出具的审核意见书中认为:"正当防卫,以对于现不正当之侵害为要件。所谓现在,即急迫不惶之际,非用自力救济,不能保卫其情形而言。若侵害已过,而无防御之必要,于此而有加害行为,即系复仇,而不能以正当防卫论。本案当潘守通持械追捕之际,李发洪即行逃跑园外,是李发洪之侵害行为业已经过,乃该被告犹复穷追,并用铁叉将李发洪扎有多伤,因之致死,尚何防卫之可言?"最后,山西高等检察分厅向高等审判厅提出了处理意见:"原判以防卫过当论,引用刑律第十五条减等处断,又属违误,应请贵厅(山西高等审判分厅)依法纠正。"[3]

在高等检察厅或分厅复核县知事覆审判决方面,如前所述,为了

---

[1] 参见《覆判章程》(1918年公布)第1条,载《新闻报》1918年5月2日。

[2] 参见郭卫编:《大理院判决例全书》,会文堂新记书局1932年版,第839页。

[3] 施沛生:《书状判牍精华录》,"第一编各级检察厅书类""山西第二高等检察分厅检察官对于阳高县呈送覆判潘守通扎伤李发洪身死一案意见书",广益书局1925年版,第46—47页。

监督县知事确实能够按照高等审判厅覆判意见修正原审案件,北洋政府要求县知事在覆审判决后必须将案件再次送交高等检察厅或分厅复核。若高等检察厅或分厅对县知事的覆审审理或判决不满的,高等检察厅或分厅将会上诉至高等审判厅或分厅。对此,1917年做成的"湖北刘水牛因杀人案检察官声明控诉判决书"所载甚详。在"湖北刘水牛杀人案"中,被害人刘廷鳌之父刘维焕与其伯父刘维连以其弟弟刘维训之子刘水牛与刘廷鳌之妻刘黄氏有奸并将刘廷鳌谋毙等情,向湖北郧县县知事提起诉讼,该县经过审理后认为刘水牛与刘黄氏确有奸情,刘廷鳌是被刘黄氏谋毙,而刘水牛是否同谋并无证据指证。于是,该县依据刑律第311条、第331条及第46条判处刘黄氏无期徒刑,剥夺全部公权终身;依据刑律第295条、第47条及第46条判处刘水牛三等有期徒刑3年,剥夺全部公权5年。该案诉讼期间经过,当事人未提起上诉,故郧县将该案呈送湖北高等审判分厅覆判,高等审判分厅以"案件事实尚多疑窦,决定发还覆审",但就在案卷发回途中,刘黄氏在监中死亡。于是,郧县在覆审中仅提审了刘水牛,便依据刑律第311条、第331条、第47条,判处刘水牛无期徒刑并剥夺全部公权40年。此案中,郧县虽然进行了覆审,但并未按照湖北高等审判分厅的要求将案件事实调查清楚,甚至在原判的基础上加重了刘水牛的刑罚处罚。因此,湖北最高检察分厅以"县知事覆审判决认定事实未能确切"为由,向湖北高等审判分厅提起了控诉。最终,湖北高等审判分厅认为案件事实矛盾、证据不足,"原审以推理之结果,处遽刘水牛以杀人罪,显不能谓为允当",从而撤销原判,判决刘水牛无罪。[1]

关于高等检察厅或分厅监督高等审判厅或分厅方面,高等检察厅或分厅是通过上诉的方式,对高等审判厅或分厅的覆判判决予以监督。在此以"浙江高等检察厅检察官对于同级审判厅核准翁甲犯诬

---

[1] 参见施沛生:《书状判牍精华录》,"第七编刑事判词""湖北刘水牛因杀人案检察官声明控诉判决书",广益书局1925年版,第142—145页。

告缓刑声明上告意见书"为例,展开说明。在本案中,浙江定海县认定被告人翁甲犯有诬告罪,从而宣判缓刑3年,上诉期间经过,被告人未提出上诉,故呈送浙江高等审判厅覆判,浙江高等审判厅经过覆判作出了核准的判决。但是,对于定海县的判决,高等检察厅认为:翁甲诬告史阿喜砍毙耕牛而犯有诬告罪,翁甲又供述他与翁乙、翁丙、翁丁、翁戊四人私自拿获史阿喜而犯有私擅逮捕罪,但定海县的初审判决仅判处翁甲诬告罪,并宣告缓刑,实有不妥,此外对于翁乙、翁丙、翁丁、翁戊四人的私擅逮捕情形竟不为有罪无罪之判决,是为疏漏。对于高等审判厅作出的核准判决,高等检察厅主张道:"既未提讯明确,又不发回复审,遽予核准,实于职务上之能事,有所未尽,拟请撤销原判,发回更审",并据此向大理院提起了上告。[1] 由上可知,县一审判决的地方管辖案件,除了受到高等审判厅覆判外,还会受到高等检察厅的审核,并且两者意见有可能出现分歧。但是,正是因为高等检察厅或分厅对高等审判厅或分厅覆判案件的参与,才实现了高等检察厅或分厅对高等审判厅或分厅覆判行为的监督,进而使得案件能够获得更为慎重的处理。

由上可见,通过高等检察厅或分厅对县知事一审判决的审核、覆审判决的复核以及对高等审判厅覆判的监督,形成了覆判制度对县知事及高等审判厅的监督体系,从而确保了案件审理的审慎性与司法裁决的公正性。

(4)覆判程序中的当事人。

与清末覆判制度的"不问当事人有无不服,(凡死罪案件)概由大理院覆判"的方式相比[2],民初覆判制度更加重视当事人"自愿"的意思表示。这主要体现在,在当事人上诉与覆判相冲突时,司法机关

---

[1] 参见施沛生:《书状判牍精华录》,"第一编各级检察厅书类""浙江高等检察厅检察官对于同级审判厅核准翁甲诬告缓刑声明上告意见书",广益书局1925年版,第38—39页。

[2] 参见江庸:《五十年来中国之法制》,载《清华法学》(第8辑),清华大学出版社2006年版,第264页。

偏重于当事人的上诉。例如,1917年山东高等审判厅电函大理院称:山东某县强盗一案经省高等检察厅送来覆判,山东高等审判厅覆判此案并作出了核准判决。不料,决定作出后不久即接到山东高等检察厅电函,称在调查该县原案卷时,发现原告诉人上诉并未逾期,故将上诉送付至山东高等审判厅。对此,山东省高等审判厅认为:"同级厅函送覆判之时,函内并未声明调阅县卷、查封判决日期及通知先行停止覆判等节,本厅故按照覆判程序办理,现此案已经覆判审决定计有七、八月之久,而同级厅又复送审,若再予受理,是一案而经覆判审、控告审两次审理,似无此办法,若不予受理,而控诉人呈请控诉又在法定期间以内",实为两难,从而寻求大理院的解释。对此,大理院认为本案中"原告诉人既在上诉期间内,有合法之声明不服,则以前之覆判审核准决定已属赘文,无存在之必要,自应进行通常控告审程序"〔1〕。此外,"裘凤金伙同仇杀裘全茂等九人毙命一案"也可为例证。1914年浙江省嵊县的裘凤金因裘全茂将之报告给清乡委员会拿办而生怨恨,故伙同裘小癞子、蒋方成、卞宝生等于晚上各持炮枪刀械至裘全茂家,杀死裘全茂在内一家9人。嵊县依据刑律分别予以裘金凤等人刑事判决。案件判决后,裘金凤等人上诉期间经过未提起上诉,而其同伙蒋宗湘在上诉期间内声明不服初判并提起了上诉,对此嵊县未作区分处理,而将全部案卷呈送至浙江高等检察厅。浙江高等检察厅对于此案,一方面以蒋宗湘上诉至高等审判厅,且高等审判厅研询该犯"尚无教唆杀人情事"为由,免除了对蒋宗湘的覆判,同时撤销了原判,并宣告蒋宗湘无罪;另一方面则将除蒋宗湘以外的裘金凤等人呈送至浙江高等审判厅覆判。〔2〕可见,北洋政府时期,在以纠正县知事一审判决错误为目的而不受当事人意思影响的覆判,与以当事人自

---

〔1〕《大理院复山东高等审判厅函(统字第586号)》,载《政府公报》1917年第410期,"公文",第18页。

〔2〕参见施沛生:《书状判牍精华录》,"第一编各级检察厅书类""浙江高等检察厅对于嵊县呈送覆判裘凤金伙同仇杀裘全茂等九人毙命一案意见书",广益书局1925年版,第92页。

己意思表示为依据的上诉之间,司法机关更加偏重于以自愿原则为基础的当事人上诉。

综上所述,民初北洋政府时期,因全国各县未能建立起正式的初级审判机关,故以县行政长官县知事兼任司法审判,但很难想象身为行政官的县知事可以排除个人、相关利害人以及行政群体的影响,保持独立判断并作出公正裁决。因此,出于限制县知事司法裁量权以及监督和纠正县知事判决的目的,对于县知事判决的罪刑较重的地方管辖案件,规定凡未经审判厅第二审实际审理的案件都必须送交高等审判厅或分厅,就案件认定事实及适用法律的妥当性进行覆判。通过高等审判厅或分厅的覆判,事实上县知事判决的案件被纳入到近代审判体系之下,与审判厅审理的案件同样平等地受到近代审判程序的保障。此外,北洋政府还建立起覆判制度的监督体系,利用高等检察厅或分厅监督县知事作出的一审判决和覆判中的覆审判决,通过当事人和高等检察厅或分厅提起上诉,对高等审判厅或分厅作出的覆判判决进行监督。因此,在覆判制度中,北洋政府力图通过不断完善覆判程序来弥补县知事判决之不足,通过对县知事司法裁量权的限制、程序平等性的享有以及监督程序的设置来确保司法的公正性,使当事人在县知事审理裁决的案件中同样能够获得应有的公平与公正。不过,在覆判制度中,案件只要满足覆判要件就必须送交高等审判厅或分厅接受覆判的这一强制性特征,也决定了覆判制度不可能以当事人意愿为原则,但有意思的是在覆判制度遭遇上诉制度的案件中,司法机关又表现出对于以自愿原则为基础的当事人上诉的偏重。这一矛盾反映出,民国初年在近代司法独立理念被进一步普及与反复实践之下,北洋政府对于当事人意思自愿原则已有所认知,但鉴于县知事兼理司法以及民众对近代上诉程序未必全然理解等客观现实,北洋政府不得不选择覆判制度,以牺牲当事人意思自治来换取县知事判决案件的公平与公正的实现。

第七章　覆判制度的适用 | 267

江苏吴县地方厅大门

(图片来源:《江苏司法厅公报》1927年第7期,第1页)

江苏高等厅大门

(图片来源:《江苏司法厅公报》1927 年第 7 期,第 1 页)

第七章 覆判制度的适用 | 269

江苏上海地方审检两厅全体职员摄影

(图片来源:《江苏司法厅公报》1927年第6期,第1页)

结　语

　　"缺钱少人"是学界对于清末民初近代司法改革的"共识",但在近代司法改革中作为司法资源的司法费不足才是困境所在。

　　与17—18世纪清代前期"量入为出"的国家财税制度原则不同,清代后期为"量出制入",在"滋生人丁永不加赋"的原额主义主导下,国家财税收入呈现出定额化的特征。而与此相对,清末司法的近代化带来的是职能分化,司法职能分化意味着需在行政体系之外另造一套司法体系。司法体系的"另立门户",决定了在建设初期司法资源的大量投入。无疑,这首先带来的是政府开支规模的扩大。因此,国家财政实力即政府经费收入充分与否,将决定着司法体系另造能否成功。正如19世纪德国经济学家阿道夫·瓦格纳(Adolph Wagner)的"收入弹性原则"所示,国家财税收入应具有增收的弹性,即随着人口增加、课税商品增多,财税收入也应能够增收。[1] 显然,这对于恪守祖制思维与拥有刚性税收制度的清代来说是不太可能的。因此,在国家财税制度彻底发生改变前,司法资源中的经费紧张成为中国司法近代化的必然结果,也成为司法近代化推进的最大妨碍。

纵然如此,我们也应看到清末政府在司法体系构造过程中所作的努力。这体现在,宣统二年(1910年)以前的清政府基本能够按照《九年预备立宪逐年筹备事宜清单》的时间表筹设完成各级审检机关,在审检机关的筹设上也力图做到完备。至于行政官兼任司法官、设立地方审判分厅、审判厅暂缓成立等以俭省司法资源为目的的变通之策,在清末并未实施,而是在民初的北洋政府时期"派上了用场"。

以司法独立为目的另造司法体系,亦以实现司法公正为目标。然而,迫于司法资源所限,基层司法重归县知事兼理司法,司法公正难以保障。固然通过增设高等和地方审判厅支部,设置审检所与承审员,可对县知事司法权予以制约,但其效果实属有限。于是,相比依赖同级机关/人(审检所与承审员)的力量进行制约,通过案件层递至上级、利用上级审判机关(审判厅)复核案件的方式制约监督县知事审判,在当时看来更为有效与稳妥(覆判制度)。这一程序方式与传统中国逐级审转复核的程序相符合,与近代四级三审制上诉程序亦有相似之处。米尔伊安·R.达玛什卡(Mirjan R. Damaška)认为,法律移植的当务之急,在于本土制度背景中是否存在外国规则可能发挥实际效用的先决条件。[2] 覆判制度,正是将传统资源与近代审判程序融合发展并基本实现了制度平衡与功能耦合,其在立足传统的同时,也回应着时代趋势与发展潮流之需,是一次循古酌新的尝试。

此外,还值得注意的是,在利用程序制约县知事司法裁量权的同时,民初近代审判程序在平等性的享有以及监督程序体系构建方面也

---

〔1〕 参见张世明:《中国经济法历史渊源原论》,中国民主法制出版社2002年版,第191—192页。

〔2〕 参见米尔伊安·R.达玛什卡:《司法和国家权力的多种面孔:比较视野中的法律程序》,郑戈译,中国政法大学出版社2015年版,第19页。

有着相当的发展。而这一程序上的发展,是近代司法独立理念在进一步普及与反复实践之下,开始呈现出的对于当事人主体性的认知与尊重,是近代中国对于作为主体的人的价值的有益探索。

此之谓新旧联合

(图片来源:《新闻报》1919 年 5 月 1 日)

参考文献

档案史料等：

中国第一历史档案馆藏《刑（法）部档案》《军机处录副奏折》《宫中档朱批奏折》。

台北"故宫博物院"藏《宫中档奏折》《军机处档折件》。

中国第二历史档案馆藏《北洋政府司法部档案》《北洋政府大理院档案》

《大明律》，怀效锋点校，法律出版社1999年版。

《大清会典》（嘉庆朝），载沈云龙主编：《近代中国史料丛刊三编》（第64辑），文海出版社1991年版。

《清实录》，中华书局1985/1987年版。

《清会典》（光绪），中华书局1991年版。

《清会典事例》（光绪），中华书局1991年版。

朱寿朋编：《光绪朝东华录》，张静庐等点校，中华书局1958年版。

刘锦藻:《清朝续文献通考》,上海商务印书馆1936年版。

赵尔巽:《清史稿》,中华书局1977年版。

《大清法规大全》,考正出版社1972年版。

沈家本:《历代刑法考》,商务印书馆2017年版。

沈之奇:《大清律辑注》,怀效锋、李俊点校,法律出版社2000年版。

《近代中国资料丛刊》,文海出版社1966年版。

司法部参事厅编纂:《司法例规》,司法部1914年版。

司法部参事厅编纂:《司法例规续编》,司法部1915年版。

司法部参事厅编纂:《司法例规》,司法部1917年版。

司法例规编纂处编纂:《司法例规第一次补编》,司法部总务厅第四科司法公报发行处1918年版。

司法例规编纂处编纂:《司法例规第二次补编》,司法部总务厅第四科司法公报发行处1919年版。

司法例规编纂处编纂:《司法例规第三次补编》,司法部总务厅第四科司法公报发行处1920年版。

司法部编印:《改订司法例规》,司法部1922年版。

《法令辑览》,印铸局1917年版。

《中华民国现行司法法令》,商务印书馆1914年版。

《调查法权委员会报告书》,法律评论社1926年版。

《清末筹备立宪档案史料》,中华书局1979年版。

汪庆祺编:《各省审判厅判牍》,李启成点校,北京大学出版社2007年版。

施沛生编:《书状判牍精华录》,广益书局1925年版。

郭卫编:《大理院判决例全书》,会文堂新记书局1932年版。

陈锋主编:《晚清财政说明书》,湖北人民出版社2015年版。

蔡鸿源主编:《民国法规集成》,黄山书社1999年版。

邢永福、王光越主编:《北京审判制度研究档案资料选编》,北京市档案馆1999年版。

朱有瓛主编:《中国近代学制史料》,华东师范大学出版社 1989 年版。

江苏省高级人民法院、江苏省档案局(馆)、南京师范大学法学院编:《民国时期江苏高等法院(审判厅)裁判文书实录》,法律出版社 2013 年版。

《申报》

《政治官报》

《东方杂志》

《司法公报》

《政府公报》

研究专著:

彼得·蒙德尔(Peter Maunder)等著:《经济学解说》(第 3 版),胡代光等译,经济科学出版社 2000 年版。

步德茂(Thomas M. Buoye):《过失杀人、市场与道德经济——18世纪中国财产权的暴力纠纷》,张世明、刘亚从、陈肇肆译,社会科学文献出版社 2008 年版。

蔡枢衡:《中国法理自觉的发展》,河北第一监狱 1947 年版。

程燎原:《清末法政人的世界》,法律出版社 2003 年版。

陈新宇:《帝制中国的法源与适用:以比附问题为中心的展开》,上海人民出版社 2015 年版。

D. 布迪(Derk Bodde)、C. 莫里斯(Clarence Morris):《中华帝国的法律》,朱勇译,江苏人民出版社 1995 年版。

邓建鹏:《清末民初法律移植的困境:以讼费法规为视角》,法律出版社 2017 年版。

耿文田编:《中国之司法》,民智书局 1933 年版。

公丕祥:《中国的法制现代化》,中国政法大学出版社 2004 年版。

黄宗智:《清代的法律、社会与文化:民法的表达与实践》,上海书店出版社 2001 年版。

黄宗智:《法典、习俗与司法实践:清代与民国的比较》,上海书店出版社 2003 年版。

黄宗智、尤陈俊主编:《从诉讼档案出发:中国的法律、社会与文化》,法律出版社 2009 年版。

黄源盛:《民初法律变迁与裁判》,政治大学法学丛书 2000 年版。

黄仁宇:《十六世纪明代中国之财政与税收》,阿风等译,三联书店 2001 年版。

黄先雄:《司法谦抑论——以美国司法审查为视角》,法律出版社 2008 年版。

黄福庆:《清末留日学生》,台北"中央研究院"近代史研究所专刊 34,1983 年版。

韩秀桃:《司法独立与近代中国》,清华大学出版社 2003 年版。

韩涛:《晚清大理院:中国最早的最高法院》,法律出版社 2012 年版。

何勤华、李秀清主编:《民国法学论文精萃》,法律出版社 2004 年版。

侯欣一:《创制、运行及变异:民国时期西安地方法院研究》,商务印书馆 2017 年版。

胡宗绮(Jennifer M. Neighbors):《意欲何为:清代以来刑事法律中的意图谱系》,景风华译,广西师范大学出版社 2020 年版。

胡震:《清代省级地方立法:以"省例"为中心》,社会科学文献出版社 2019 年版。

胡祥雨:《清代法律的常规化:族群与等级》,社会科学文献出版社 2016 年版。

和文凯:《通向现代财政国家的路径:英国、日本和中国》,汪精玲译,香港中文大学出版社 2020 年版。

贾士毅编著:《民国财政史》,上海商务印书馆 1917 年版。

贾士毅编著:《民国续财政史》,台湾商务印书馆 1962 年版。

梁治平:《清代习惯法:社会与国家》,中国政法大学出版社 1996

年版。

里赞:《晚清州县诉讼中的审断问题:侧重四川南部县的实践》,法律出版社 2010 年版。

李贵连主编:《二十世纪的中国法学》,北京大学出版社 1998 年版。

李贵连:《近代中国法制与法学》,北京大学出版社 2002 年版。

李贵连:《沈家本评传》,南京大学出版社 2005 年版。

李启成:《晚清各级审判厅研究》,北京大学出版社 2004 年版。

李超:《清末民初的审判独立研究:以法院设置与法官选任为中心》,法律出版社 2010 年版。

李春雷:《中国近代刑事诉讼制度变革研究》,北京大学出版社 2004 年版。

李细珠:《张之洞与清末新政研究》,上海书店出版社 2003 年版。

李在全:《法治与党治:国民党政权的司法党化(1923—1948)》,社会科学文献出版社 2012 年版。

李在全:《变动时代的法律职业者:中国现代司法官个体与群体(1906—1928)》,社会科学文献出版社 2018 年版。

李典蓉:《清朝京控制度研究》,上海古籍出版社 2011 年版。

刘风云、刘文鹏编:《清朝的国家认同:"新清史"研究与争鸣》,中国人民大学出版社 2010 年版。

罗志渊:《近代中国法制演变研究》,正中书局 1976 年版。

陆仰渊、方庆秋主编:《民国社会经济史》,中国经济出版社 1991 年版。

楼桐孙:《法学通论》,正中书局 1940 年版。

《马克思恩格斯选集》,人民出版社 1995 年版。

马小红:《中国法思想史新编》,南京大学出版社 2015 年版。

马小红:《礼与法:法的历史连接》,北京大学出版社 2017 年版。

米尔伊安·R. 达玛什卡(Mirjan R. Damaška):《司法和国家权力的多种面孔:比较视野中的法律程序》,郑戈译,中国政法大学出版社

2015 年版。

梅利莎·麦柯丽(Melissa Macauley):《社会权力与法律文化:中华帝国晚期的讼师》,明辉译,北京大学出版社 2012 年版。

迈克尔·D. 贝勒斯(Michael D. Bayles):《程序正义——向个人的分配》,邓海平译,高等教育出版社 2005 年版。

那思陆:《明代中央司法审判制度》,正典出版文化有限公司 2002 年版。

那思陆:《清代中央司法审判制度》,文史哲出版社 1992 年版。

欧阳湘:《近代中国法院普设研究——以广东为个案的历史考察》,知识产权出版社 2007 年版。

瞿同祖:《中国法律与中国社会》,中华书局 1981 年版。

瞿同祖:《清代地方政府》,范忠信、晏锋译,何鹏校,法律出版社 2003 年版。

邱远猷、张希坡:《中华民国开国法制史》,首都师范大学出版社 1997 年版。

寺田浩明:《权利与冤抑:寺田浩明中国法史论集》,王亚新译,清华大学出版社 2012 年版。

苏力:《法治及其本土资源》,中国政法大学出版社 1996 年版。

苏力:《送法下乡——中国基层司法制度研究》,中国政法大学出版社 2000 年版。

孙家红:《清代的死刑监候》,社会科学文献出版社 2007 年版。

唐仕春:《北洋时期的基层司法》,社会科学文献出版社 2013 年版。

王志强:《法律多元视角下的清代国家法》,北京大学出版社 2003 年版。

王志强:《清代国家法:多元差异与集权统一》,社会科学文献出版社 2017 年版。

王健编:《西法东渐——外国人与中国法的近代变革》,中国政法大学出版社 2001 年版。

魏光奇:《清代民国县制和财政论文集》,社会科学文献出版社2013年版。

万志英(Richard von Glahn):《剑桥中国经济史:古代到19世纪》,中国人民大学出版社2018年版。

汪敬虞编:《中国近代经济史1895—1927》,人民出版社2000年版。

吴佩林:《清代县域民事纠纷与法律秩序考察》,中华书局2013年版。

魏淑民:《清代乾隆朝省级司法实践研究》,中国人民大学出版社2013年版。

谢振民编著:《中华民国立法史》,张知本校订,中国政法大学出版社2000年版。

徐小群:《现代性的磨难:20世纪初期中国司法改革(1901—1937年)》,杨明、冯申译,中国大百科全书出版社2018年版。

杨鸿烈:《中国法律发达史》,商务印书馆1930年版。

杨予六:《中国历代地方行政区画》,中华文化出版事业委员会1957年版。

张晋藩主编:《清朝法制史》,中华书局1998年版。

张晋藩主编:《中国法制通史》,法律出版社1999年版。

张伟仁:《清代法制研究》,台北"中央研究院"历史语言研究所2007年版。

张仁善:《礼·法·社会——清代法律转型与社会变迁》(修订版),商务印书馆2013年版。

张仁善:《中国法律文明》,南京大学出版社2018年版。

张世明:《中国经济法历史渊源原论》,中国民主法制出版社2002年版。

张世明:《法律、资源与时空建构:1644—1945年的中国》,广东人民出版社2012年版。

张世明、步德茂、娜鹤雅主编:《世界学者论中国传统法律文化》，法律出版社 2009 年版。

张生：《民国初期民法的近代化：以固有法与继受法的整合为中心》，中国政法大学出版社 2002 年版。

张小也：《官、民与法：明清国家与基层社会》，中华书局 2007 年版。

张德美：《从公堂走向法庭：清末民初诉讼制度改革研究》，中国政法大学出版社 2009 年版。

张国福：《中华民国法制简史》，北京大学出版社 1986 年版。

张明庚：《中国历代行政区划》，中国华侨出版社 1996 年版。

郑秦：《清代司法审判制度研究》，湖南教育出版社 1988 年版。

郑秦：《清代法律制度研究》，中国政法大学出版社 2000 年版。

曾小萍（Madeleine Zelin）：《州县官的银两：18 世纪中国的合理化财政改革》，董建中译，中国人民大学出版社 2005 年版。

周育民：《晚清财政与社会变迁》，上海人民出版社 2000 年版。

周志初：《晚清财政经济研究》，齐鲁书社 2002 年版。

周予同：《中国现代教育史》，良友图书公司 1934 年版。

滋贺秀三等著：《明清时期的民事审判与民间契约》，法律出版社 1998 年版。

阿部洋：『中国の近代教育と明治日本』、福村出版株式会社 1990 年版。

夫馬進編：『中国訴訟社会史の研究』、京都大学学術出版会 2011 年版。

藤原正文：『支那の現状と対策』、東洋文庫藏 1924 年版。

岩井茂樹：『中国近世財政史の研究』、京都大学学術出版会 2004 年版。

小野清一郎『中華民国刑法』、中華民国法制研究会 1935 年版。

宮下忠雄：『中国幣制の特殊研究』、日本学術振興会 1952 年版。

大里浩秋・孫安石編著：『留学生派遣から見た近代日中関係史』、御茶の水書房 2009 年版。

滋賀秀三『清代中国の法と裁判』、創文社 1984 年版。
滋賀秀三:『続・清代中国の法と裁判』、創文社 2009 年版。
島田正郎:『清末における近代的法典の編纂』、創文社 1980 年版。
さねとうけいしゅう:『中国人日本留学史』[増補版]、くろしお 1981 年版。
高見澤磨『現代中国の紛争と法』東京大学出版会 1998 年版。
神奈川大学人文学会編:『中国人日本留学史研究の現段階』、御茶の水書房 2002 年版。
東方通信社調査部:『支那財政難の現状』、東方通信社 1922 年版。

Xiaoqun Xu. Trial of Modernity: Judicial Reform in Early Twentieth-Century China, 1901-1937, Stanford University Press, 2008.

学术论文:

陈锋:《清代中央财政与地方财政的调整》,载《历史研究》1997 年第 5 期。

陈锋:《清代财政支出政策与支出结构的变动》,载《江汉论坛》2000 年第 5 期。

陈卫东:《认罪认罚从宽制度研究》,载《中国法学》2016 年第 2 期。

陈卫东:《论公正、高效、权威的司法制度的建立》,载《中国人民大学学报》2009 年第 6 期。

陈卫东、王政君:《刑事诉讼中的司法资源配置》,载《中国法学》2000 年第 2 期。

邓建鹏:《词讼与案件:清代的诉讼分类及其实践》,载《法学家》2012 年第 5 期。

邓建鹏:《清代州县讼案的裁判方式研究——以"黄岩诉讼档案"为考查对象》,载《江苏社会科学》2007 年第 3 期。

郭志祥:《清末与民国时期的司法独立研究》(上、下),载《环球法律评论》2002年第1、2期。

郭志祥:《民初法官素养论略》,载《法学研究》2004年第3期。

胡震:《民国前期(1912~1936)司法官考试的模型设计》,载《法学》2005年第12期。

江庸:《五十年来中国之法制》,载《清华法学》(第8辑),清华大学出版社2006年版。

居正:《二十五年来司法之回顾与展望》,载《中华法学杂志》新编第1卷第2号,1936年。

龙宗智:《影响司法公正及司法公信力的现实因素及其对策》,载《当代法学》2015年第3期。

刘敏:《论民事诉讼前置程序》,载《中国法学》,2011年第6期。

李贵连:《晚清"就地正法"考》,载《中南政法学院学报》1994年第1期。

李启成:《司法讲习所考论——中国近代司法官培训制度的产生》,载《比较法研究》2007年第2期。

李在全:《梁启超与司法储才馆》,载《历史研究》2020年第5期。

娜鹤雅:《晚清中央与地方关系下的就地正法之制》,载《清史研究》2018年第1期。

娜鹤雅:《清朝末年的刑事审判程序——以审级制度为视角》,载《中州学刊》2014第4期。

钱弘道:《论司法效率》,载《中国法学》2002年第4期。

邱远猷:《太平天国与晚清"就地正法之制"》,载《近代史研究》1998年第2期。

尤陈俊:《"新法律史"如何可能——美国的中国法律史研究新动向及其启示》,载《开放时代》2008年第6期。

尤陈俊:《阴影下的正当性——清末民初的律师职业与律师制度》,载《法学》2012第12期。

王宠惠:《二十五年来中国之司法》,载《中华法学杂志》1930年

第 1 卷第 1 号。

谢舒晔:《从诋毁到赞誉:北洋司法官在司法变革中的蜕变》,载《法学》2017 年第 7 期。

姚莉:《司法效率:理论分析与制度构建》,载《法商研究》2006 年第 3 期。

徐立志:《中日法制近代化比较研究》,载《外国法译评》2000 年第 1 期。

徐立志:《中国近代法律援助制度的产生与发展》,载韩延龙主编:《法律史论集》(第 4 卷),法律出版社 2002 年版。

俞江:《司法储才馆初考》,载《清华法学》2004 年第 1 期。

杨天宏:《民国时期司法职员的薪俸问题》,载《四川大学学报》2010 年第 2 期。

周世中:《论司法资源配置与司法公正》,载《法治研究》2007 年第 1 期。

张生:《民初大理院审判独立的制度与实践》,载《政法论坛》2002 年第 4 期。

张仁善:《论司法官的生活待遇与品行操守——以南京国民政府时期为例》,载《南京大学法律评论》2002 年春季卷。

张勤:《清末民初奉天省的司法变革》,载《辽宁大学学报》2006 年第 4 期。

赤城美惠子:「可矜と可疑——清朝初期の朝審手続き及び事案の分類をめぐって——」、『法制史研究』2005 年 54 号。

赤城美惠子:「清代における秋審判断の構造——犯罪評価体系の再構成」、『法制史研究』2014 年第 63 号。

赤城美惠子:「清代における律例と秋審条款の量刑基準——闘殴殺人を例に——」、東北大学法学会『法学』2012 年第 75 卷第 5 号。

赤城美惠子:「清代秋審条款考——人命門をてがかりとして」、鈴木秀光ほか編『法の流通』、慈学社 2009 年版。

赤城美惠子:「清代服制事案に関する一考察——秋審手続を通

じてみたる——」、『東洋文化研究所紀要』2009 年第 155 冊。

赤城美惠子:「「緩決」の成立——清朝初期における監候死罪案件処理の変容——」、『東洋文化研究所紀要』2005 年第 147 冊。

喜多三佳:「清代の「罰金」と地方財政」、『法制史研究』2006 年 56 号。

松田惠美子:「中国の近代的憲法典の編纂に関する一考察」、京都大学日本法史研究会編『法と国制の史的考察』1995 年。

中村茂夫:「秋審余滴」、『愛大史学』1999 年 8 号。

西川真子:「清末裁判制度の改革」、『東洋史研究』1994 年 53 巻第 1 号。

鈴木秀光:「杖斃考——清代中期死刑案件処理の一考察」、『中国——社会と文化』2002 年 17 号。

鈴木秀光:「恭請王命考——清代死刑裁判における「権宜」と「定例」」、『法制史研究』2004 年 53 号。

鈴木秀光:「清末就地正法考」、『東洋文化研究所紀要』2004 年第 145 冊。

鈴木秀光:「「請旨即行正法」考——清代乾隆・嘉慶期における死刑裁判制度の一考察」、『専修法学論集』2006 年 98 号。

高見澤磨:「罪概念と制裁:中国におけるもめごとと裁きとから」、『規範と統合』(世界史への問い5)、岩波書店 1990。

高見澤磨:「「近代經驗」と体制転換について」、『社会体制と法』2001 年第 2 号。

高見澤磨:「1990 年代末以降の中国司法の人的力量の向上」、内藤光博・古川純編『東北アジアの法と政治』、専修大学出版局 2005。

高見澤磨:「法の移植と時間」、『発展する東アジアと法学の課題』、成文堂 2007。

高見澤磨:「近代法制の形成過程」、飯島渉・久保亨・村田雄二郎編『グローバル化と中国』(20 世紀中国史第 3 巻)、東京大学出版会 2009。

　高見澤磨：「調停から見る中国近世・近代法史」、川口由彦編『調停の近代』（日本近代法史の探求）、勁草書房 2011。

　高見澤磨：「辛亥革命から中国法史 100 年を考える」、『現代中国』2012 第 86 号。

　高見澤磨：「社会変動の中の司法改革：中国の司法制度改革」、『法社会学』2020 第 86 号。

　高見澤磨：「中国における法形成」、長谷部恭男・佐伯仁志・荒木尚志・道垣内弘人・大村敦志・亀本洋編『岩波講座：現代法の動態 1　法の生成/創設』、岩波書店 2014。

　高速拓児：「清代秋審制度の機能とその実際」、『東洋史研究』2004 年 63 巻 1 号。

　高速拓児：「秋審勾決考――清代における死刑執行の手続き――」、『社会文化史学』1999 年第 40 号。

　David C. Buxbaum. Some Aspects of Civil Procedure and Practice at the Trial Level in Tanshui and Hsinchu from 1789 t0 1895, The Journal of Asian Studies, 30.2：255-279, 1971.

　Jérôme Bourgon. Death Penalty and Prison Life in Late Qing Beijing：Some Reflections in Comparative Historiography, Methods and Resources, Edited by Luca Gabbiani：Urban Life in China, 15th-20th Centuries. Communities, Institutions, Representations, École Française d´Extrême-Orient, pp.202-226, 2016.

　Lisa Tran, Sex and Equality in Republican China：The Debate over the Adultery Law, Modern China 35.2：191-223, 2009.